本书由浙江传媒学院浙江省一流学科（A类）"戏剧与影视学"资助

区域音乐视角下的
学校音乐课程论

任志宏 ◎ 编著

知识产权出版社
全国百佳图书出版单位
—北京—

图书在版编目（CIP）数据

区域音乐视角下的学校音乐课程论／任志宏编著．—北京：知识产权出版社，2022.1
ISBN 978-7-5130-7992-1

Ⅰ．①区… Ⅱ．①任… Ⅲ．①音乐课—教学研究—中小学 Ⅳ．①G633.951.2

中国版本图书馆CIP数据核字（2021）第266931号

责任编辑：荆成恭　　　　　　　　　　责任校对：谷　洋
封面设计：臧　磊　　　　　　　　　　责任印制：孙婷婷

区域音乐视角下的学校音乐课程论
任志宏　编著

出版发行	知识产权出版社 有限责任公司	网　　址	http://www.ipph.cn
社　　址	北京市海淀区气象路50号院	邮　　编	100081
责编电话	010-82000860 转 8341	责编邮箱	jcggxj219@163.com
发行电话	010-82000860 转 8101/8102	发行传真	010-82000893/82005070/82000270
印　　刷	北京建宏印刷有限公司	经　　销	各大网上书店、新华书店及相关专业书店
开　　本	720mm×1000mm　1/16	印　　张	17.5
版　　次	2022年1月第1版	印　　次	2022年1月第1次印刷
字　　数	266千字	定　　价	89.00元
ISBN 978-7-5130-7992-1			

出版权专有　侵权必究
如有印装质量问题，本社负责调换。

前 言

具有区域性特点的音乐教育学是音乐教学理论研究的一个新视角，也是当前培养教师教育专业学生音乐教育理论素养和实践能力中值得重视的方向。作为课程文化的一部分，它以中国传统音乐为研究对象，综合运用民族音乐学、人类学、文化地理学、民族学等多重学科系统的研究理念，凸显音乐学与地理学、文化学、语言学等多种学科之间的相互融合，渗透着全面性、实践性、动态性的新发展理念。区域音乐教育学的研究对象，不仅包括自然地理与其地域文化历史沿革中的学校音乐课程设置，还应探讨并揭示区域音乐的地方属性和文化属性。课程内容分析区域音乐文化视角中的学校音乐课程与教学实践，立足当地课程资源的可能性，实现教师、学生、资源的有效沟通，从多方面体现以区域音乐内容为载体的音乐课程，进一步完善学校音乐课程教育体系。

区域音乐文化是由区域文化、自然环境、历史发展、社会变迁、人类活动等生活共同体共同创造的区域音乐事象与其产生条件相互关联发展而构成的音乐形态。区域音乐文化是区域文化的重要组成部分，是在自然景观之上的人类音乐活动形态，是具有文化区域特色的文化表征。区域音乐文化把音乐事象与其生成的地理环境相联系，以具体而又相对的空间及文化区域为单位，其形成与建构的因素由特定的历史、地理、语言、风俗习惯等因素构成。区域音乐文化视角下的音乐教学论是通过梳理与之相关的人文社会环境的关系，在学校音乐教学行为中体现区域文化现象与音乐现象之间的互动关系，比较不同区域间的音乐传统，分析音乐的区域特色、差异以及区域音乐的特色，传递具有传统音乐特征的地方性知识。

区域音乐文化也具有多样性，区域音乐校本课程的建构与研发以区域间多样性的音乐文化资源整合为基础，不同区域间的文化特点、自然环境、历史发展不同，传统音乐也各不相同。同时，区域音乐校本课程的建构与研发也是一种扎根区域音乐、以校为本的音乐课程开发行为。音乐校本课程研发的基本过程是学校和教师在对学生的需求进行科学评估的基础上，并充分考虑当地学校课程资源，设计与开发能够发展学生音乐特长、多样化、可供选择的音乐课程。这不仅仅是对国家和地方课程的一种补充，还可以更好地实现学校的教育目标和办学理念。音乐校本课程的建构与研发应根植于学校，遵循学生学习兴趣和个性特征，坚持互补性、针对性和可行性的课程开发原则。以区域音乐课程资源为前提的校本课程研发，既可以突出学校音乐教育教学特色，还可以通过课程设计、试验、评价、管理等一系列举措进行地方音乐课程教育教学的创新。

从学校课程建设来看，区域音乐校本课程更能体现新时代新课程改革的方向。各级教育部门对地方音乐进行全方位调研考察，挖掘当地特有的音乐文化资源，选取精华纳入地方课程进行阶段式的音乐校本课程建设，可以更好地促进地方课程和校本课程的持续发展。各级教育主管部门应重视并构建一个乡土型的音乐课程交流平台，积极开展学术研讨活动，对课程的目标、选材、实施、评价等做出科学的讨论和分析，以突出当地音乐课程特色，有利于构建师生教学相长课程模式的形成。各级学校所组织的各种培训、各类研究所设计的音乐课程等都应充分考虑学校的实际，将区域音乐课程资源更充分地利用起来。这样一来，既能克服国家课程和地方课程的局限，也能有效地促进学生个性发展和教师专业发展，形成学校特有的校园文化。

音乐校本课程开发，作为一种以校为本的学科课程开发，正在我国基础音乐教育领域逐步展开。它是以满足学生的个性音乐学习需求为着眼点，以学校可利用的当地的音乐课程资源为立足点，以实现学校音乐教育特色目标为出发点的课程领导行为。作为对国家课程和地方课程的补充形式，音乐校本课程要对当地音乐文化资源进行切实、有效的利用，用歌唱、舞蹈、器乐等音乐表现形式使课堂更加丰富、生动。在课程实施过程中，传统的民族民间音乐广泛传播至课堂，既培养了学生们审美实践的能力，提高了自身的音乐素养，同时也增强了学生们的民族自豪感，有利于帮助学生树立民族自信心，有利于我国传统音乐文化的继承发展，最终实现文化上的自觉。

本书的教学案例均由河北各地区一线音乐教师根据实际教学情况编写而成，旨在直观地呈现区域音乐校本课程开发操作的个案实践过程，为具有本土文化意义的音乐校本课程开发提供真实的教学案例，使我国区域音乐课程文化资源得以挖掘和传播，使区域性的音乐校本课程的开发得以良性发展，使区域音乐的教学理念在学校音乐课程建设中得以有力推进。

编者
2021 年 5 月于杭州

目 录

第一章 区域音乐校本课程概述 ······················· 1

  第一节 区域音乐课程资源 ······················· 1

    一、区域文化课程资源 ······················· 1

    二、区域音乐资源 ··························· 2

    三、区域音乐课程资源 ······················· 4

  第二节 校本课程 ··································· 6

    一、校本课程开发的背景 ····················· 7

    二、校本课程开发的历程 ····················· 8

    三、我国基础教育三级课程管理体系 ··········· 9

    四、校本课程开发的意义 ····················· 11

  第三节 音乐校本课程 ····························· 14

    一、音乐校本课程的含义 ····················· 14

    二、音乐校本课程开发的类型 ················· 15

    三、音乐校本课程开发的资源 ················· 18

第二章 区域音乐校本课程的特征与功能 ··············· 20

  第一节 音乐校本课程的特征 ······················· 20

    一、规范性：遵循三级课程管理的要求 ········· 20

    二、实践性：培养学生实践与创造能力 ········· 21

    三、趣味性：挖掘学生的兴趣爱好 ············· 21

    四、本位性：以学校为立足点 ················· 22

    五、多样性：注重动态过程评价 ··············· 24

第二节　音乐校本课程的功能 ··· 25
　一、调节、补充和拓展的课程功能 ······································· 25
　二、人文、审美和实践的育人功能 ······································· 27
　三、专业、引领的教师成长功能 ·· 28
　四、指向、激励和评价的促进功能 ······································· 29

第三节　音乐校本课程开发的价值 ·· 29
　一、共同参与、衔接学校与社会的功能统合的协调价值 ············ 29
　二、尊重差异、贴近生活，促进学生全面发展的美育价值 ········· 30
　三、促进和提高学校音乐教师专业成长的发展价值 ·················· 31
　四、挖掘和传承地方民间音乐，实现树立文化自信的文化价值 ··· 31

第三章　区域音乐校本课程开发的内涵与目标 ·············· 33

第一节　课程开发的内涵 ··· 33
　一、音乐校本课程开发的内涵 ··· 34
　二、音乐校本课程开发的主体内涵 ······································· 36
　三、本土音乐课程开发的价值内涵 ······································· 37

第二节　课程开发的目标 ··· 38
　一、情感目标 ·· 39
　二、态度目标 ·· 40
　三、价值观目标 ··· 40
　四、创造力目标 ··· 41
　五、个性目标 ·· 41

第三节　课程开发的反思 ··· 42
　一、影响音乐校本课程开发的因素 ······································· 42
　二、音乐校本课程开发反思 ·· 44

第四章　区域音乐校本课程开发的原则与方法 ·············· 46

第一节　课程开发的基本原则 ·· 46
　一、主体性与实践性相统一的原则 ······································· 46
　二、过程性与合作性相统一的原则 ······································· 47
　三、开放性与融合性相统一的原则 ······································· 48

四、目标准确与内容清晰的原则 …… 49
五、内容优秀与贴切生活的原则 …… 50
六、科学实施与客观评价的原则 …… 50
七、途径有效与教育创新的原则 …… 50
第二节 课程开发的常用方法 …… 51
一、明确本土化理念 …… 52
二、分析课程需求 …… 53
三、评估本土资源 …… 54
第三节 课程开发的校本传承 …… 56
一、转变教育理念，构建新教育体系 …… 56
二、开阔教师视野，增强职业素养 …… 56
三、丰富教材内容，融入多样地域音乐 …… 57
四、了解本土音乐，整合课程资料 …… 58
五、理解文化意义，传承区域音乐 …… 59

第五章 区域音乐校本课程常态化的整体要求 …… 61
第一节 课程本土研发策略 …… 61
一、分析评估策略 …… 61
二、收集整合策略 …… 64
三、协作探究策略 …… 65
四、实践总结策略 …… 65
五、评价反思策略 …… 66
六、整体构建策略 …… 67
第二节 课程实施具体要求 …… 68
一、对课程内容的要求 …… 68
二、对学情掌握的要求 …… 68
三、对教学手段的要求 …… 69
四、对人员职责的要求 …… 69
五、对课程管理的要求 …… 72
六、对教学形式的要求 …… 72

第三节　区域音乐课程对教师的要求 …………………………… 74
　　一、更新教育理念 ………………………………………………… 74
　　二、提高校本研修能力 …………………………………………… 78
　　三、完善各项教学能力 …………………………………………… 79
　　四、具备相应的专业品格 ………………………………………… 80

第六章　区域音乐校本课程开发的设计与步骤 ……………………… 83
　第一节　课程开发的方案设计 …………………………………… 83
　　一、学校层面的课程方案设计 …………………………………… 84
　　二、教师层面的教学方案设计 …………………………………… 86
　　三、选编音乐校本课程内容 ……………………………………… 87
　第二节　课程开发的实施步骤 …………………………………… 91
　　一、协调整合"教"与"学" ……………………………………… 91
　　二、建立灵活多样的评价体系 …………………………………… 93
　　三、不断调整课程安排 …………………………………………… 93
　　四、按照活动类型进行开发 ……………………………………… 93
　第三节　课程开发的设计举措 …………………………………… 96
　　一、音乐游戏创设——区域音乐在小学音乐课的设计 ………… 96
　　二、教师层面——开拓教学视野，提升职业素养 ……………… 99
　　三、教材的编订——利用资源优势，体现区域特色 …………… 100

第七章　区域音乐校本课程实施推进策略 …………………………… 102
　第一节　自上而下的规划策略 …………………………………… 102
　　一、国家课程整体规划 …………………………………………… 102
　　二、区域间设计与推进 …………………………………………… 103
　　三、专业引领音乐校本课程 ……………………………………… 104
　　四、教师主导研发音乐校本课程 ………………………………… 105
　第二节　自下而上的推进策略 …………………………………… 107
　　一、音乐校本课程资源的选择 …………………………………… 108
　　二、音乐校本课程开发的观念 …………………………………… 108
　　三、音乐校本课程开发的要求 …………………………………… 109

四、音乐校本课程开发的规划 …………………………………… 109
  第三节　整合开放的实践策略 ………………………………………… 110
　　一、融合开放性 …………………………………………………… 110
　　二、主体实践性 …………………………………………………… 111
　　三、整体合作性 …………………………………………………… 111

第八章　区域音乐校本课程实施策略 ……………………………………… 113
  第一节　区域自主实施策略 …………………………………………… 113
　　一、区域性策略 …………………………………………………… 114
　　二、本土性策略 …………………………………………………… 115
　　三、本校性策略 …………………………………………………… 116
  第二节　本土挖掘实施策略 …………………………………………… 117
　　一、理解本土音乐文化 …………………………………………… 117
　　二、本土性课程内容的开发与实施 ……………………………… 119
　　三、以多元文化视角建设学校音乐校本课程 …………………… 120
  第三节　校本研修实施策略 …………………………………………… 121
　　一、基点：从理论到实践，从经验到创新 ……………………… 121
　　二、模式：内容与形式的融合，实践与理论的互动 …………… 122
　　三、实践：从点滴做起，重视教学实效 ………………………… 123
　　四、流程：细化分工，分段进行 ………………………………… 124

第九章　区域音乐校本课程实施的课程指导策略 ………………………… 126
  第一节　课程开发的课程组织 ………………………………………… 126
　　一、音乐校本课程组织的含义 …………………………………… 126
　　二、音乐校本课程的选择和组织的基本原则 …………………… 127
　　三、音乐校本课程设计中的课程组织思考 ……………………… 128
　　四、音乐校本课程开发的课程组织 ……………………………… 130
  第二节　课程内容的组织原则 ………………………………………… 132
　　一、区域性原则 …………………………………………………… 132
　　二、实践性原则 …………………………………………………… 133

三、多样性原则 …………………………………… 133
　　四、综合性原则 …………………………………… 134
　　五、探究性原则 …………………………………… 134
第三节　课程实施的课程管理 ……………………………… 134
　　一、相关概念界定 ………………………………… 134
　　二、音乐校本课程的课程管理 …………………… 136
　　三、音乐校本课程的开发与管理策略 …………… 137
　　四、课程的教学管理模式 ………………………… 138

第十章　区域音乐校本课程开发的评价策略 …………………… 142
第一节　课程评价 …………………………………………… 142
　　一、音乐校本课程评价的价值主体 ……………… 143
　　二、音乐校本课程评价的评价主体 ……………… 143
　　三、音乐校本课程评价的基本内容 ……………… 144
第二节　评价策略 …………………………………………… 145
　　一、科学性策略 …………………………………… 146
　　二、可操作性策略 ………………………………… 146
　　三、素质培养策略 ………………………………… 147
　　四、参与性策略 …………………………………… 147
　　五、全面性策略 …………………………………… 148
第三节　评价内容 …………………………………………… 149
　　一、对课程的评价 ………………………………… 149
　　二、对学生的评价 ………………………………… 151
　　三、对教师的评价 ………………………………… 153

第十一章　区域音乐校本课程本土实施案例 …………………… 155
案例一　景县凤秧歌的学习与传承 ………………………… 155
　　一、课程信息 ……………………………………… 155
　　二、课程设计 ……………………………………… 155
　　三、课程实施 ……………………………………… 158

四、经验与反思 ………………………………………… 161
　　五、教学设计 …………………………………………… 163
案例二　《走近二人台》校本课程开发与实践 …………… 174
　　一、课程信息 …………………………………………… 174
　　二、课程设计 …………………………………………… 174
　　三、课程实施 …………………………………………… 177
　　四、经验与反思 ………………………………………… 181
　　五、教学设计 …………………………………………… 183
案例三　衡水地秧歌的学习与传承 ………………………… 199
　　一、课程信息 …………………………………………… 199
　　二、课程设计 …………………………………………… 200
　　三、课程实施 …………………………………………… 202
　　四、经验与反思 ………………………………………… 206
　　五、教学设计 …………………………………………… 208
案例四　河北乐亭"皮影戏"校本课程开发实施案例 …… 226
　　一、课程信息 …………………………………………… 226
　　二、课程设计 …………………………………………… 226
　　三、课程实施 …………………………………………… 227
　　四、经验与反思 ………………………………………… 230
　　五、教学设计 …………………………………………… 231
案例五　冀南鼓乐音乐校本研发课程案例 ………………… 236
　　一、课程信息 …………………………………………… 236
　　二、教学设计 …………………………………………… 236
参考文献 ……………………………………………………… 256
后　　记 ……………………………………………………… 262

第一章 区域音乐校本课程概述

第一节 区域音乐课程资源

一、区域文化课程资源

区域是文化创造的重要载体,不同的区域因自然、人文条件的差异及区域生活共同体的不同,导致区域文化特点各异。区域文化是在文明进程中由不同的区域生活共同体在实践活动中共同创造的,同时又在民族和国家形成的过程中逐步形成。"区域文化是由生活共同体创造,区域文化的疆界往往超出政区。"[1] 由于不同的生活共同体有不同的活动区域,有不同的生存环境、生产方式、生活对象等,所以每一个个体的成长都离不开他赖以生存的环境,特别是所属的区域文化,均会被深深地打上其母体文化的印记。地方区域文化首先是个体生长、生活及社会交往的重要载体。地方文化既是个体接受民族、国家主流文化的背景及媒介的途径,又是无不渗透着民族及国家主流文化自上而下的涤荡。换句话说,个体在成长过程中经由所属的地方文化的影响,逐步建构其对社会、民族、国家文化和其他各种亚文化的认知。显然,在个体成长过程中,地方区域文化资源的滋养不可或缺,它对个体认知和接纳主流的国家文化具有重要的促进作用。

区域音乐文化是指在一定的地理空间、历史时间中产生的所有音乐活

---

[1] 张强. 区域文化研究的若干理论问题 [J]. 江海学刊, 2016 (5): 14.

动事项，包括内涵与外延两个方面。内涵指音乐的内部结构及形态，包括旋律、节奏、调式、演唱（奏）风格等；外延则指音乐的外部关系，包括创造与享用音乐的个人、群体，以及音乐的民俗、宗教、社会等功能、功用，历史流变、传播等。一方水土养一方人，地方文化是个体成长的重要文化载体，帮助个体在成长过程中形成独特的信念和行为方式，构成了某一地域人的思维方式、表达方式。自然地理、气候环境、水文条件等的不同，必然会给不同区域的生产方式、经济生活、居住等带来差异和变化，从而形成鲜明的、具有个别性的生活习惯和民风民俗。在这中间，当某一社会群体长期在某一相对隔绝的封闭的自然环境中生活，必然会形成富有个性的区域文化。独特的区域文化是指能够代表地方文化特色及特质的文化类型，从风土人情到历史传说，从人物掌故到思维方式、价值观念，均能反映地方地域特色及精神风貌。区域音乐文化是我国传统文化的重要组成部分，在塑造民族性格、推动民族文化创新方面，具有不可替代的重要作用。因为它是塑造一个地方社会的思想和精神的力量，是塑造本地社会民众独特个性的工具。独特性是地方区域资源的标记，也是一个地方文化和精神的积淀。独特的地方区域文化是构成民族文化、国家文化的重要元素。如果说学校的国家课程传递着民族及国家的主流文化，那么基于地方文化区域资源的校本课程则背负传承区域文化的任务。

二、区域音乐资源

"区域音乐资源以特定的自然、文化空间所存见的各类民间音乐为对象，在梳理其流传分布、体裁类别系统、曲目/剧目使用、音乐风格及其功能的同时，追溯该空间的自然环境、古代文化状貌、方言语音、民俗民风等与相关音乐现象的深层联系，从而梳理出来的区域音乐资源。"[1] 中国音乐学院杨红博士对区域音乐研究所下的定义是："狭义来讲，区域音乐是指在特定的地理范围内，对发生的所有音乐文化现象进行整体研究，探求其区域音乐的音乐文化特质；广义上来说，区域音乐是针对某一特定所

---

[1] 乔建中. 中国传统音乐研究30年区域音乐研究［J］. 音乐研究，2011（3）：5.

属群体所拥有的音乐文化研究。"❶ 江、河、湖、海、山脉、盆地、平原、高原、草原……，在自然地理学领域，属于地理单元；在文化地理学领域，可视为独立的文化地理单元；而在音乐地理学领域，则同样可以看作是各有特色的音乐地理单元。但无论作为哪个领域整体结构的组成部分，它们都具有自然、历史、文化、音乐的独特景观和风格特征。区域音乐资源在中国大地的分布上，小到一村一镇，大到一地区、一水系、一流域，具体指的是一定的区域及范围内的区域音乐资源系统。

百里不同风，十里不同俗，不同区域有不同的音乐语言。传统音乐的划分最早见于中国音乐研究所编写的《民族音乐概论》，分为五大类：歌曲、歌舞音乐、说唱音乐、戏曲和器乐。我国区域音乐资源丰富，这些散落在中华大地之上的艺术瑰宝凝聚着我国数千年的民族文化精神，是中华民族源远流长的音乐文化源头和基因库，是地方传统音乐和民族音乐文化精神的留存。

就经典的民歌来说，民歌即民间歌曲，是劳动人民为了表达自己的思想感情而集体创作的一种艺术形式，在群众口头的代代相传中，不断得到加工、完善，其音乐语言简明洗练，音乐形象鲜明生动，表现手法丰富多样。中国的民歌经过千百年来的积累，浩如烟海，按体裁形式，大致可以分为三大类：小调、劳动号子、山歌。从风格上讲，小调委婉流畅、细腻优美；劳动号子铿锵有力、粗犷豪放、节奏性强、旋律性较弱；山歌则旋律悠扬、高亢嘹亮、自由舒展。我国是个多民族的国家，各民族各地区的民间歌曲也绚丽多彩、各具特色。专业音乐创作也常以它为素材，或原曲引用，或摘取片段，或吸取其音调再改编移植。

就山歌这一体裁而言，草原上牧民传唱的牧歌、赞歌、宴歌，江河湖海上渔民唱的渔歌、船歌，南方一些地方婚仪上唱的"哭嫁歌"，都属于山歌。它们同样具有在个体劳动中咏唱，歌曲腔调具有自由舒展、自娱自乐等基本特征。中国山歌的流传分布主要集中在内蒙古高原、黄土高原、青海高原、新疆高原、云贵高原、秦岭大巴山区、大别山区、武夷山区、

---

❶ 杨红. 民族音乐学视野中的区域音乐研究［J］. 中国音乐学，2010（4）：103.

西藏高原一带。其中最有代表性的传播区及其品种有：内蒙古草原的各种"长调"歌曲；晋、陕、内蒙古西部的"信天游""山曲""爬山调"；宁、甘、青地区汉、回等族的"花儿"；新疆各民族的"牧歌"，陕南、川北的"姐儿歌""茅山歌"；大别山区的"慢赶牛"；江浙一带的"吴山歌"；赣、闽、粤交汇区的"客家山歌"；云、贵、川交界地带的"晨歌"（又名"神歌"）、大定山歌、弥渡山歌，各藏族聚居区的"藏族山歌"及广西的各族山歌等。因此，同一乐种在不同地区形成不同的音乐风格，这就是音乐课程资源的魅力之处。

三、区域音乐课程资源

关于区域音乐课程资源，蔡际洲先生在参考王耀华先生的民歌"色彩区"观念，以及人文地理学界对中国文化进行区划成果的基础上，以音乐风格上具有共同、相似的文化特征为标准，将中国传统音乐分为关东、中原、内蒙古、秦晋、荆楚、吴越、巴蜀、青藏、滇黔、闽台、岭南、客家、新疆13个音乐文化区。这些丰富的地方性的传统音乐均可以作为区域音乐课程资源，各音乐文化区的所及范围及其代表乐种与音乐体裁如下所述。

"关东音乐文化区，包括黑龙江、吉林、辽宁三省。其代表乐种与音乐体裁有：二人转、辽宁鼓乐、东北民歌（含汉族小调、满族民歌、扎恩达勒、加令阔、朝鲜民谣、东北森林号子等）、吉剧、东北秧歌，等等。

内蒙古音乐文化区，即内蒙古自治区全域。其代表乐种与音乐体裁有：乌日汀哆、包古尼哆、潮儿道、呼麦、安代、好来宝、阿斯尔、漫瀚剧，等等。

中原音乐文化区，包括北京、天津、河北、山东、河南、皖北、苏北等地。其代表乐种与音乐体裁有：京剧、评剧、豫剧、京韵大鼓、单弦牌子曲、山东琴书、冀中管乐、山东鼓吹、秧歌、北京智化寺京音乐、华北小调，等等。

秦晋音乐文化区，包括山西、陕西（秦岭以北）、甘肃、宁夏和青海东北部。其代表乐种与音乐体裁有：西安鼓乐、秦腔、二人台、晋剧、碗碗腔、眉户、信天游、花儿、山曲、裕固族民歌、东乡族民歌、兰州鼓子、榆林小曲、五台山佛教音乐，等等。

荆楚音乐文化区，包括湖北、湖南、江西西北部和安徽西南部的广大地区。其代表乐种与音乐体裁有：汉剧、楚剧、黄梅戏、湖南花鼓戏、湖北大鼓、常德丝弦、武当山道教音乐、江汉民歌、湘中小调，等等。

吴越音乐文化区，以上海、苏南、浙江为中心，旁及皖东南、赣东北、闽北等地，人称江南地区。其代表乐种与音乐体裁有：昆曲、苏州弹词、江南丝竹、越剧、江南小调、苏南吹打、扬州清曲，等等。

巴蜀音乐文化区，包括四川东部、重庆和陕南地区。代表乐种与音乐体裁有：川剧、四川清音、四川山歌、川江船夫号子、秀山花灯、四川扬琴、青城山道教音乐，等等。

青藏音乐文化区，包括青海西南大部、西藏自治区全域、四川西部、滇西北（藏区）。其代表乐种与音乐体裁有：哩鲁、昌鲁、堆谐、果谐、囊玛、藏戏、《格萨尔王》说唱、藏传佛教音乐，等等。

滇黔音乐文化区，位于我国云贵高原，包括云南（大部）、贵州、广西西部（壮族分布区）。其代表乐种与音乐体裁有：洞经音乐、白沙细乐、嘎老、恰央、壮族山歌、芦笙舞、阿细跳月、白剧、窝热热、东巴仪式音乐，等等。

闽台音乐文化区，包括粤东南（闽方言区）、闽南和台湾全省。其代表乐种与音乐体裁有：福建南音、歌仔戏、闽台汉族民歌、台湾高山族民歌、锦歌、莆仙戏、梨园戏、高甲戏、潮州音乐、彩球舞，等等。

岭南音乐文化区，包括广东中西部、广西东部（粤语区）、海南省和香港、澳门特别行政区。其代表乐种与音乐体裁有：广东音乐、粤剧、琼剧、粤曲、咸水歌、调声、渔歌，等等。

客家音乐文化区，客家是中国历史上移民运动的产物，为汉族支系，主要分布于赣南、闽西、粤东北一带。其代表乐种与音乐体裁有：客家山歌、赣南采茶戏、客家汉剧、山歌剧、竹板歌、南北词、客家古文、灯彩，等等。

新疆音乐文化区，即为新疆维吾尔自治区全域，处于我国大陆的西北端、亚欧大陆腹地。其代表乐种与音乐体裁有：十二木卡姆、哈密木卡

姆、刀郎木卡姆、赛乃姆、达斯坦那格拉鼓、维吾尔族民歌、哈萨克族民歌、塔吉克族民歌，等等。"❶

根据教育部颁布的《义务教育音乐课程标准（2011版）》（以下简称《标准》）的教学建议，教师应重视学校自主开发课程，结合有民族、地区传统的课程资源，开发具有学校特色的音乐课程内容。通过引导学生参与聆听、演唱、演奏、编创以及综合性艺术表演等实践活动，学习生活中的地方音乐与风土人情、戏曲与传统文化等文化资源。因此，区域音乐校本课程是一门开放的、生成性的课程。其改变了以知识为中心组织课程的形式，体现了课程价值观的深层变革，丰富了中小学音乐的课程目标、课程结构、课程内容。

第二节　校本课程

"校本课程"顾名思义，就是以"校"为本的课程，是以学校为"课程"编制主体，相对于国家课程与地方课程进行自主开发与实施，旨在学校根据自己的教育理念，在对学校的需求进行系统评估的基础上，充分利用当地社区和学校的课程资源，由学校教师编制、实施和评价的多样性的、可供学生选择的课程。《基础教育课程改革纲要（试行）》（以下简称《纲要》）指出："大力推进基础教育课程改革，调整和改革基础教育的课程体系、结构、内容，构建符合素质教育要求的新基础教育体系。"❷《纲要》在具体目标中明确提出了改变课程过于集中的状况，实行国家、地方、学校三级课程管理，增强课程对地方、学校以及学生的适应性。简言之，校本课程是学校自主管理、开发、设计和实施的课程。

---

❶ 蔡际洲. 中国传统音乐教学中的文化区划问题 [J]. 中央音乐学院学报，2014 (1)：22－23.

❷ 教育部. 基础教育课程改革纲要（试行）（2001年6月8日印发）[EB/OL]. http://old.moe.gov.cn/publ-icfiles/business/htmlfiles/moe/moe_309/200412/4672.html. 2018－06－14.

一、校本课程开发的背景

"校本课程开发"(School–based Curriculum Development)的思想源于20世纪60年代和70年代的西方发达国家。其主要思想是针对国家课程开发的弊端,要求以学校为基地进行校本课程开发,实现课程决策的民主化。各国国情不同,其课程决策权力的分配状况也不一样。但有一点应该没有区别,即"各国的国家课程是不可能缺位的,区别只能在国家课程对学校教育资源的占用比例上。"[1] 1973年,在爱尔兰阿尔斯特大学召开的国际课程研讨会上,吕马菲克与麦克莱伦提出了"School–based Curriculum Development"概念,中文名为"校本课程开发"。1974年,在日本东京召开的国际课程研讨会上,校本课程开发又一次成为重要的研讨议题。之后,伴随着课程自主权利的呼声,校本课程开发风暴陆续在美国、澳大利亚、英国、法国、以色列等国家流行开来,其课程结构如表1-1所示。

表1-1 欧美各国校本课程结构

国家	美国	澳大利亚	英国	法国	以色列	加拿大
校本驱动	学校改进运动	课程发展中心(CDC)	皇家教育部与民间组织	五月风暴学潮	去中心化思潮	教师成为课程编制者
校本对象	幼儿~10年级	4~10年级	5~16岁学生	4~13年级	4~10年级	7~13年级
校本权力下放机构	地方学区	联邦政府、州教育局	国家教育部	教育部	教育部	省教育局
校本课时规划	20%	学校自主选择课程元素与比例	10%	每周三小时	10%	20%

20世纪80年代末至90年代初期,我国香港地区与台湾地区的校本课程开发与实践也逐渐大规模推进。香港教育署一直重视以学校为本位的课程开发,自1988年9月开始推进"学校本位课程设计"计划,鼓励学校

---

[1] 刘庆昌."校本课程"新释[J].教育科学研究,2018(12):1.

教师以课程发展议会建议的课程为基础，设计可以实际应用的课程，顺应学生的能力和需要。香港政府以政策、财政、公开组织教学研讨活动与展览的方式推动校本课程开发进程。中国台湾地区自20世纪80年代中后期开始引入"校本课程开发"的概念，并围绕学校特色展开了一系列的特色主题活动。1998年9月30日，中国台湾地区公布了中小学九年一贯课程纲要，其最大特色之一就是给学校松绑，强调学校本位的课程开发。该纲要规定，各校应成立课程委员会及各学习领域课程小组，于学期上课前整体规划、设计教学主题与教学活动。由于受西方国家教育制度的影响，中国香港地区与台湾地区的校本课程开发更加注重学生的技能实践性与实效性，这极大地推动了校本课程开发的进程。

校本课程开发是相对于国家课程开发而言的。国家的课程行政体制与其政治体制相适应，可以分为中央集权和地方分权两种形式。中央集权的课程开发由国家权力机构组织专家决策并进行课程编制，实行全国统一、自上而下的推广模式，即国家课程开发模式。地方分权的课程开发由学校、教师决策并编制课程，采用实践—评估—开发的课程开发模式，即校本课程开发模式。

二、校本课程开发的历程

从世界范围来看，20世纪60年代末期英美等发达国家开始反思国家课程脱离学校和学生实际的弊端，从而推动了校本课程开发的兴起。此后，校本课程大致经历了兴盛时期、回落时期、转型时期三个阶段。

兴盛时期（20世纪70年代至80年代），各国政府大力支持和鼓励校本课程的开发，基层学校也纷纷响应。英国、澳大利亚、美国等国家是这一时期的主要代表。

回落时期（20世纪80年代末期以后），由于学校所处的环境日益复杂，学校要适应急剧变化的环境并发挥其应有作用，这时就需要发挥国家课程的功能。校本课程开发走向与国家课程开发共享课程决策的权力，并分担相应责任。在加快欧洲教育统一的1988年《教育改革法》中规定了在英格兰和威尔士实行全国统一的核心课程，除国家规定的核心课程外才是非集中制的校本课程。而俄罗斯一向是实施国家课程开发模式的国家，但也出台政策将课程决策权限从中央向下分配。1993 年制订的基础教育计划规定：全国统一的必修课占 73.68%，而校级选修课和个人兴趣课占 26.32%。因此，国家课程开发再次受到重视，校本课程相对走入低谷进入回落期。

转型时期（20 世纪 90 年代以来），由于社会变化节奏加快，学校课程的适应问题再次引起广泛的重视，校本课程开发呈现出两种不同的形式。如前文所述，"中央调控加地方自治"和"地方自治加中央调控"是当代课程行政管理体制发展的总趋势。在这一趋势影响下，校本课程开发也呈现出与之相适应的两种形式。其一，"中央调控加地方自治"课程体制下的校本课程开发形式，其运作是在国家课程计划中预留 10% ~ 25% 的余地作为给学校决策的校本课程的范围，让学校自主地进行新课程开发。这时期的"校本课程"是相对于"国家课程""地方课程"而言的一种课程板块，代表国家如俄罗斯、法国、日本、韩国等；其二，"地方自治加中央调控"课程体制下的校本课程开发形式，其运作是学校在符合国家核心课程标准情况下，对学校的所有课程进行"样本化"建设。这既包括对国家或地方开发的课程进行的适应性改编，也有学校自主开发的课程。因此，这时的校本课程开发包含了对学校所有课程的一种整体开发，代表国家如美国、英国、澳大利亚等。

三、我国基础教育三级课程管理体系

按照现代课程管理的角度看，校本课程并不是一种课程类型，它属于课程管理方面的一个范畴，是正在形成之中的同我国三级课程管理体制相适应的基础教育新课程体系中一个组成部分。我国的校本课程是在学校本土生成的，既能体现各校的办学宗旨、学生的特别需要和本校的资源优势，又能与国家课程、地方课程紧密结合，是一种具有多样性和可选择性的课程。这一界定试图反映校本课程的三种基本属性，即关联性、校本性和可选择性。作为我国基础教育三级课程管理的重要内容，它与国家课程、地方课程构成学校课程的有机整体，是执行国家三级课程管理政策的组成部分。

在我国，自从20世纪初创办具有现代意义的新式学校起，中小学就开始进行学校内的课程建设活动，如"第二课堂""第二渠道""校外课外活动"等。直至90年代中后期，校本课程开发逐步成为我国课程学者与教育学者的研究热点。1999年，我国第三次全国教育工作会议上通过的《中共中央国务院关于深化教育改革全面推进素质教育的决定》中，提出了要"建立新的基础教育课程体系，试行国家课程、地方课程、学校课程。"❶ 2001年为了推进基础教育课程改革，调整和改革基础教育的课程体系、结构、内容，构建符合素质教育要求的新的基础教育课程体系，教育部颁布了《基础教育课程改革纲要（试行）》，其中在目标中提出了要"改变课程管理过于集中的状况，实行国家、地方、学校三级课程管理，增强课程对地方、学校及学生产生的适应性"。

"国家课程有以下目的：确保学生学习的权利，明确学生在接受学校教育时应达到的标准，提高学生接受学校教育的连续性和连贯性，为公众了解学校教育提供依据。地方课程有以下目的：促进国家课程的有效实施，弥补国家课程的空缺，加强教育和地方的联系，调动地方参与课程改革与课程实施的积极性。校本课程有以下目的：确保国家课程的有效实施，照顾学生的个别差异，促进教师专业能力的持续发展。当前，我国的基础教育应以国家课程为主，地方课程和校本课程为辅。"❷ 可以想象，校本课程开发在内容上也许具有相当的选择自由，但在时间、空间和其他教育资源上的选择自由是较为有限的。因而，校本课程开发应把有限的学校教育资源用在自己学校最关键的教育问题的解决上。

总之，学校开发的课程只要同时具备以下特征，就属于校本课程：一是自主开发而非"他主"开发。这意味着课程的开发是由学校决策的。二是民主开发而非学校领导者个人兴趣的实现。这意味着课程的开发是学校

---

❶ 教育部. 中共中央国务院关于深化教育改革全面推进素质教育的决定［EB/OL］. (2018-04-30) http://old.moe.gov.cn/publicfiles/business/htmlfiles/moe/moe_177/200407/2478.html.

❷ 许洁英. 国家课程、地方课程和校本课程的含义、目的及地位［J］. 教育研究，2005（8）：32.

领导者和教师在对校情进行科学研判的基础上共同协商的决定。三是朝着学校教育目的即学生发展核心素养方向开发。这意味着所开发的课程不能偏离学生发展核心素养的主题。❶

四、校本课程开发的意义

校本课程开发的实践探索是在西方校本课程开发的观念影响下，学校进行的以学校为基地的课程整合实践活动，其教学意义上的课程建设活动是一种自发的、仅限于学科或者科目层面上的课程活动。严格地说，这只是一种教学意义上的活动。在实践层面，校本课程开发的空间其实十分有限。从理论上讲，校本课程是一种"课外"课程，这里的"课外"意为"国家课程和地方课程之外"。

（一）作为教学意义的课程建设

20世纪初创办新学校运动开始以来，学校就有相类似的课程探索。20世纪50年代就有学校自编教材，乃至学生参与编写在中小学中也时有所见。1979年在北京举办的全国青少年科技展览的展品中，就有中小学生的小发明、小创造、小论文，这是第二课堂、课外活动开展的结果。20世纪80年代中期，在《关于教育体制改革的决定》的精神鼓舞下，各中小学逐步形成"课堂教学、课外活动相结合"的模式。一大批学校，如江苏省苏州中学和南京市琅琊路小学、吉林省东北师大附中、四川省成都市实验小学、上海市的大同中学和尚文中学等都对课外活动如何更好地开展进行了一系列的探索活动。这一时期的理论探讨主要是围绕教学和课外活动的关系、如何开展课外活动等方面进行。一般认为课外活动包括校内课外活动和校外课外活动，大体包括各种兴趣小组：科技活动类、文艺类、社会调查类等。尽管这一时期的分类相互重合、不尽科学，且没有从"课程"的角度对整个活动课程进行规划，但理论的倡导确实提高了课外活动的地位，将其从课堂教学的补充提升为和课堂教学并重的为学生的特长服务的课程。

---

❶ 刘庆昌．"校本课程"新释［J］．教育科学研究，2018（12）：1.

（二）作为改革意义的课程管理

1996 年的《全日制普通高级中学课程计划（试验）》规定："学校课程分为学科类课程和活动类课程。"❶ 学科类课程又分为必修学科、限定选修学科和任意选修学科。学校应该"合理设置本学校的任选课和活动课"，这一部分占总课时的 20%~25%。这一文件颁布后，在天津、山西和江西等地进行了试验。从课程的角度来看，校长和教师的主体意识没有觉醒，学生还没有进入课程的中心，学校课程的规划、整合、设计、实施与评价等知识没有传播，因而还不能算是真正合理的校本课程开发。后来由于一些课程专家的介入，极大地推进了实践的进程，使无序、混乱的选修课、活动课的开设状况得以解决。选修课、活动课的开设走向科学化，真正意义上的校本课程开发从此时开始，而从选修课和活动课走向校本课程的过程实际上就是校本课程开发的过程。

这一时期的典型特征，即课程理论和课程改革紧密联系在一起。关于如何从国家集中管理的课程体制过渡到国家、地方、学校三级管理的课程体制，有学者在实践的基础上提出建设性的构想。即学校中实施的课程应包括国家课程、地方课程和校本课程，这三者构成具有中国特色的基础教育课程管理体系。在最后一部分给出的课程计划中，可以看到它在很大程度上吸收了这一时期的理论和实践探索的合理内核。

（三）作为国家政策的课程开发

2001 年 6 月，国务院召开全国基础教育工作会议，随后发表了《国务院关于基础教育改革与发展的决定》指出："实行国家、地方、学校三级课程管理。国家制定中小学课程发展总体规划，确定国家课程门类和课时，制定国家课程标准，宏观指导中小学课程实施。在保证实施国家课程的基础上，鼓励地方开发适应本地区的地方课程，学校可开发或选用适合本校特点的课程。"同时，教育部也颁发了课程改革的纲领性文件——

---

❶ 教育部. 全日制普通高级中学课程计划（试验）［EB/OL］. http://old.moe.gov.cn//publicfiles/business/htmlfiles/moe/s7054/201403/166080.html，2018-04-30.

《基础教育课程改革纲要（试行）》，并在课程改革目标中明确规定："改变课程管理过于集中的状况，实行国家、地方、学校三级课程管理，增强课程对地方、学校及学生的适应性。"这意味着校本课程开发自此开始进入了国家课程政策的范畴。随后教育部颁布的《义务教育课程设置实验方案》（2001）与《普通高中课程方案》（2018）都在不同程度上体现了这项政策。

与国家课程相比，在校本课程的开发过程中，课程编制、课程实施和课程评价是"三位一体"的态势，形成统一的三个阶段，并由同一批学校教师负责承担。校本课程是相对国家课程而言的，它是一个比较笼统的和宽泛的概念，并不局限于本校教师编制的课程，可能还包括其他学校教师编制的课程或校际之间教师合作编制的课程，甚至包括某些地区学校教师合作编制的课程。校本课程是以学校教师为主体，在具体实施国家和地方课程的前提下通过对本校学生的需求进行科学的评估，充分利用当地社区和学校的课程资源，根据学校的办学思想而开发的多样性的可供学生选择的课程。可见，校本课程是相对于国家课程和地方课程而言的，由学校自己开发并实施的一种课程。学校是校本课程开发的主体。从课程目标和课程生成的角度看，校本课程是在满足国家和地方课程计划要求的前提下，根据学校教育原则，根据对学生需求的评估及学校的课程资源，为尊重和适应学校师生的独特性和差异性，发展学生的个性而开发、实施的课程，是以学校为基地，在校长、教师、课程专家、学生、学生家长和社区人士积极参与下生成的课程。

我国的校本课程与英美等国的校本课程比较，在内涵上具有浓厚的中国本土特色。要让中国的教育实践工作者清晰地把握校本课程，以下的说明十分必要。其一，校本课程开发是学校的基本权利之一。换言之，学校有权通过开发校本课程以表征和实现自己独特或不独特的教育意志。其二，校本课程开发是学校利用可用的校内外教育资源解决自己教育问题的行动。仅仅体现学校领导者个人意志和教育价值倾向的课程，虽然存在于学校，甚至基于学校，但也很难成为地道的校本课程。其三，"基于学校"的有效内涵是基于校情，具体包括学校的类型、阶段、人力资源状况、生源特征、学校所在地特征及学校硬件设施等。形象地说，学校课程总体是由国家课程、地方课程和校本课程组成的，在这种组成的背后隐藏着课程决策在权力方面的分配，而课程决策权力的这种分配，则说明在实现国家教育意志的同时，自觉考虑了地方的意志和学校的意志。学校在地方、地方在国家，加之学校是地方的学校、地方是国家的地方，这就决定了这种课程决策权力的分配不但不会制造出混乱与冲突，反而能体现课程决策的民主和文明。❶

第三节 音乐校本课程

一、音乐校本课程的含义

音乐校本课程开发是一种以校为本的音乐课程开发，旨在学校和教师在对学生的需求进行科学的评估，并在充分考虑当地学校课程资源的基础上，设计与开发的旨在发展学生音乐特长、多样化、可供选择的的音乐课程。"音乐教育课程虽然在管理上属于国家课程，但由于我国地域辽阔、民族众多，音乐教育发展不均衡的现象比较严重，因此国家特别强调该课程的地方适应性。我国各个民族、各个地方都拥有代表性特色音乐，为校本教育的实践和发展提供了丰富的课程资源，为课程开发提供了取之不尽的素材。"❷

开发校本课程的意义，不仅在于改变自上而下长周期课程开发模式，更重要的是建立一种以学校教育的直接实施者和受教育者为本位、为主体的课程开发决策机制。我国的校本课程开发是以学校为本位进行的本土化特色课程开发，能够与国家课程和地方课程形成互补，使之更符合学生需

---

❶ 刘庆昌. "校本课程"新释[J]. 教育科学研究，2018（12）：1.
❷ 余少莹. 关于潮州音乐运用于高校校本音乐教育课程的构想[J]. 中国音乐学，2013（3）：97.

要与学校的特点。音乐校本课程开发能够使中小学音乐课程更加丰富多样，具有区域特色的音乐校本课程与国家和地方课程形成互补，有利于培养学生的综合素养，有利于当地学生的发展。不仅可以优化中小学音乐课程内容，丰富学生音乐实践活动，拓宽学生音乐视野，增强学生对地方音乐和相关文化的了解，全面提升学校音乐教育教学质量，有利于形成特色学校文化，促进音乐教师专业发展，有助于形成具有中国本土意义的音乐新课程理念，帮助学生认识具有本土意义的音乐语言，提高学生的文化自信。

二、音乐校本课程开发的类型

从我国中小学音乐校本课程开发实践出发，将音乐校本课程开发的类型分为两大类，即音乐校本课程的独立开发模式和音乐校本课程的联合开发模式，每一模式又包含若干种类型。

（一）本校独立开发模式

音乐校本课程的独立开发模式，就是音乐校本课程的开发主体是本校音乐教师，开发活动无外力参与。此种类型的音乐校本课程开发在进行课程开发活动时，完全依靠的是本校音乐教师的力量，针对本校的学生音乐学习需求和音乐课程资源情况，独立自主地开发适合于本校特点的音乐校本课程。从音乐校本课程涉及的范围来看可以分为完全音乐校本课程开发和有限音乐校本课程开发。

1. 完全音乐校本课程开发

完全音乐校本课程开发，即学校的音乐课程完全根据学校的音乐教育情境，以及本校对音乐教育的理解和追求而独立开发的音乐课程。完全音乐校本课程开发相当于有些课程学者提出的"校本的课程开发"。

完全音乐校本课程开发是一种理想化的课程开发形式。在我国，能够进行绝对意义上的完全音乐校本课程开发还没有实现。一方面，这种形式的音乐校本课程开发与我国的课程管理政策不符。这种形式的音乐校本课程开发需要享有完全独立自主的课程开发权利，而我国的三级课程管理政策规定，校本课程只是三级课程中的一级，校本课程开发只能享有有限的课程开发权利并在规定的范围内进行；另一方面，完全音乐校本课程开发也需要学校具有足够的课程开发能力，从我国目前的基础音乐教育的总体来看，这一点也是欠缺的。因此，目前在我国完全意义上的音乐校本课程开发只限于学术探讨的层面，在教学实践中几乎不存在。

2. 有限音乐校本课程开发

有限音乐校本课程开发是在国家课程政策框架内，针对统一的国家音乐课程无法顾及的、满足具体学校和学生的差异性需求而进行的音乐课程开发，以对国家音乐课程起补充作用。我国中小学目前进行的音乐校本课程开发只是有限的音乐校本课程开发。有限音乐校本课程开发又分为单一主题音乐校本课程开发、多主题音乐校本课程开发，以及隐性音乐校本课程开发等类型。

（1）单一主题音乐校本课程开发

单一主题音乐校本课程开发是指音乐校本课程开发活动针对的是某一主题。单一主题音乐校本课程开发与多主题音乐校本课程开发相比，由于开发主题单一，课程开发所需人员也相对较少，是音乐教师个人或两三个人组成的课程开发小组进行课程开发。由于单一主题音乐校本课程不具有选择性，通常适合在小学阶段进行该类型的音乐校本课程开发。

（2）多主题音乐校本课程开发

多主题音乐校本课程开发是指学校针对不同类型学生的音乐学习需求，为了尽可能对不同需求给予满足而进行的课程开发。多主题音乐校本课程是一组音乐课程，具有多个不同主题，可供不同的音乐学习需求的学生进行选择，具有较大的灵活性。

这种类型的音乐校本课程开发也是我们所倡导和追求的音乐校本课程开发类型，但是由于这种类型的音乐校本课程主题较多，规模相对也较大，因而开发的难度较大，花费的人力、物力和时间也比单一主题的音乐校本课程多。从目前来看，这种类型的音乐校本课程开发只适合规模较大、各方面条件相对较为完善的学校来进行。

（二）多校联合开发模式

音乐校本课程开发不一定局限于一所学校内，可以走出校门寻求与他校或研究机构合作,共同进行课程开发活动。联合开发就是常见的一种音乐校本课程开发模式,这种开发模式突破了单个学校的范围,将音乐校本课程开发行为延伸到校外,与其他学校或研究机构开展合作,共同进行音乐校本课程开发,并共享课程开发成果。根据合作对象的不同,音乐校本课程的联合开发模式可以分为校际间的联合开发和学校与专业机构的联合开发两种类型。

1. 校际间的联合开发

音乐校本课程的校际间联合开发是一种学校与学校之间相互联合进行音乐校本课程开发的类型。校际联合可以是两所学校的联合或两所以上的学校的联合。校际联合必须满足以下三个条件:第一,联合的学校必须是处于同一区域内,如同一城市或地区;第二,一般具有能共享的共同的音乐文化资源作为课程资源;第三,要有共同的音乐校本课程开发目标。根据开发范围的大小,校际间联合开发音乐校本课程在实践中可以分为两种方式,如表 1-2 所示。

表 1-2 校际间的联合开发的类型

开发方式	开发内容
合作开发	学校所有的音乐校本课程都进行合作开发。这种开发方式是根据两校或多所学校的学生需求和所拥有的课程资源,开发出有多项内容构成的、多主题的一组音乐校本课程。根据各学校在本校实施所开发的音乐校本课程,在实施过程中可以根据实际情况,对所开发的音乐校本课程进行适当调整
联合开发	参与联合开发的学校就某一项校际之间具有共识的音乐校本课程进行合作开发。这种情况往往是校与校之间都对某一音乐校本课程开发的主题具有开发意向,并常常拥有共同的音乐课程素材资源。在这种情况下,即可进行合作开发,共享开发成果

2. 学校与专业机构的联合开发

对我国大多数中小学音乐教师来说,校本课程开发是一个新的课题,具有极大的挑战性。因此,音乐校本课程开发有时必须借助外力,如课程研究机构、高等院校的有关课程和音乐教育研究的院系,以及专家等的参与和提供帮助，以便共同促进我国中小学音乐校本课程的良性发展。所以，积极寻求学校与专业机构的合作来开发音乐校本课程也是课程发展的必经之路。学校与专业机构联合开发这一类型，根据外力参与的方式和程度，可以分成以下两种形式。

①学校作为完全独立的课程开发主体，专业机构不进入音乐校本课程开发小组。这一形式下的专业机构是作为进行音乐校本课程开发学校的咨询机构而存在，它只提供咨询和理论支持，解答合作学校音乐校本课程开发过程中存在的困惑和遇到的技术问题，不参与诸如音乐校本课程内容的选择等涉及音乐校本课程的实际操作的环节。

②学校和专业机构共同组成音乐校本课程开发小组，进行课程开发。在这一形式下专业机构成为学校音乐校本课程开发组织的一员，自始至终参与学校的音乐校本课程开发，提出自己的建议和主张。但要明确的一点是，学校是课程开发小组的决策主体，校内的事务由学校一方负责，专业机构不参与学校任何有关课程开发的决策。专业机构的职责是负责包括培训教师、协助设计课程开发方案等课程开发的理论与技术保障，以及全程监控课程开发的过程，避免出现技术偏差。

三、音乐校本课程开发的资源

（一）学校资源

校本课程开发需要考虑学校的资源条件，以决定做何种程度的开发。这里的资源是指信息资源、能力资源和物质资源。

1. 信息资源

信息资源是以学校的教材和资料为核心，它为校本课程开发提供源头活水和信息支持，对信息资源的评估，涉及信息渠道、信息储存和信息效能。评估要求信息渠道多样化、信息储存丰富化、信息价值效能化，整个信息资源要处于不断的交流和更新中，形成信息资源"优胜劣汰"的动态过程。

2. 能力资源

能力资源是指教师的专业能力和学生的学习能力。校本课程开发是以教师和学生为主，他们的能力状况制约着校本课程开发的深度和价值。教师的专业能力包括专业素养、开拓意识、创新能力和课程开发能力。评估方式通常是：先由教师自我评估，然后由学校评估，最后由专家组综合审评。学生的学习能力包括现实学习能力和潜在学习能力。现实学习能力是指学生已达到的学习能力现状，是校本课程开发的重要依据。潜在学习能力是指通过课程更新，学生可能达到学习的能力状况，是校本课程开发的重要目标。对学生学习能力的评估常由教师评估和学生自我评估构成。

3. 物质资源

物质资源是指在校本课程开发中学校可提供的场地、设施、设备与经费支持，它是校本课程开发的物质基础。除了上述对学校的资源进行评估以外，还要对社区可利用的资源进行评估，以期在学校和社区之间形成一个良好的校本课程开发的资源环境。

（二）本土资源

把本土区域音乐作为校本课程的重要资源，容易为教师和学生所接受和喜爱，毕竟对自己从小就密切接触的文化是有感情的。把区域文化作为校本课程的重要资源，能使课程在很大程度上贴近学生的日常生活，从而自然而然地实现了课程的生活化。把区域文化作为校本课程的重要资源，能够为校本课程的开发提供便利条件。本土区域音乐为教师和学生所熟悉，在课程资源的收集和整理等方面是非常方便的，并且通过让学生参与课程开发，收集自己喜爱的课程资源，也能够培养学生思考和钻研的良好习惯，这本身就是一种学习，符合新课程研究性学习的要求。从学生的日常生活之中寻找区域音乐文化资源，学习和理解本土区域音乐，可以充分利用学生对区域文化的熟悉感和亲近感，激发学习动机。

开发音乐校本课程的教师既可以是本校的音乐教师也可以是其他学校的音乐教师，结合自己学校拥有的音乐资源或者对本校的音乐教学资源进行发掘，以学校为基地来规划并开发多样化的音乐课程。这种以校为本的音乐校本课程开发，以满足学校学生的音乐学习需求为着眼点，以本校可利用音乐课程资源为立足点，以实现学校音乐教育的目标为出发点。

第二章 区域音乐校本课程的特征与功能

第一节 音乐校本课程的特征

区域音乐校本课程的特点主要指音乐校本课程的结构、功能与国家课程的结构、功能之间的差异。音乐校本课程具有很强的实践性，换言之，校本课程大多属于实践性课程，它不以系统知识为基本内容，而是以围绕学生的学习需求来组织具有多样性、动态性的音乐课程，引导学生在学习实践、讨论探究等活动中进行生动活泼的学习。[1] 音乐校本课程的特点主要取决于构成校本课程内在结构的三种基本成分（课程目标、课程内容和学习活动方式）与构成国家课程的三种基本成分之间的差异。它以贯彻学校的办学宗旨和促进学生认知、情感、行为的充分协调、各有特色的发展为主要目标，以综合性信息和直接经验为主要内容，以学生自主参与的歌唱练习、器乐表演、音乐创作、活动创编、问题探究等活动为主要学习方式。

一、规范性：遵循三级课程管理的要求

所谓规范，就是守规矩、合法则。音乐校本课程开发必须要以现代教育思想和现代课程理念为指导，以《国家课程改革指导纲要》为依据。规范性，主要表现为学校能够按照校本课程开发的概念和要求开发音乐课

---

[1] 吴刚平．校本课程开发 [M]．成都：四川教育出版社，2002：40．

程。校本课程开发的规范性即要求课程开发者按照国家教育政策要求，进行课程设计、试验、评价、管理等课程开发活动。课程改革伊始，教师在校本课程开发问题上面临着为什么开发、如何开发、怎样实施等诸多困惑。针对这些问题，学校要在管理层面制定校本课程开发实施的指导意见，成立组织管理和指导机构，颁布相应的实施措施，组织操作层面的培训，使音乐校本课程开发能够从开始就规范、顺利地推进。

二、实践性：培养学生实践与创造能力

音乐校本课程在促进学生的认知、情感、行为充分发展的过程中，把最大限度地结合学生的现实需要、生活经验与文化背景作为校本课程开发的根本出发点，以培养学生的主体意识、合作意识、创新意识和动手能力、交往能力、发现与解决问题的能力作为重点[1]。强调学生应在做中学、活动中学，注重直接体验和经验积累，反对重理论轻实践、重知识轻能力的倾向。以学生发展或社会问题为取向，把跨学科的内容组织成音乐教学主题，培养学生融会贯通学科知识和综合分析、解决问题的能力。显然，实践性是校本课程最本质的特征。注重彰显学生个性、陶冶学生性情，使所学课程成为构建学生人格内涵的有机养料。不仅着眼于学生的现实生活，还立足于他们的未来发展，显示了蓬勃的生命力。

三、趣味性：挖掘学生的兴趣爱好

在音乐课程的立意上，充分考虑学生的兴趣爱好，选择具有探索价值、学生参与度高的教学主题。在尊重学生差异性的基础上，把满足学生的发展需要作为课程开发的最高宗旨。在制订音乐校本课程开发方案时，将课程内容的选择权交给学生，让学生根据自己的兴趣和爱好选择自己感兴趣的音乐课程内容。教师围绕一系列重要问题或挑战性任务编排学习内容、安排学习活动，学生按照一系列音乐课题或主题参加学习活动，在活动过程中收集大量生动有趣的歌唱、创作、表演等活动资料，进而通过自

---

[1] 张楚廷. 课程与教学哲学 [M]. 北京：人民教育出版社，2004：8.

己的思考、操作，以及与同伴讨论去解决问题或提交作品。各个课题或主题的答案多为实际答案（拿出各种作品），也有认识性答案。有些课题或主题有多个答案，只要学生言之有理、操作有据，就可获得优良的成绩。同时，在每学期结束时，教师征求学生意见，客观进行音乐校本课程的评估，淘汰不受学生欢迎、质量不高的课程内容。对赢得学生喜欢和教学效果较好的课程则给予各方面的支持，并将其打造为有特色的音乐校本课程。

四、本位性：以学校为立足点

学校本位是指学校所做出的上述任何关于课程开发的决定或所采取的上述任何的课程开发活动方式，其立足点、出发点和落脚点必须是学校自身，可以从以下五个方面加以理解该本位性❶。

（一）以学校为基地

课程开发的全部活动要素，从计划的制订、内容的设计到相应评价体系的建立，都是在实际音乐教育现场——学校中发生并一步步展开的。音乐校本课程开发是以学校为本位进行的本土化特色课程开发，能够与国家课程和地方课程形成互补，实现课程统一性与特色性的有机契合。国内音乐学者与教育学者已经逐步将研究视野转移到地方音乐资源与学校教育的结合，音乐校本课程也已经成为校本课程的重要板块。由此就可以构成三种不同又相互依存的音乐校本课程开发取向需求，分别为教师主导型取向、资源主导型取向和目标主导型取向。

（二）以学校为基础

学校是否具备开发音乐校本课程的条件？在多大幅度和范围内开发音乐校本课程？采取什么样的开发方式和策略？对诸如此类问题的回答必须以学校自身的性质、条件和特点，以及可利用开发的资源为依据。例如，必须综合考虑学校自身所确立的音乐教育理念；学校的性质（如小学、高

---

❶ 郑莉，金亚文．基础音乐教育新视野［M］．北京：高等教育出版社，2004：43．

中、职高，公立、私立、民办等）；学校的优势和弱势（如重点校、中间校、薄弱校等）；本校学生在某个或某些科目的学习上所存在的特殊问题和特殊的学习需求；本校教师队伍的整体素质及个性特点；学校所在地社区的特点及周边环境；学校已形成的校风和传统；等等。

（三）以学校为主体

首先，音乐校本课程开发不是对外部指令的服从和执行，它是学校主动的开发行为；其次，音乐校本课程开发不是对中央课程的无条件实施，它允许并鼓励学校在领会国家课程基本精神的前提下，根据自身的条件和特点进行适当的调整、改编或整合，是对国家课程的一种校本化的课程实施；最后，在音乐校本课程决策共同体中，虽然需要校外的专家、学者和相关教育行政人员的指导和帮助，但参与决策的主体成员仍然是学校内部的成员。在这里，学校是课程开发主体，学校成员，特别是广大音乐教师成了课程开发的主人。

（四）以学校为整体

首先，无论音乐校本课程开发所涉及的范围是全部课程还是部分课程或单项课程，尤其是所采取的方式是选择、引入，还是改编、重组或新编，都应该考虑学校整体的教育目标和学生整体的学习需求；其次，所有类型的音乐课程开发活动都应以学校内部的相关人员或者由学校的校长、教师、学生、家长以及校外课程专家、教育行政部门的官员等组成的学校共同体的集体审议和决策为基础，绝不是某个人一时的心血来潮或思想上的偏执；最后，学校本位课程开发不能混同于教师本位课程开发。由于课程本来就是一个整体的概念，它是学生在校获得的学习经验的总和，任何单个科目的变动都会对其他科目有影响。

因此，音乐校本课程开发不能理解为单个教师孤立、随意、孤芳自赏地开发自己感兴趣的课程，也不能包括个别教师孤立的课堂教学设计。当然，音乐校本课程开发的主体可以是个别教师。这是说开发项目的具体承担者可能是某个教师，但项目本身并不是以纯个人的意见或观点为依据的，而是以学校共同体的集体审议为基础的，或由个别教师提出但得到了学校共同体的认同和支持的。

（五）以学生为主旨

不论是国家统一的核心课程，还是学校自主开发的校本课程，它们的根本宗旨应该是一致的，即旨在满足学生的学习需求，以学生为教育主体，促进学生全面发展。但是，国家统一的核心课程是以学生的一般学习需求为基础的，难以估计每个学校的每个学生之间的差异。音乐校本课程开发为发现学生之间的个体差异，并采取相应的课程对策提供了可能和条件。例如，在西方国家的许多学校，都设有"补救性课程"，这种课程主要是针对那些学习成绩差或学习困难的儿童的特殊学习需求而设计的。可见，校本课程的最好的开发主体应以学生为主旨，一切为了学生的学习需求和全面发展。

五、多样性：注重动态过程评价

音乐校本课程开发不能是一时的心血来潮，它是一个有组织、有目的、有计划的行动过程。在这个行动过程中，学校通过不断地发现问题、反思问题和解决问题，实现课程的不断完善和改进。因此，音乐校本课程开发是一个开发与研究相结合的过程，是一个逐步赋能创新的过程。

（一）评价主体的多元化

首先，采用内部评价与外部评价相结合的方式，评价主体主要是学校、教师和学生。对于音乐校本课程开发、授课教师教学情况和学生学习情况进行评价，并在此基础上通过师生共同反思，按照优胜劣汰的原则筛选和优化课程内容。将学生的评价重点放在学生自我的纵向比较上，把学生的学习态度和进步作为评价的主要标准，真正地实现音乐校本课程开发的个性化特征。其次，评价形式的多样化。评价的形式避免仅仅靠纸笔评价的方式，学生可以通过各种自己喜欢的形式反映学习成果。

（二）构建学分制管理机制

音乐校本课程开发与实施管理办法规定，校内必修课程按国家课程考核方式进行考核，校内选修和校外自修课程成绩评定采用学分制，学生可在校内根据自己的爱好特长选择适合自己的课程、班级、老师进行学习，也可以在家庭或校外自修。每名学生九年所修课程的最低总学分为112分，其中校内选修课程为48学分，校外自修课程为64学分。未达到规定学分者，必须补修；否则不予毕业。任课老师负责学分制的执行和落实，根据学生出席率、学习过程和考察成绩进行评价，每学期期末由课程教学部统一登记并存档管理。评价结果记入综合评价手册，评价结果与评优挂钩，学分高者评优时优先考虑，学期学分不满2分者，评优不予考虑。

（三）评价方式的多样性

在评价学生参与音乐校本课程的效果时，要注重评价方式的灵活多样性，采用过程性与终结性相结合的方式，多角度、全方面地进行质性评价，并尽可能在学生活动情景中进行评价。根据不同学生的学习情况实施个性化评价，并联系日常生活进行参与性评价。通过观察学生在音乐校本课程中的学习行为，运用多重评估标准对学生学习状况进行评估。同时，记录研修的课程，进行学生成长档案评价。通过学生成长档案的建立，记录令人满意或不满意的音乐学习经验，改进学生的学习方式，促进个性发展。

第二节　音乐校本课程的功能

依据教育功能所作用的领域和指向内容的不同，将音乐校本课程功能分为教育的个体功能和社会功能。其中，校本课程的个体功能是指课程通过自身的编制和运作，对受教育者个体身心两方面发展给予影响和作用。其社会功能是指课程对一个社会政治、经济、文化等方面所产生的相对持久而长远的影响和作用，这种影响和作用更多的是通过个体功能的实现而实现的。从逻辑上看，个体功能的实现是社会功能实现的必要条件，而社会功能是以个体功能的实现为基础而衍生出的功能。

一、调节、补充和拓展的课程功能

我国基础教育课程体系是由国家课程、地方课程和校本课程共同构成

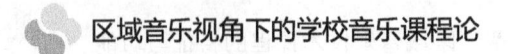

的课程整体。其中，国家课程满足了中小学生社会化过程中的主要发展需求，是基础教育课程的主体部分，在基础教育课程结构中起着主导性的作用，中小学的大部分课时也都是用于实施国家课程的。❶ 相对于国家课程来说，音乐校本课程的功能主要是调节、补充和拓展。校本课程对国家课程具有调节功能。由于国家课程在目标、规格、标准、内容、教材和考试上的统一性，对学校发展和学生发展来说可能存在单向、单一和单调等局限，需要从结构上找到切入点进行调节。

音乐校本课程作为学校自主开设的课程板块，虽然所占课时比例不大，但它与居于主导地位的国家课程板块相对应，是一种结构上的调节，保证了学校作为课程管理主体独立开设和选用课程的权利。为满足那些具有地方和学校特点的学生发展需求开辟了空间，使得中小学课程在整体上不再是一种国家课程一统天下的单一课程结构，而具有了多样化的课程结构特征。音乐校本课程开发有助于创新特色课程、形成学校的课程特色，其核心的主体特色大多是其富有特色的校本课程的开发。同时，音乐校本课程开发能够有效地确定学校的优势所在，确定学校的特色发展方向所在，并可增强学校成员对学校发展目标的认同，在此基础上充分整合学校内外的资源与人力，凝聚学校的团队意识，并以开放性、动态性的办学理念，有效回应和统合学生、家长、地方及社会的诉求，不断调适课程实践和办学实践中相关各方的配合，提高学校的课程绩效和办学绩效，从而把学校不断导向新的理想境界。在中小学课程的整体结构中，一旦缺少校本课程的调节功能，学生的学习活动就很难呈现出一种丰富多彩、生动活泼的健康发展局面。

音乐校本课程对国家课程具有补充功能，补充功能是调节功能的一种具体衍生，是对国家课程所不具备的功能进行弥补，即满足国家课程难以满足的而对学生来说又非常重要的发展需求。由于国家课程必须重视共性的国民素质培养，必然把重心放在基础性的、稳定的、长期的系统知识、能力和价值观的学习上，对学生发展非常重要的地方性知识和生活经验，

---

❶ 孙裕东，杨辉. 校本管理的实践与反思［M］. 长春：吉林人民出版社，2006：34.

特别是那些局部的、部分群体和个性化的发展需求，如何通过课程学习来获得满足，以及学生成长过程中阶段性的烦恼、困扰、疑难和要求等如何通过课程学习来化解和体现，则是国家课程做不到的事情。这一功能只有而且必须在学校层面上补充进来。这种补充既可以是学习领域或内容上的补充，也可以是对音乐课程形态和学习方式上的补充。

校本课程对国家课程还具有拓展功能。拓展功能是调节功能的另一种衍生，是对国家课程所具有的功能进行广度和深度上的延展，即充分展开国家课程对全体学生在某种程度上具有却无法或不必充分展开，而对某些学生却非常重要且有可能展开的功能。这种拓展包括学习领域或学科拓展，跨学习领域或跨学科拓展，乃至学习内容、学习方式和要求在深度上的提升等。这样，学生就能在自己感兴趣或觉得特别重要的音乐学习领域中，选择某一或某些专题，开展拓宽、加深或整合式的学习活动，以便充分发挥自己的个性特长，丰富和优化自身的知识结构。

二、人文、审美和实践的育人功能

音乐教育以音响为表现手段，构成富有动力性结构的审美形式，通过"诉诸心灵精神、洋溢的情感以及声音所显示出这种内容精华的表现"，来实现培养受教育者对音乐的感受、理解、鉴赏、表现和创造等能力，来完成对学生的审美教育，这种审美教育有着丰富的内涵。音乐校本课程的育人功能既体现在对学生的培育上，也体现在对学校教师和校长等的塑造上。其本质上体现了人本性、主体性以及差异性、开放性、多元相融性、动态性等现代课程观的，同时因为音乐课程本身就具有育人的功能，因而音乐校本课程自然具有其特有的育人功能。[1] 这种"特有"表现为校本课程具有培养富有主体性和个性、全面发展且主动发展的学生的功能，具有塑造研究型教师的功能，以及造就专家型校长的功能。

音乐校本课程的教育理念就是强调尊重学生的主体性和个性并力促其主体性和个性的发展，既强调学生积极主动地参与课程建设和整个课程活

---

[1] 张廷凯，丰力. 校本课程开发资源指南 [M]. 北京：人民教育出版社，2004：22.

动,同时也强调学生在整个课程活动中的创新和实践,并且注重以学生发展为中心的课程设计。因而学生和老师一样成了课程的主人,成了课程的主动的开发设计者和实施者,而不仅仅是课程的被动接受者。虽然校本课程的开发未必能产出符合学者专家所定义的高品质、具有严谨学科逻辑结构的课程方案,但确实能给学生提供更有意义、更适切的课程,激发学生的学习动机;能立即回应学生的各种个性化需求,从而使学生能生动活泼地、积极主动地自我发展。

三、专业、引领的教师成长功能

音乐校本课程特别强调教师在课程开发中的"核心地位",强调充分地赋权给教师,并同时赋予相应的课程责任给教师,这就避免了把教师视为课程的"被动消费者"和课程计划的被动执行者,从而自然地对教师提出了较高的要求。教师除了要了解学生的需要,还要了解学生的成长模式,并把这些需要和模式同特定社会的价值观和目标联系在一起,这都需要教师有足够的感受学生需要的敏锐性,并且能在校本课程开发中创造性地解决各种问题,从而形成自己独特的音乐课程特色。校本课程开发有助于激发教师的士气,提高教师的参与和投入,有助于教师专业形象的提升。另外,音乐校本课程开发提供了教师参与课程建设的机会,扩大了教师之间的相互影响和交流,也帮助教师验证了课程的原理和原则、消除了课程理论与课程实践的鸿沟、促进了教师的专业成长、提升了教师的职能。教师所肩负的课程开发责任,还会促使教师不断地进修和提高,不断地钻研课程理论和学习研制课程的技术,密切关注音乐课程实践中的各种问题,逐步养成在实践中进行研究的态度和习惯,将自己塑造成研究型教师。

校长作为教师的领导者,其管理水平也会在音乐校本课程的建设中获得提高。校本课程开发能在一所学校得以健康、顺利地运行,本身就说明了校长在其中的作用,从侧面反映了校长的教育思想和办学思想。作为管理者,校长也在课程开发过程中获得专业成长。音乐校本课程的开发,要求校长要研究教育以及课程的方针政策、要调查了解学校教师和学生的情况及需求、要研究分析学校的内外音乐教学情境、要把握学校及社区教育的发展。校长通过进行学校课程的有关决策和规划，调动有关各方的积极性，充分利用学校内外的教育和课程资源，组织和实施富有本校特色的校本课程方案，并通过不断地评价和修正而完善和发展学校的音乐校本课程，从而实现学校的课程和教育目的。

四、指向、激励和评价的促进功能

音乐校本课程除了具有上述功能外，还有针对所有参与校本课程开发的个体或群体的指向、激励和评价等功能。指向功能即校本课程的规划、组织、实施、评价的全部过程所体现出的价值观，明白无误地会告诉人们应该追求什么和不应该追求什么、应该做什么和不应该做什么、应该怎么做和不应该怎么做，从而起到一种导向和规范作用。激励功能是指校本课程开发本身对人的吸引力和鼓舞力。评价功能是指校本课程开发的过程和成果的价值准则，对校本课程开发主体行为的衡量作用和调节作用。

第三节　音乐校本课程开发的价值

音乐校本课程开发是依据学校自身的特点和办学条件，为满足每一位受教育者的特殊需要和兴趣爱好而开发的课程。它尊重学生之间的个别差异，贴近学生的日常生活，不仅有利于提高学生的自主学习能力，而且有利于培养学生的个性化和创造力。因此，音乐校本课程开发作为基础教育课程改革的一项主要内容，是全面推进素质教育的重要举措。

一、共同参与、衔接学校与社会的功能统合的协调价值

学校作为社会中一种主体，一方面要适应社会的要求，另一方面也要承担起社会主体应有的社会责任。即要促进社会的发展，包括促进社会政治、经济、文化等的发展，学校的这种社会主体责任，实际上也就是学校的社会功能。学校的社会功能主要是通过培养人而承担和实现的，而音乐

校本课程的开发则使这种功能更为具体化和更为强化。音乐校本课程开发特别强调关注社会问题,包括社区问题,并注重将其纳入学校的校本课程体系中。这自然要求学校的师生员工要去研究社会问题,要主动地去开发音乐校本课程的社会问题资源。

同时,音乐校本课程开发又强调学生家长及社区人士等的参与,这就更加强了学校与社区之间的联系和沟通,从而强化了学校与社会之间的"交互主体作用",使学校为社会服务和社会为学校服务能成为近景性的具体现实,使学校教育更加贴近社会,同时能使学校和社会更为协调地发展。另外,校本课程中的社会问题研究,必定会帮助学生形成对社会的全面整体的和现实具体的认识,也会帮助学生形成关心社会、热爱生活的态度和对社会的责任感,这对促进人与社会的协调、教育与社会的协调,以及人与教育的协调都具有深远的意义。

二、尊重差异、贴近生活,促进学生全面发展的美育价值

目前,在应试教育的背景下,对我国中小学生,尤其是农村中小学生来说,很难享受到音乐课程带来的快乐,由于部分地区教学设备不健全,师资力量不雄厚,学校对音乐课程的重视程度不够,我国局部地区音乐教育处在一个尴尬的状况,学生接触音乐的机会集中在电视、电脑、社会活动等非学科场合,而学校音乐教育却被置于可有可无的位置上,导致学生无法在快乐的学习环境中学习音乐、享受音乐。音乐承担了美育中的重要责任,却没有得到相应的重视。

相对而言,美国、日本、德国等发达国家对音乐教育的重视程度值得借鉴,美国音乐教育学者在对纽约威廉弗洛伊德学区的音乐教育调研中认为学校对音乐课程的削减是音乐教育的危机,"抵制为了缩减学校的预算而首先削减音乐课程项目与音乐教师的行为"。[1] 英国与澳大利亚正在逐渐加紧社会音乐团体对学校音乐教育的宣传与督促作用,两国社会音乐团体

---

[1] JOSEPH PERGOLA. Music education in crisis [J]. Illinois Music Educator, 2014, 74 (3): 76.

分别建立了"音乐信任（The Music Truse 缩写为 TMT）"理念，英国 TMT 理念督促英国政府"在 ISM 首席年度会议上建立长期的民族音乐教育计划，并提供资金、保护等服务。澳大利亚的 TMT 理念已经在网上公开发表请愿书，要求学校安排经过专业培训的音乐教师引导每个孩子在每周的音乐课程中收获学习成就"。❶

纵观美国、英国、澳大利亚等国家的音乐教育态势，联邦政府、社会音乐团体与音乐教育学者都在极力保护并发扬音乐教育的重要作用。目前我国各地区的经济发展状况与音乐教育现状虽然存在很大的差异，但要根据当地实际条件做出理论层面的分析，以当地的优势传统音乐资源为依托、以校本课程的教学模式为媒介开发音乐校本课程是极具现实可能性的。这就要求我们善于发现并利用优势资源，同时善于创造并挖掘课程实施的条件，就能够及时开发出精彩的音乐课程。

三、促进和提高学校音乐教师专业成长的发展价值

首先，音乐校本课程开发是促进教师专业发展的又一条重要途径，它要求音乐教师不仅要成为课程的执行者，而且要成为充分了解学生的身心特征和对音乐需求的课程的开发者和建设者。其次，音乐校本课程开发有助于调动音乐教师学习的积极性，为发展创新型教师提供了良好的氛围和机会。最后，音乐校本课程开发需要教师一起共同思考与探究，在领导和专家的指导和帮助下，针对音乐教学中遇到的问题不断进行反思，总结经验教训，从而提高自身的专业水平，由"经验型"教师向"专家型"教师转变。

四、挖掘和传承地方民间音乐，实现树立文化自信的文化价值

我国民间有多种多样的传统音乐形式，包括民歌、戏曲、民族音乐、民间舞蹈等，民间传统音乐是中国文化的一个重要分支，"音乐是文化的

---

❶ DEBORAH ANNETT. UK and Australia music bodies step up education campaigns [J]. Strad, 1990, 125 (14): 12.

重要组成部分，忠实记录着某一区域人民的生活。曾伴随着我们先辈的婚丧嫁娶、生老病死、送往迎来、春种秋收，表达了喜怒哀乐、悲欢离合"。目前，这些传统音乐形式正在逐渐进入传统音乐学者的视野，其中一部分音乐形式得到了大力支持并且蓬勃发展，而一部分带有区域特色的民间音乐却逐渐被遗忘。作为民族传统音乐文化新的传承路径，音乐校本课程具有很强的灵活性和伸缩性，因此，开发音乐校本课程是传承民族传统音乐文化的最佳途径。让祖国的新一代在课堂中领悟传统音乐文化的博大精深，音乐校本课程能够使"校外文化引进来，学习思维走出去"。把民间音乐作为开发音乐校本课程的重要资源之一，可以为学校的音乐校本课程开发提供源源不断的生命力与创造力。而民间音乐作为学科在学校开展教学与研究，也能够获得充足的养分传承下去，同时这些丰富的课程资源帮助学生增进对区域民间音乐的了解，了解生活与文化的关系，有助于学生建立文化自信，使学生认识到伟大祖国的音乐如此美妙、丰富、动听，中国的音乐是世界上独一无二的最美好的音乐。

第三章 区域音乐校本课程开发的内涵与目标

第一节 课程开发的内涵

当今社会的文化形式多种多样，异常活跃的文化交融为我国带来了更大的机遇和挑战，面对不同形式、不同内容、不同地域的文化，如何做到更好地筛选和传承成为最主要的问题，而教育正是能够正确筛选和传播文化的有效手段。从音乐校本课程的重要性来看，音乐教育是教育的重要组成部分，音乐教育可以陶冶情操，可以使学生的世界更加丰富多彩。正如《乐记》所说："凡音之起，由人心生也。人心之动，物使之然也。"音乐的产生是源于人们内心的需要，通过音乐可以抒发内心最真实的情感，音乐是滋润心灵的雨露，在培养学生的高尚情感和审美情趣方面起着不可替代的作用。音乐教育还有助于培养学生的思想品德，音乐的美直观且易于接受，它依靠自身鲜明的节奏、优美的曲调、强烈的律动来传情达意，更加容易触碰到学生们的情感中枢，可以快速被学生们感知和接受，震撼他们的心灵，洗涤他们的精神世界。现阶段音乐课程以国家和地方音乐教材为主，教师在框架里教学，不能充分发挥自己的教学所长，区域音乐校本课程可以弥补以上的不足，教师可以自编教材、自行选择教学材料，充分利用区域音乐文化资源，进行个性化的音乐教学。

区域音乐校本课程的开发没有现成的教材为依托，不是简单的开发，而是一项充满创意的工程，需要凝聚众人的智慧，需要教师切实根据学生的需要和本地区文化特点,密切联系学生的生活实际,博采众长地开发课程内容。学校要根据《纲要》所设定的基本框架来规划学生活动的基本类型、基本内容和基本活动方案,这就要求开发者不仅需要扎实的音乐素养,同时还要具备良好的课程管理能力。

一、音乐校本课程开发的内涵

(一)主题教学,源于生活

音乐校本课程开发应以学生的认知水平为基点,选取能够代表本地区特色的音乐,如民歌、说唱等作为课程的主题。这些源于生活的课程主题会极大引起学生的兴趣,以各种音乐实践方式加以演绎,形成"主题教学"的模式。任何人对任何事物的认知都是从感性到理性、由具体到抽象。毫无疑问,认知的基础就是生活,即人类社会生活及包含一切与之相联系的实践活动。在校本课程实践过程中,证明"主题教学"易于被学生接受和推广,受到广泛欢迎。这是因为它具有很强的整合性,可以将音乐实践活动组合在一起,且主题鲜明、意图明确。学生的生活环境是学生认识世界的第一客体,以当地方言演唱民歌或说唱的主题教学,学生会感到亲切,容易产生兴趣,也易于理解。

同时,通过音乐教学也促使学生对生活的热爱,加深对身边事物的认识,从而建立与周边事物和谐相处的生活观。例如,在本土音乐中有很多直接描绘当地景色的内容,音乐中充满描写风光、山水,包括晨景、夜色等自然界的生命等。在本土音乐中有很多描写人物的作品,大到历史、英雄人物,小到市井人群,或者描绘人与人关系的作品。在地方音乐中有很多关于生活场景的描写,包括学习、劳动、作息等。这样的主题教学,在教学的过程中会让学生充分地意识到,音乐来源于生活,不仅能够反映生活,而且能够美化生活。音乐就在我们的身边,逐渐地引导学生不断地发现生活的美,会为学生带来一生用之不尽的财富。

（二）立足文化，丰富理解

音乐是一面镜子，见证了人类从原始到现代的历程。伴随着社会文明的进步，生产力的提高，音乐也随之不断更新，并不断从旧形式中衍生出新的艺术形式，正因如此，才有今日众多的音乐品种，音乐的发展一直是一个动态发展的过程。地方音乐也是伴随着经济、文化的发展不断变化。在音乐教师开发校本课程时，应倡导文化意识，即不仅要知道某种音乐形式的特征，更要知道其源流演变。在课程开发过程中应关注人物、事件、题材、形式。各时期的作曲家、演奏演唱家、流派传承和演变、音乐评论家等，包括各类与音乐有关的历史事件，关于当代音乐真实的故事。还有不同的题材、风格及音响特征等立足于当地文化的音乐类型。

（三）突出实践，鼓励创造

实践活动是指人们能动地参加某项活动并在活动中充分发挥潜能的行为方式。在音乐课程中，学生以不同方式参加各类音乐艺术活动并在活动中提高了对音乐的感知，同时也提高了学生的审美能力。音乐实践活动符合音乐学习的特点，即使是地方音乐，也是相对抽象的艺术形式，需要多次实践才能掌握。音乐实践活动符合学生个性特征和行为特点，青少年喜爱新鲜的事物，但是持久性稍差，多实践、多操作符合他们的认知特征，也能够让学生在音乐实践活动中增长知识、扩宽视野，由浅到深、系统的音乐实践活动符合学生的学习习惯，使音乐课能够成为学生喜爱的课程。具体而言，可以采用以下三种实践方式。

①音乐感受与欣赏。通过对地方音乐的学习，辨别音乐要素、把握音乐特性。

②音乐表现。通过演唱、演奏与动作模仿，对音乐作品进行再现，并将作品进行简单的改编，提高学生自我表现的意识，增强自信心，这些对学生的技能和创造性都有提高。

③音乐创造。对自身和他人的音乐实践行为做出进一步的音乐创造活动。师生及生生间可以互为听众，互相评价。通过这样的活动可以提高学生参与实践的兴趣与能力，有利于学生的知识和个人经验的统一。

二、音乐校本课程开发的主体内涵

(一)音乐教师积极参与

音乐教师是校本音乐课程开发和实施的实际操作者,他们了解学生,他们了解校本音乐课程在促进学生成长方面的作用,对校本音乐课程开发和实施具有实际发言权,因此,音乐教师的积极参与对校本音乐课程开发的成败具有举足轻重的作用。音乐教师应该将校本音乐课程开发视为音乐课程建设、自身音乐专业成长和学生音乐成长的重要载体,积极参与开发和建设校本音乐课程。音乐校本课程,以培养学生爱好音乐的兴趣,发展音乐感受与鉴赏能力、音乐表现能力和创造能力,提高音乐文化素养,丰富情感体验,陶冶高尚情操为目标。与传统的科目相比,音乐校本课程具有其独特的价值。教师既可以是本校的音乐教师也可以是其他学校的音乐教师,并且结合自己的学校拥有的音乐资源或者对本校的音乐教学资源进行发掘,以学校为基地来进行开发的音乐课程,是对普通音乐课程的一种补充和发展,是根据学生的发展需求、学生的兴趣和学校特色,规划并开发多样化的音乐课程。

(二)学生音乐认知水平

校本音乐课程开发的最终目的,是促进学生音乐能力的发展和音乐文化素养的提高,而这种发展和提高必须建立在学生现有音乐学习水平的基础上才能得以有效实现。对小学低年级学生来说,他们的音乐感受能力、理解能力和表现能力有限,应开发简单有趣的校本音乐课程内容,并运用有趣的音乐活动来呈现,如根据地方儿歌设计的音乐游戏等,让他们在校本音乐课程学习中获得快乐的音乐体验,为后续的音乐学习积累经验,有效提高其音乐能力。对小学高年级学生来说,他们的音乐能力和知识文化储备获得了一定发展,对于音乐文化的理解和感悟能力也越来越强,就可以考虑从音乐文化的角度来开发校本音乐课程,引导学生品味、欣赏和再现地方乡土音乐艺术,引导孩子们向民族家园深处凝望,使他们在精神层面上实现与本民族内在律动的对接与认同。

三、本土音乐课程开发的价值内涵

(一) 社会价值

音乐对当今社会发展有着重要的意义，本土音乐更是最能够体现地方性、民族性和文化性的艺术形式之一。一切语言在音乐面前都是苍白无力的，音乐不需要任何的翻译与说明，即可以被地球上任何一个角落的人理解、接受甚至感悟。更为重要的是，本土音乐能够最为生动地体现一个地方的生存状况、一个民族的精神世界、一个群体或个人的内心状态，并能够引起本地人群的理解和异地人群的感悟。讨论本土音乐的社会功能，可以从人类的历史上观察，还不曾出现过没有本土音乐的社会。教育学家、环境学专家皮希特在他的《社会为什么需要音乐》中阐述，就人文生物学角度而言，没有音乐的社会是没有生存能力的，因为音乐是人类生存所必需的文化环境之一，而且它还有利于维护和恢复生态平衡。

(二) 文化价值

已有越来越多的人认识到，本土文化与艺术对提高生活质量有着十分重要的作用。音乐或其他艺术并非仅是奢侈的审美产品，作为人类的一项创造性活动，它与其他创造力量一样主动地塑造着政治、经济和社会的形状。艺术不仅保存思想，而且本身就是思想，可以说本土音乐代表着一个地方的思想、灵魂，甚至是可以直观地反映出当地人的生活习俗。由此可见，本土音乐对研究区域文化、区域生活样貌、区域民俗等，都具有十分重要的作用，而且本土音乐作为区域土生土长的人民的智慧结晶，早已融入人民的骨血中，在传承方面更易于继承和传播，那么要把它融入音乐课堂之中，也更容易得到支持和响应。

(三) 语言价值

本土音乐充满了区域特色，就拿方言来说，恩格斯在论述希腊方言时曾说："只有基本方言相同的部落才能组成一个大的整体，甚至小小的阿提卡也有独特的方言，这一语言获得了统治地位而成为共同的散文语言。"汉族方言的成因与共同语言的出现情况也是大至如此。铃木音乐教学法也把发现"母语哲学"作为重要学习内容，奥尔夫教学法也强调从母语中提取节奏的基石。语言是人类区别于动物的根本标志之一，被誉为"地球上最美丽的花朵"，无论艺术创作的"审美世界"、宗教想象的"神灵世界"还是自然科学研究的"自然世界"，方言都要通过语言来进行描述。一种语言，既体现了一个民族的精神与智慧，又体现了他们的心理和思维方式，而且还带有各自的美学风格，是人们表达情感的工具，产生于人类的生产劳动和社会交往之中。

我国共有八大语系，普通话则是共同语言，其中每一种方言都有其特定的音韵美、语义美、结构美、动态美、风格美，蕴藏于生活之中。毋庸置疑，在我国众多的本土音乐与本土文化之中，几乎所有带唱词的音乐形态，都是由方言演唱的。吟唱艺术的多样性来自方言的丰富性。很多区域音乐的形态特征的差异，是由区域语言的差异造成的。所谓"异样乡音异样戏，异样戏曲传乡情"表达的就是这样的道理。我国现存 300 多个地方剧种，分别隶属于 5 个不同声腔，其中昆山腔发源于江苏昆山、弋阳腔发源于江西弋阳，柳子腔发源于山东，梆子腔起源于陕西，皮黄腔融合于北京。他们生成后流传于各地，由于受到不同的方言、习俗和民间音乐的影响，形成不同支派，催生出很多小剧种。

第二节 课程开发的目标

课程目标是指导整个本土音乐校本课程编制过程的最为关键的标准和原则。音乐校本课程目标的确定，首先要明确音乐校本课程与音乐教育目的、培养目标之间的联系，从而在实施过程中尽量保证这些目标的实现；其次对学生、社会和各个学科的协调和发展等各个方面应该进行全面的分析与研究，在此基础上才可能确定行之有效的课程目标。作为国家课程的重要补充，与此同时也是普通音乐课的重要辅助的音乐校本课程，一方面，要贯彻国家校本课程的教育方针，与教育目的和培养目标保持一致；另一方面，要起到对国家课程的补充作用，比如哪些课程还没有开放、哪些资源还没有充分利用、哪些学生感兴趣的文化还有缺失，等等，这些都是开发课程、建立目标的出发点，要把课程目标的重点放在国家课程很少涉及的领域。而音乐校本课程目标要重点反映本土文化传统，传承民族民间音乐，以民族特色为主要方向，既要有效地对国家课程进行补充，也要凸显学校自身传统和特色。当然，在很多时候，两者并无严格界限，与国家课程目标相补充的部分与国家课程目标是统一的。

一、情感目标

"音乐课程目标的设置以音乐课程价值的实现为依据。通过教学及各种生动的音乐实践活动，培养学生爱好音乐的情趣，发展音乐感受与鉴赏能力、表现能力和创造能力，提高音乐文化素养，丰富情感体验，陶冶高尚情操。"[1]《义务教育音乐课程标准（2011年版）》还指出，学生通过对音乐的学习和把握，可以令他们的内心世界受到感染和熏陶，在循序渐进的过程中，一点一滴地将他们对亲人、对他人、对人类、对一切美好事物的挚爱之情建立起来，使他们潜移默化地养成对生活积极勇敢的态度和对未来充满信心与热情。正如德国文学家、历史哲学家海尔德尔认为"家乡的音乐可以最深入地渗透到心灵中去，并且最强烈地打动心灵"，之所以家乡或者故乡如此吸引人们，是因为要给予人们对自己家乡深刻的了解与熟悉，经年累月，建立起对一种文化气息的类同感、归属感。正因如此，引导学生通过对本土文化知识的学习，"感受本土文化的深厚和源远流长的特点，更有利于激发学生热爱家乡、热爱家乡文化以及为家乡做贡献的情感"。[2]

本土文化和本土音乐反映了人民内心的渴望，像一面镜子一样，映射出人民的生活。人们可以从中深刻地感受他们的面貌和心灵，并能够感受他们的快乐与疾苦。只有以这样的视角来学习本土音乐文化，才能真切地

---

[1] 中华人民共和国教育部. 义务教育音乐课程标准（2011年版）[S]. 北京：北京师范大学出版社，2012（1）：8.

[2] 朱向红. 多元文化视野中的本土音乐教学实证研究[D]. 杭州：浙江师范大学，2009：6.

感受到本土音乐与自身的血脉联系，才可以由表及里、深入内心，避免了浮光掠影、走马观花。

二、态度目标

通过各种有效的途径和方式引导学生走进音乐，在亲身参与音乐活动的过程中喜爱音乐，掌握音乐基本知识和初步技能，逐步养成欣赏音乐的良好习惯，为终身爱好音乐奠定基础。通过训练学生对音乐作品情绪、格调、思想倾向、人文内涵的感受和理解，培养学生音乐的鉴赏能力，养成健康向上的审美情趣，使其在真善美的音乐艺术世界里受到高尚情操的陶冶。❶

音乐校本课程本土实施目标要在此基础之上，加强音乐课程与本土音乐文化也就是民间音乐之间的内在联系，让学生们能够了解本土音乐在艺术历史发展中的重要地位和作用，从而重视身边的各种艺术形式，并且参与到本土文化的传播中来，积极主动地对本土音乐传承贡献自己的力量。

三、价值观目标

关于价值观的培养，《义务教育音乐课程标准（2011年版）》这样描述："培养爱国主义和集体主义精神。通过音乐作品中所表现的对祖国山河、人民、历史、文化和社会发展的赞美和歌颂，培养学生的爱国主义情怀；在音乐实践活动中，培养学生良好的行为习惯和宽容理解、互相尊重、共同合作的意识和集体主义精神。"❷ 马克思认为："人的本质并不是单个人所固有的抽象物，在其现实性上，它是一切社会关系的总和。"❸ 通过让学生学习音乐校本课程中的音乐内容，间接地理解个体与集体之间的

---

❶ 中华人民共和国教育部. 义务教育音乐课程标准（2011年版）[S]. 北京：北京师范大学出版社，2012：8.

❷ 中华人民共和国教育部. 义务教育音乐课程标准（2011年版）[S]. 北京：北京师范大学出版社，2012：8.

❸ 马克思，恩格斯. 马克思 恩格斯选集 [M]. 北京：人民出版社，1972：18.

联系，明白国家对自己的重要性，从而培养其爱国主义和集体主义精神。另外，通过本土优秀的音乐作品所表现的中国传统价值观念，比如诚实守信、孝顺父母、尊重师长、团结同学、爱护弱小等，培养学生良好的思想品德。

四、创造力目标

校本课程可以塑造和提高学生的创造性和创新精神。音乐艺术的魅力在于它能够千变万化，并能够随着时代的发展而不断地更新，对本土音乐文化的传承不仅仅局限于对它的简单传授，更重要的是应该让学生能够活学活用，在原有的民间音乐风格基础上，推陈出新，创作出新颖的带有民族气息的音乐作品，这些作品既要体现地方文化特色又要反映时代精神。从这个意义上而言，校本音乐课程目标除了要加深学生知识技能的学习，了解本土音乐知识的同时，还应该不时地启发和引导学生借用合适的民族民间音乐题材与先进的音乐创作方法，根据本土音乐歌曲或器乐曲的特点，使传统民族音乐与现代流行音乐元素相结合，从而创作出民族流行音乐。

五、个性目标

校本课程以学生为主体，这有助于学生独立人格的形成。"心理学的个性是指一个人的整个心理面貌，即具有一定倾向性的各种心理特征的总和。其中，个性倾向性是人进行活动的基本动力，决定着人对现实的态度、趋向和选择；个性心理特征是指一个人身上稳定表现出来的心理特点，主要包括气质、性格和能力。"[1] 个性包含很多方面，如果把它比作是金属，那么它就是一种由生理力量、精神力量、情感认知、思维方式、情绪变化、意志、耐力、承受力等因素组成的极其复杂的合成金属。我国教育学界对个性的界定，即个性是指个体在先天素质的基础上，通过社会和

---

[1] 李飞飞. 基于地方文化传承的小学音乐校本课程开发研究——以天津为例[D]. 长春：东北师范大学，2011：104.

教育的影响，在身心、才智、德行、技能等方面所形成的比较稳定而持久的独特特征的总和。无论是自然界还是人类社会，任何事物都不会绝对相同，每一事物都具有区别于另一事物的个性和特点。音乐本身就是极具个性化的东西，每一个经得起时间考验的音乐作品无不体现出很强的个性，作品本身的个性则是作者个性在作品中的体现。

与不同的作曲家创作不同的音乐作品一样，学生之间也存在千差万别的东西，每个学生的天赋、生活环境、受教育状况等都不尽相同。音乐教育理应是个性化的教育，音乐课程与教学也应是个性化的，促进学生的个性发展理应是音乐校本课程的重要目标。在强调人的全面发展的同时，也突出强调学生个性的发展，致力于创造由师生合作生成的个性化课程，使每个学生都能收获自信、感受快乐、激发兴趣、获得发展。

第三节　课程开发的反思

随着时代的发展，对课程的理解已经不局限于教学科目或者单一的学科，新课程改革正是对这一课程概念的突破。对于校本课程的内容也不仅仅局限于常规类课程，开始逐渐在艺术领域探索开来，其目的在于培养学生的学习兴趣和探究能力，培养学生独立思考、积极创造的能力，提高学生的自信心、自尊心，促进学生独立人格的形成。学校不仅是教育的载体，更是教育的平台，校本课程可以使教育教学更加多元，使课程更加丰富。不断对课程开发过程中出现的问题进行反思，有利于校本课程的健康发展和有序推进。

一、影响音乐校本课程开发的因素

（一）受传统教学观念的影响

改革开放以来，我国一直实行的是国家统一的自上而下的课程管理体制，使得大部分音乐教师都习惯于按照教学大纲或课程标准的要求进行教学，不愿意主动思考、自主创新，不愿意成为课程的创造者。尽管2011年颁布的新的《义务教育音乐课程标准2011年版》在教学内容上留给了音乐教师很大的施展空间，但是在教学过程中，由于受上述传统观念的影响，大部分音乐教师仍然喜欢按照传统的教学模式教学，这也是音乐校本课程开发难以全面落实的主要原因。

(二) 对音乐课程缺乏重视

由于长期以来受智育第一、传统应试教育的影响，使得不少教育部门和学校领导对音乐教育的重视程度不够。直到如今，音乐课程在部分学校课程中一直处于"可有可无"的位置。上述现象在部分学校的毕业年级体现得最为明显，个别学校为了提高升学率，经常会占用音乐课时间改上文化课，使得音乐老师失去上课机会，更不用说进行音乐校本课程开发了。以上对音乐课程不够重视的局面，必然导致学校音乐教师对校本课程开发丧失积极性，直接阻碍了学校音乐校本课程开发的步伐。

(三) 兴趣爱好和应试两者相矛盾

音乐校本课程的实施是以培养学生的音乐兴趣爱好，满足学生的音乐需求，充分关注学生间的个性特征为首要出发点。但事实上，在应试教育的压力下，追求成绩和升学无形之中已成为家长、教师和学生心目中的重要目标，而没有多余的时间用来学习音乐。因此，如何调节学生在升学需要和兴趣爱好之间的矛盾，关注学生的全面发展，是音乐课程开发必须要思考和解决的问题。

(四) 对课程领导开发能力不足

在我国21世纪推行的新一轮基础教育课程改革的形势下，使得校本课程成为新课改的重点。但是由于大部分教师对校本课程开发的含义、意义以及实施的途径等认识不足，导致在理解上存在着很大偏差。部分老师简单地认为音乐课就是唱歌课，有的老师认为音乐校本课程开发就是按照教师的特长或意愿开设一些音乐欣赏课或技能、技巧课，还有老师认为校本课程开发就是学校的教师自编教材，教师根据学校已有的乐器想教什么就教什么，等等。许多基层农村学校的音乐教师非音乐专业毕业，他们从事音乐教学的能力较低，上音乐课也只是教唱几首歌曲，或者给学生放放音乐听听，缺乏自主开发和创新的能力。即使有的教师已经意识到了校本课程开发的重要性，但由于自身专业水平有限，加上教师的工作量比较大，也没有能力进行，这也是造成音乐教师课程开发能力欠缺的主要原因。

二、音乐校本课程开发反思

依据区域资源的校本课程的开发，赋予了区域特点和学校的办学底蕴。它从学校的发展历史和特色优势着手，以学校教师专业发展的需要和学生的志趣、能力发展的要求为前提，充分发挥校内师资优势，因地制宜，通过多种形式和途径激活校本课程开发的潜力和活力，使校本课程的开发与实施初见成效。校本课程的特点是个性化、多样化、适应性、实践性。校本课程在实施国家课程的前提下，提高课程对学生的适应性，学校根据自己的办学宗旨、教育思想，充分利用区域资源，设置多样化的课程，赋予学生一定的自主选择权，从而更好地挖掘学生的兴趣特长，满足学生多样化的发展需求，开辟学生成长的自主之路。

校本课程开发有利于增强教师的课程意识，促进教师的专业发展。教师是开发校本课程的重要资源。在校本课程开发中，教师会有更多的机会进行不同程度的课程实验，从而改变教师只是课程执行者的角色，改变教师仅把课程当作教科书或科目的观念，形成一种开放、民主、科学的课程意识。教师在开发实施过程中，通过学习、参与，在教学思想、知识水平、知识面、课程意识等各方面都会得到提高，从而促进其专业成长。

当然，在校本课程建设中还有几个问题应该引起我们重视。一是要不断完善、打造校本精品课程。在现有校本课程的基础上，如何进一步完善课程体系，提高课程的适应性，让校本课程紧跟区域特点及时代步伐，满足更多学生需要，满足教师专业发展需要，满足学校可持续发展需求，是值得深究的问题。二是如何实现校本课程区域共享。纵观各校的立足区域资源的校本课程，我们可以发现，不少课程具有很多相同点，各校单独开发、实施、管理，没有很好利用"差异资源"。其实，各校可以形成以相似校本课程为集结点的联盟校，以比较成熟的校本课程开发团队为依托，进行区域相似课程教师的培训，在课程开发、实施、管理的过程中，实现课程资源的共享，这将是一件非常有意义的区域联动合作共进的事。三是要树立课程资源意识。由于校本课程与国家课程、地方课程的功能不同，它是以学生的需求和兴趣为导向，在教学方式上要求更加宽松活泼，所以它既可以表现为教材的形式，也可以表现为比较宽泛的课程资源形式，如课程实施方案、教学设计、活动安排、专题提纲、活页讲义等也都是非常重要的课程资源。❶

---

❶ 潘红. 地方区域资源与校本课程开发的研究 [D]. 苏州：苏州大学，2010：43-44.

第四章　区域音乐校本课程开发的原则与方法

第一节　课程开发的基本原则

音乐校本课程隶属校本课程，是其中一个重要分支，为全面推行素质教育的方针政策承担着重要责任。开发音乐校本课程，无论是开发课程、实施课程或者评价课程的各个环节，都应该遵循校本课程的以下原则。

一、主体性与实践性相统一的原则

学生学习方式的改变是基础教育课程改革的重要目标之一，《基础教育课程改革纲要（试行）》规定："改变课程实施过于强调接受学习、死记硬背、机械训练的现状，倡导学生主动参与、乐于探究、勤于动手，培养学生收集和处理信息的能力、获取新知识的能力、分析和解决问题的能力以及交流与合作的能力。"这一目标要求学生在教学中的角色必须发生根本性的转变，由知识被动接受者，转变为主动的参与者。因此，在音乐校本课程的教学中，学生不再是被动的倾听者，而是积极的认知者。在教学中，学生的主体性与实践性相统一，通过积极参与、实地观察、实地考察、亲自寻访、查找资料、合作探讨等形式，主动进行探究学习，达到对地方音乐文化的认知、感受和理解。

在教学实践参与过程中，课程目标与要求的实现不是完全由教师来完成，而是由教师指导学生共同提高艺术鉴赏能力和审美能力。教师不再单纯是知识的占有者和给予者，而是学生学习的引导者。教师是教学活动的组织者、参与者和促进者。学生不只是知识的学习者、接受者，也是积极的实践者。所以教学中应确定学生的主体地位，鼓励学生广泛参与、主动探究，让学生亲自去调查、查阅有关资料，自己提出问题，设计解决问题的方案，寻找解决问题的途径，体验问题解决的过程。

实践是人类能动地改造和探索现实世界的一切社会的客观物质活动。实践是人的社会的、历史的、有目的、有意识的物质感性活动，是客观过程的高级形式，是人类社会发展的普遍基础和动力❶。人类的历史是由人类的实践活动构成的。音乐本身就具有极大实践性特点，音乐产生于生产实践，来源于社会生活。音乐的创作离不开实践，这也是许多著名的作曲家都要经常深入民间采风、了解民间音乐、获取创作灵感的根本原因。音乐创作如此，音乐学习也是这样。因此，区域音乐校本课程的构建要坚持主体性与实践性相统一的原则，通过学生的参与实践，实现对地方音乐文化的认识。

二、过程性与合作性相统一的原则

在区域音乐校本课程的开发过程中，不能只是简单地将现成的地方音乐搬到课程中来，而是在课程构建之前让学生了解这门课程，让学生集思广益、群策群力，还要让学生阐明自己对这门课程的想法，对这门课程的希望和期待，希望通过这门课程获得什么。然后教师与学生共同探讨课程的构架、课程内容的选择、课程内容的安排，给学生分工，也可以让学生按照自己的兴趣搜集身边的音乐资源作为课程内容。在课程实施的过程中，根据需要随时调整课程内容，逐步完善课程。此外还要做到，教学目标的设计不是单纯追求一个结果，而是应该让学生体验、感受和传承当地的文化，让学生学会运用各种方法来解决问题，并指导学生把这些学习方法迁移到其他的学习活动中。在实践过程中培养学生的观察能力、鉴赏能力、收集整理资料的能力，还有发现问题、提出问题、探究问题、分析解

---

❶ 李臣之. 校本课程开发 [M]. 北京：北京师范大学出版社，2015：32.

决问题的能力。

各地的文化形式多种多样，各地的音乐资源也丰富多彩，对如此丰富的音乐资源如何进行合理的开发与利用是一项不小的工程，对师生来说更是一项艰巨的任务。这就要求在音乐课程的构建过程中坚持合作性原则，既要重视教师之间的合作，学生之间的合作，也要重视师生间的合作，更要重视学校与社会机构和团体的合作，包括家长、民间艺人等的合作。离开这样的合作，音乐校本课程的开发是很困难的，即使勉强完成，其效果和质量也难以尽如人意。强调合作也是新课程改革的要求，在校本课程的构建中，教师和学生都是课程开发的主体，课程内容的开发是在教师间、学生间、师生间互动合作中生成的。校本课程开发从目标确立、内容选择到组织实施与评价都不是一个单向性的过程，而是一个基于师生共同实践反思并在互动的基础上不断修正完善的过程。因此在课程学习时应注重培养学生们齐心协力、互帮互助的团队精神，以及对他人、对社会的责任感。同时，通过小组研讨，使学生懂得理解和尊重他人意见、学会合作。

三、开放性与融合性相统一的原则

传统的音乐教学主要以模式化和封闭式的课堂教学为主。由于教师要根据教学大纲的规定和课程的学科性质要求来设计自己的教学目标，按照既定的音乐教材进行教学，教师要事先对整个教学过程进行教学设计，要完成什么任务、达到什么要求、进行哪些环节，都是事先计划好的。这些设计体现在教师的教案中，这样的教学控制了课堂的时间和空间，按部就班地完成教学任务。模式化和封闭式的教学对于具有开放性的文化传承而言，显然活力不够。文化本身就具有极强的开放性，尤其对于我国传统文化精神来说，特征之一就是具有极大的包容性，这种包容性本身就是文化开放性的体现[1]。正是不同文化的碰撞与交流才使区域文化具有了强大的生命力。坚持开放性原则，就是强调把学校音乐校本课程作为一个开放的

---

[1] 吴刚平. 校本课程开发 [M]. 成都：四川教育出版社，2002：97.

系统,改变传统的音乐课程以学校和课堂作为唯一的阵地,在规定的时间内让学生接受课本上所规定的教学内容,而是向文化敞开大门,不断地把区域音乐资源引进课程,打破教与学的时空界限,把封闭式课堂转变为开放式课堂。改变传统的教师单向讲授及定时间、定地点的分科教学的方法,采用学生探究、交互式学习和多种艺术形式交叉融合的开放式教学方法。

音乐校本课程应当联系学生的直接经验,密切联系学生自身生活和社会生活,并能体现学生对音乐知识的综合运用能力的课程形态。课程既要达到国家对学校音乐教育要求的目标,又要对区域文化的传承贡献自己的力量;既要培养学生基本的审美能力,又要培养学生对区域文化的认同感和责任感;既要体现一定的科学性,又要具有一定的娱乐性;既要反映一定的专业性,又要展示民间音乐的多样性。这样的课程具有很强的融合性,因此,课程建设必须坚持融合性原则[1]。另外,音乐是文化重要的表现形式,音乐本身就是一种文化,现代教育不仅要注重知识和能力的培养,还要关怀学生的人文素养。音乐校本课程应把这两方面的培养目标统一起来。因此,在课程建设的过程中,不仅要注重学生科学研究能力的培养,包括发现问题和解决问题的能力、想象能力、收集分析资料的能力等,还应注重关怀学生的人文素养。让学生通过对区域文化的审美、传承以及对音乐学习活动的感悟、反思,培养学生对他人、对社会的强烈责任感,健全学生的人格。

四、目标准确与内容清晰的原则

课程的开发不是强化新课程标准,而是在新课程标准的基础上进行完善和补充。因此我们在进行校本课程开发之前必须深刻地理解新的音乐课程标准。基于这样的认识,我们在制定目标时坚持准确、清晰的原则。丰富学校的音乐文化,营造轻松、活泼的音乐学习环境,促进学生的身心健康发展。提高学生学习音乐的兴趣,培养学生"音乐是生活中的五彩缎"意识,进而传播区域音乐特色,增加对我国丰富音乐文化资源的体验。

---

[1] 邹尚智. 校本课程开发与管理[M]. 天津:天津教育出版社,2015:65.

五、内容优秀与贴近生活的原则

校本课程的内容应尽量贴近学生的生活。音乐教师对开发的音乐课程内容要有明确的把握，对音乐教学的资源来源要有充分的估计，也就是说，教师自己对选用的区域音乐作品要有充分的分析和理解。内容的选用和组织必须符合学校、学生和教师的现实生活，不能脱离学生的实际生活经验。要选用经典的、学生喜爱的、有学习价值的音乐作品，内容要符合学生身心年龄特点和认知特点，遵循学生音乐认知规律。音乐课程是素质教育的一个重要板块，有利于学生提高音乐素养与音乐审美，在音乐课程中感受真善美，在音乐技能练习中培养不怕困难、不断纠错的学习品质，在音乐欣赏中感悟音乐的灵魂与思维，促进乐观、健康、积极、向上的人格追求。

六、科学实施与客观评价的原则

科学性包括课程的学科性质、理论高度、实用功能等各个层面。课程的开发过程要具备学科性与实践性。课程的实施过程要依照学科教学规律，在理论结合实践的基础上完成课程实施。课程的评价过程要全面客观，设置客观真实的评价标准来分析与反思音乐校本课程的实施。音乐校本课程的评价方法要简单可行，不能一味地以短阶段的成绩来论证音乐校本课程的成功与否，而应该更重视学生在学习过程中收获的积极快乐的学习状态。

七、途径有效与教育创新的原则

途径是课堂教学时生动展现校本课程内容，达成校本课程目标的操作过程。只有有效的途径才能很好地展现教学内容的内涵，只有有创新、有创意的途径才能更好地激发学生的学习兴趣，从而让目标的达成收到事半功倍的效果。音乐校本课程开发要遵循操作便捷、简单易学、以实践参与为主、以知识灌输为辅的方法途径。音乐校本课程实施更要注重可操作性，避免出现纸上谈兵、在实践中无法应用的现象。总之，音乐校本课程的开发、实施、评价都要遵照简单、易实施的原则来进行。

第二节 课程开发的常用方法

文化作为课程的母体，使课程一经产生就拥有了文化的血脉与基因，并为课程预设了存在的逻辑前提与价值依据。课程的起源是出于对文化的继承和传播，课程对文化的继承是有选择性的，取其精华、去其糟粕是它进行选择的原则。课程内容是对社会文化的浓缩，离开文化谈课程，那么课程只能如无根之水，失去了依托的基础和前提条件。概括地说，一切课程内容均来源于文化。就课程与文化的关系而言，没有文化便没有课程，二者是相互依存的关系。虽然很多文化可以口传心授，但过程缺乏严谨性且受众面小，课程则有效地解决了这个问题。音乐校本课程与本土文化有着天然的血肉联系，校本课程是挖掘学校和区域的文化资源，是对语文、数学、外语等科目，甚至常规音乐课的一种有效补充，是对当地文化资源的一种切实、有效的利用。

课程既是载体也是传播的中介，它承载了丰富的文化精髓，再利用课程本身进行传播和发展，使文化链条生生不息。在它的传递方式上主要有两种：一是文化传承，即直接把之前的文化成果继承下来，也叫社会遗传，这是一种纵向传播。二是文化传播，即将已获得的文化成果进行梳理后传授出去，也叫文化扩散，这是一种横向传播。"当文化在同一社会内部从一代传至另一代时，我们称这一过程为社会遗传。但当文化从一个群体传至另一群体，从一个社会传入另一社会时，我们就习惯于用这样的术语：文化扩散。"[1] 课程源于文化，选择传承文化的内容标准是十分严谨的，它选择文化中本质性的、优秀的因素，选择有价值的、可持续发展的文化。

---

[1] 张应强. 文化视野中的高等教育 [M]. 南宁：广西师范大学出版社，1999（1）：49.

一、明确本土化理念

本土文化是指在一定区域内人类社会历史实践过程中所创造的非物质文化财富。本土文化是一定区域内的人民在自己长期的生活和历史发展过程中所自主生产、应用和传递的知识体系，是当地人民日常生活合法化的基础，是凝聚本土社会的力量源泉，它们的存在是人类知识多样性的确证，蕴涵着本土人民世代积累的智慧。它反映了当地的经济水平、科技成就、价值观念、宗教信仰、文化修养、艺术水平、社会风俗、生活方式、社会行为准则等社会生活的各个层面。本土文化有其鲜明的地域特色、独特的价值和丰富的内涵，生存其间的每一个个体总是天然地与本地域的文化有着千丝万缕的内在联系。

而本土文化与音乐密不可分，音乐只有在文化的大背景下才能发挥音乐所具有的各种功能，否则音乐只能是孤立的声响。音乐的人文属性就表现在音乐的音响是物理的、感受是心理的、理解是文化的、作用是社会的。音乐不是孤立的，它必然与产生音乐的土壤有着密切的联系。"音乐是综合的声音文化，不能把音乐只看作是声音的结构。文化是产生音乐的土壤，音乐是人类创造的文化现象之一，是人类文化的一种重要的形态和载体。"音乐与我们的生活息息相关。同时，所有的音乐都来自文化，扎根于文化的土壤。传统的音乐教育把音乐与文化相割离，把音乐作为一种纯技术来学习，这样就失去了音乐的根源。音乐与文化的这种密切关系要求我们在关注音乐的声音结构的同时，还要关注音乐的文化结构。在音乐课程的教学中，不能只是音乐知识的传授与音乐技能的训练，必须要把音乐放在文化的大背景中去学习，从而达到培养学生综合人文素质的目的。

把本土文化作为校本课程的重要资源，容易为教师和学生所接受和喜爱，毕竟人们对自己从小就密切接触的文化是有感情的；把区域文化作为校本课程的重要资源，能使课程在很大程度上贴近学生的日常生活，从而自然而然地实现了课程的生活化；把区域文化作为校本课程的重要资源，能够为校本课程的开发提供便利条件，本土文化为教师和学生所熟悉，在课程资源的收集和整理等方面是非常方便的，并且通过让学生参与课程开发，收集自己喜爱的课程资源，也能够培养学生思考和钻研的良好习惯，这本身就是一种学习，符合新课程研究性学习的要求。从学生的日常生活之中寻找区域文化，学习和理解区域文化，可以充分利用学生对区域文化的熟悉感和亲近感，激发学习动机。

二、分析课程需求

音乐校本课程开发应当对学生、学校、地区和社会进行需求分析。从内部需求看，主要是学生需求，它属于教育本身的需求，是教育教学活动的出发点和动力源。从外部需求看，则包括学校需求、地区需求和社会需求，三者属于教育的外部功能，是一种宏观需求。对学生需求的分析，涉及学生知识需求和心理需求。知识需求是指学生对知识本身及获取知识的方式、途径等的需求和看法。心理需求是指学生健全心智、培养人格、走向成熟的内在愿望和渴求。

（一）对学生需求的分析

学生需求分析可以从三个方面来看：第一，自身的需求。由于现行教育方式存在一定的缺陷，音乐课程不受重视，或者是音乐课程课时安排少，学生们的音乐素质普遍比较低下，有提高音乐素质的需求；第二，兴趣需求。学生对当地音乐存在浓厚的兴趣，音乐是学生们日常生活中必不可少的，此课程极具吸引力，有进一步了解的需求；第三，素养需求。随着"素质教育"口号的提出和新课改的不断推进，学生们需要全面提升自身素养，促进学生综合素质发展已逐渐成为社会共识，让学生们了解本土音乐文化有助于帮助学生提高全面素养。

目前，在校的学生中存在崇尚外来文化、外国文化的现象，越是我们身边的东西，我们越容易忽视它们的价值。人们往往对西方外来文化表现出极大的兴趣，但对身边的文化却视而不见。"北方人以看到西湖，平原人以看到峨眉，虽然审美力薄弱的村夫，也惊讶它们的奇景；但生长在西湖或峨眉的人除了以靠近名胜自豪以外，心里往往论得西湖和峨眉实在也不过如此。"❶ 这句话其实是表述了一种常见的文化心理现象，尤其对学习

---

❶ 朱光潜. 谈美 [M]. 合肥：安徽教育出版社，2011：25.

任务繁重的学生来说，他们整天往返于家庭和学校之间，及时理解掌握书本知识似乎是最重要的，在音乐艺术方面，流行文化似乎才是他们的最爱。而造成这种情况的主要原因就是他们对自己身边的文化不了解。因此，音乐校本课程要把重点放在对本土文化的认识和了解，以及对本土文化的传承方面。

（二）对学校需求、社会需求的分析

校本课程开发并非"闭门造车"，应当考虑学校需求、地区需求和社会需求，考察地区乃至社会经济文化等方面的发展对人才的需求状况及特点，开发出既满足学生需求又有利于地区和社会发展的课程，只有这样的校本课程，才会有长久的生命力。

随着西方音乐的传入和流行音乐的广泛传播，本土音乐逐渐受到严峻的挑战。尤其是作为中国传统音乐文化艺术瑰宝的传统民间音乐，更是需要继承和发扬。这些古老、繁华的音乐文化为音乐校本课程开发提供了丰富的课程资源，需要我们一一去开发、挖掘、发展，让这些民族民间传统音乐在校园传播平台大放异彩。我们要创造条件，让本土音乐走进校园、走进校本课程、走进学生心中，让本土音乐文化代代传承下去。只有继承和弘扬优秀传统音乐文化，才能守住中华民族的根。学校文化、校本课程融入了民族民间的音乐文化，才可能根深叶茂。在文化一体化的影响下，民族民间音乐文化受到冲击，甚至有些民族民间音乐已然消失或者正在面临失传和濒临灭绝的危险。针对上述情况，我们通过音乐校本课程的本土开发，把学校文化建设与民间音乐文化相融合，学科教学与民间音乐相整合，促使学生走出课堂、面对自然、与环境互动，从而从自然中认识自然、民俗中学习文化、生活中感知鲜活的知识，增强人文素养，帮助学生构建科学的知识结构，激发学生热爱家乡、建设家乡、报效祖国的热情，让学生素质得到全面发展。

三、评估本土资源

校本课程开发需要考虑学校的资源条件，以决定做何种程度的开发。

这里的资源评估指对信息资源、能力资源和物质资源的评估。

(一) 信息资源评估

信息资源是以学校的教材和资料为核心，它为校本课程开发提供源头活水和信息支持，对信息资源的评估，涉及信息渠道、信息储存和信息效能。评估要求信息渠道多样化、信息储存丰富化、信息价值效能化，整个信息资源要处于不断的交流和更新中，形成信息资源"优胜劣汰"的动态过程。

(二) 能力资源评估

能力资源是指教师的专业能力和学生的学习能力。校本课程开发是以教师和学生为主，他们的能力状况制约着校本课程开发的深度和价值。教师的专业能力包括专业素养、开拓意识、创新能力和课程开发能力。评估方式通常是：先由教师自我评估，然后是学校评估，最后由专家组综合审评。学生的学习能力包括现实学习能力和潜在学习能力。现实学习能力是指学生已达到的学习能力现状，是校本课程开发的重要依据。潜在学习能力是指通过课程更新，学生可能达到的能力状况，是校本课程开发的重要目标。对学生学习能力的评估常由教师评估和学生自评构成。

(三) 物质资源评估

物质资源是指在校本课程开发中校内外可提供的场地、设施、设备与经费支持，它是校本课程开发的物质基础。

①校内资源。校内资源有很多，如学校的硬件设施：钢琴教室、排练厅、表演厅等。

②校外资源。课程开发所需要的校外各类资源，如当地音乐家协会或者民间艺人、民歌手、民乐演奏家等，以及可以帮助学生更广泛、更深刻地了解本土民间音乐的一系列校外资源。

除了上述对学校的资源进行评估外，还要对社区可利用的资源进行评估，在学校和社区之间形成一个良好的校本课程开发的资源环境。

第三节　课程开发的校本传承

区域音乐文化是我国传统文化的重要组成部分，其能有效地推动中华民族文化的创新，而中小学阶段是学生成长和发展的关键时期，音乐教育又是中小学教育的重要内容，新课程标准中明确指出：中小学音乐课程应该充分重视中华民族优秀的传统音乐，增强学生的民族意识，培养他们的爱国之情，因此，中小学音乐教育承担了传承区域音乐文化的重任。

一、转变教育理念，构建新教育体系

区域音乐文化具备民族性、多样性等一系列文化特征，而我国音乐教育在相当长的一段时间内对区域民族民间音乐文化的传承重视不够，再加上对西方教育理念的盲目推崇，导致很多学生对区域音乐文化知之甚少，这就极大地阻碍了年轻一代对区域音乐文化的认识。中小学阶段的音乐教育是学生学习音乐的重要阶段，把区域音乐文化巧妙融入其中，既能把区域音乐文化生动形象地呈现在学生面前，有效增强学生的音乐鉴赏能力，又能培养学生的爱国主义情感。它的融入需要新的教育理念的支撑，其一是学校要承担起传承区域音乐文化的重任，广大教育工作者要树立重建民族音乐文化的教育理念，以弘扬优秀的民族传统文化为己任，帮助学生树立民族自信心，这样才能在中小学音乐教育中更好地传承区域音乐文化；其二是学校应该紧密结合区域特色和办学理念，把一些本地区的民族民间音乐有效地融入中小学音乐课程中，让学生从内心认识到传承民族音乐文化的重要性。同时积极改进学校的教学模式和艺术实践模式，把区域音乐文化资源和学校的教育体系有效衔接起来，切实提升中小学音乐课程的教学效率，有效弘扬中华民族的传统文化。

二、开阔教师视野，增强职业素养

区域音乐文化本身具备独特的感染力和亲和力，其潜移默化地影响了

学生的心灵，对学生民族自豪感的培养有着至关重要的作用。中小学音乐教师是区域音乐文化传承的引领者，有责任引导学生欣赏民族民间音乐，帮助学生建立对民族音乐文化的认同感。首先，中小学音乐教师必须具备一定的民族音乐素养。实际上我国大多数中小学音乐教师对民族民间音乐的了解是不够的，要想更好地树立区域音乐的文化观念，广大中小学音乐教师就必须提高对民族音乐的认识，在教学实践中不断提升自身的音乐素养，有意识地去学习和了解民族民间音乐文化。其次，中小学音乐教师要积极改进和创新教学模式。结合区域音乐文化，借助现代化的教学技术，把音乐教学内容有效地给学生呈现出来，让学生了解更多丰富的区域音乐文化素材。教师也可以尝试改进传统的课堂音乐课的教学模式，带领学生走出教室，引导学生参加一些社会实践活动，如观看民间演出或参与民俗活动等，让学生深入体验区域音乐文化的内涵，从而增强学生对区域音乐文化的传承意识，为中华民族优秀文化的传承奠定良好基础。

三、丰富教材内容，融入多样地域音乐

在中小学音乐课程教学过程中，音乐教材是教师教学的主要依据，国家统一编写的音乐教材既体现了国家意志，又符合当代青少年成长发展的需要。但也应该看到，国家教材无法面面俱到地体现音乐的地域性和多样性，因此教师的任务是深刻领会课标要求，把区域音乐文化更好地融入中小学音乐教育中，精准施教。在编写校本教材时就需要紧密结合当地特色，充分挖掘并整合本地区优秀的区域音乐文化资源，确保音乐教材内容的丰富性和多样性。要立足于教材，实施拓展、连接学习，要确保所编写的音乐教材能满足学生的学习需求，这才是教学的需要、认知的需要。如在小学阶段，由于小学生的年龄普遍比较小，他们往往一时很难理解和领悟抽象的概念，更注重的是音乐的趣味性，所以在编写音乐教材时就可以把当地一些童谣编入其中。童谣不仅具有很强的地域特征，还能充分体现出趣味性，可以吸引学生的注意力，有效激发他们的学习热情。另外，学校与教师必须进行有效的合作，充分重视区域音乐文化资源，在编写音乐教材时不仅要充分体现国家意志、区域特色和民族精神，还要紧密联系中

小学生的认知特征，这些因素都需要有效地整合起来，才能把区域音乐文化的传承和中小学音乐教育有机地结合起来，更好地弘扬中华民族的优秀传统文化。

四、了解本土音乐，整合课程资料

教师应深入了解本土音乐资源，了解当地的民歌、说唱、戏曲等课程资源。自古以来，我国人民就有收集和整理民间音乐资源的优良传统。中国最早的一部诗歌总集《诗经》，其中的"风"部分是地方民歌，共一百六十首民歌。西汉时期，汉武帝设立了庞大的音乐机构，从事民歌的收集和整理。入乐的歌谣，被称为"乐府"。这些歌谣，凝练传神，情真意切，记载着先民的劳作与爱情，折射着中华民族先民的苦难与欢乐。时光荏苒，岁月如梭，我国当代文化管理部门对民歌的收集整理工作从未停下脚步。自1979年开始，由文化部和全国文联组织的民间歌曲卷《中国民间音乐集成》的工作，自上而下规划，自下而上筛选，以超过历史上任何一次的空前规模在全国范围层层推进。四十多年来，这个被称为"中国文化万里长城"的伟大工程取得了举世惊叹的成果。这些未被现代文明异化的原生状态的地方音乐及其背后的文化，曾经活生生地伴随着先辈的婚丧嫁娶、生老病死、送往迎来、春种秋收、喜怒哀乐和悲欢离合。它们是具有鲜活艺术灵性的生命释放，是具有深刻文化内涵的心灵记录，是具有独立认知价值的历史传承。

这些崇高、伟大和美丽的音乐都不是在远处，而就在我们的身边，在音乐教师身边。失去了很多民间艺术让我们扼腕叹息，但是作为新一代青年学子失去了欣赏地方文化、民间艺术的能力，就更让人难以接受，这对现存的区域文化来说是更大的灾难。对区域音乐的收集和整理，不仅仅是为了给我们的博物馆增加失去生命的斑驳化石，也不仅仅是为了给我们的研究所增加几本远离社会的尘封册页，更重要的是，要把它作为一种活的文化形态，在同现实生活的结合中，打开同世界文化隔绝的封闭状态，在文明更替的断层中获得新的生命。

五、理解文化意义，传承区域音乐

在音乐课程开发与实施的技术层面，最突出的问题是，教师和学生离民间音乐的本态有一段距离。不同民族有不同语言、不同文化和不同的音乐特征，同时也有不同的音乐体系。因此，音乐教师必须要求自己，不仅要有技术的耳朵，还要有文化的耳朵，所以要不断向民间学习、不断思考。音乐教师要用心贴近民族民间音乐，才会有很多深切的体会。

以区域音乐传承的热点问题记谱为例，在区域音乐的记谱上，很多问题来自于谱面记录无法表达实际的音响，存在这样或那样的偏差。记谱者会唱与否直接影响记谱的结果，如果记谱者能够演唱，详细的谱例、符号辅以简单的说明，就会使记谱与实际音响偏差较小。可见向民间学习的程度决定了传承的深度。区域音乐是民族的文化符号之一，是民族的历史创造，是族群集体的记忆和精神寄托。例如，参加"第十四届青年歌手大奖赛"逐渐走入人们视野中的"撒叶尔嗬"，来自湖北土家族丧事喜办的依老葬俗歌舞。以这样的表演形式为例就能够充分说明"族群集体记忆"和"精神寄托"的含义。首先，从集体记忆上看，在"撒叶尔嗬"中，老人正常死亡后，人们举行一个盛大的活动，围着棺材载歌载舞。"撒叶尔嗬"是土家族老艺人的一种集体记忆，这个记忆留给了我们后人，让我们后人了解到这样一种演唱形式，其演唱方式是男人用女腔唱，这种特殊方式是在特定的大山环境中形成的。其次，从精神寄托上看，土家族民众在面对死亡的时候，没有汉族民众的悲哀和沮丧之情，他们喝酒、唱歌、跳舞，这种精神寄托是本民族局外人所不能切身体会到的，但是从中我们看到的是湖北山区土家族兄弟姐妹们坦然面对生命轮回的心境。

口传心授与谱面传承的区别在于，前者强调的是叙述和倾听的双向过程，后者是读谱和倾听的并行过程。口传心授的方法趋于综合与全面，而谱面传承的听论则是专门化的和选择性的。前者注意具体的情境和人，后者则相对地不受情境约束。前者是以宇宙为中心以及与空间相关联，后者常常是线性的，与时间有关并以理性为中心。但是，两者在文字的社会中传播最终要依赖于有乐谱的书面传承的补充。因此，提倡口传心授并不是绝对地脱离谱例，两者应很好地进行结合。正如明代的戏曲理论家王骥德所说："乐之筐格在曲，而色泽在唱。"这种样态引起的思考是：区域音乐怎么教？因此，应不断地向民间学习，民间是传统音乐的源泉，课堂也是一个重要的阵地，应强调师资力量的重要性，必须有全身心投入到传统音乐教学的老师。

教师应以何种心态面对民间歌手、面对地方民间艺人、面对研究对象？很多时候，音乐研究者或音乐课程开发者都是抱着临时索取资料的心态，在需要的时候理直气壮地向各类艺人索取，满足自己的愿望时就不闻不问，这样的态度一定会遭到各类艺人的默然甚至是反感。作为区域音乐校本课程的开发者，应以何种态度面对区域音乐，是否来自一种对区域音乐的兴趣，对区域文化的真爱？即使不是出于兴趣和爱好，具有责任心也是每一位音乐校本课程开发者所必需的，以一种客观的视角去观察现状、看待存在。在当今的文化背景下，区域音乐及文化的推广注定是需要一个长期过程，不会是一蹴而就的，更不会是一帆风顺的。因此，要求音乐教师真正熟悉和掌握研究对象，脚踏实地地深入实际，认认真真地做好每一次个案研究，坚定信念，持久地不断深入研究。同时对研究对象有真正意义上的了解与把握，由此产生的研究成果才可能体现所追求的科学意义，才可能产生所期盼的学术价值。

第五章 区域音乐校本课程常态化的整体要求

第一节 课程本土研发策略

校本课程的本土研发策略要服从于学校整体发展目标和培养目标,要考虑到学校的整体发展和学生发展的需求。既要立足于对学校自身教育资源的挖掘和利用,也要立足于对学校周围社区及学生家长教育资源的挖掘和利用。校本课程开发要以本校作为开发主体,同时要取得校外课程专家、学生家长及社区有关人士的支持,力求体现学校的办学特色和办学传统。音乐校本课程的本土研发策略具体如下所述。

一、分析评估策略

分析评估策略主要是指对本校情况、学生学情两个方面开展分析与评估。学校是开发音乐校本课程的主体,在开发音乐校本课程之前,教师要了解本土与本校的基本情况与需求,以便设计本土音乐校本课程。

(一) 本校情况

校情的分析评估可分为三个方面:一是当地政策文件支持;二是学校的办学宗旨与侧重方向;三是学校的教学资源与教师自我分析。

1. 当地政策文件支持

当地政策文件支持是指当地依据我国教育部印发的纲领性文件——

《义务教育音乐课程标准（2011年版）》制定的当地的"音乐课程设置及课时安排""校本课程开展要求"等地方性政策文件。分析与评估地方教育主管部门对课程内容方面的选择（是否突出人文性、实践性、审美性），教学设施的选用（是简易手工制作的乐器，还是配备专门的打击乐、吹管乐、拉弦乐、弹拨乐等），教学策略的应用（小组合作探究、自主学习、师生互动等），跨学科的课程整合或融合等诸多内容的要求，以寻求区域音乐校本课程开展的政策支持。

2. 学校的办学宗旨与侧重方向

不同的学校设定不同的办学宗旨，有的学校是"注重自主学习，发展合作精神"，有的学校是"培养学生的创造力，激发学生的想象"，还有的学校是"培养道德品质高尚的人"，等等。侧重方向亦不同，有的学校侧重"艺术能力培养"，有的学校侧重"诗词歌赋的熏陶"，有的学校注重"与新时代信息技术接轨"，有的学校重视"科技教育与机器人创造"，有的学校侧重"人文历史孕育"，还有的学校重视"体育健康、体质增强"。不同的办学宗旨影响了学校教师的教学方法，各异的侧重方向使学校更具特色，使课程文化更具内涵。

学校的办学宗旨与侧重方向是一所学校在培养什么人这个核心问题上所坚持的价值、立场、倾向等会渗透所属学校的办学策略，影响到音乐校本课程的制定与实施。校本课程深深扎根于学校课程，践行并反哺课程。优秀的校本课程设计方案往往能紧密契合所在学校的课程文化，反映学校的个性与特色，因而显得"卓尔不群"。❶ 对学校的办学宗旨与侧重方向的分析与评估方法有：实地分析调查法，调查问卷与访谈法（对象为学校领导及教师），提问法（对学生进行无分数、无优良等级的提问，测量学校的办学宗旨与侧重方向是否真正运用到课堂中，学生是否能够有真实感受），等等。

---

❶ 刘登珲. 专业化校本课程设计方案的关键特征及其实现——以140份全国大赛获奖作品为分析对象［J］. 中国教育学刊，2016（7）：58.

3. 学校的教学资源与教师自我分析

学校的现有教学资源是音乐校本课程建设的基础，对学校的现有教学资源的分析为音乐校本课程的制定提供了前提条件。对教学资源的分析要从教学设施、教材内容、音乐课程实施情况等方面进行分析。对教学设施的分析是判断音乐校本课程教学目标能否达到的依据。教学设施完备的学校更易于开展音乐校本课程，并且拓展了教师开展音乐校本课程的操作空间，增多了教学手段。如一些学校专门设有电子琴教室、MIDI 制作教室、iPad 活动课教室，或教室中配有交互热点的电子黑板，这样可以更容易完成教学内容。运用新技术能够达到实践成果的分享，还可获取更多样、更丰富的资料来提高教师的知识与技能。若该校的教学设施不全面，教师可就地取材，选取当地现有的物品当作课堂教具，或是让学生自己动手制作教具，前提是材料要选用环保、简易、可重复利用的物品，对学生的手脑协调与创造能力都是一种锻炼。

对教材内容的分析，是指选用的教材是哪个出版社出版的，校本课程的内容建设是否与本校教材相联系，这样才能与国家课程更好地融合起来。对音乐课程实施情况的分析，是指本校的每个年级学生的音乐知识掌握情况、实践能力水平，学生对音乐课的喜好，等等。

教师自我分析是对自身的专业技能进行衡量与分析。校本课程的研发需要音乐教师来主导，因此教师在开发校本课程时要注意结合自身的专业优势，这样才能开发出独具一格的、具有特色的校本课程。如针对钢琴、小提琴、单簧管等西洋乐器专业，针对二胡、琵琶、排鼓、竹笛等民族乐器专业，针对声乐、舞蹈、指挥、作曲等专业，可以开设器乐教学、声乐教学、音乐鉴赏、舞蹈鉴赏、指挥、作曲等课程，最终对教学资源与教师自身的优势、劣势进行分类与评估。对学校的教学资源与教师对自身的分析和评估，有益于形成教师在学校支持下、依据本土情况与自身专业技能程度而研发出的、独具特色的音乐校本课程。

（二）本土学情

每个地区的文化特点不同，培育出来的人的性格及精神也不同，正所谓

"一方水土养一方人"。音乐校本课程的本土研发，要基于本土的学情，掌握当地学生的性格与精神，了解学生当前所处的学段，分析学段要求与年龄特点，研发出适合学生的校本课程。对本土学情的分析包括学生的学段、年龄、民族，对音乐类型的喜好，自我评价与分析，等等。评估包括学生的自信心和成就感等心理特点、外显行为与性格关系、学习成绩与家庭环境等信息的评估。家长情况也是影响学生成长的关键性因素之一，家长对孩子的期盼很大程度上影响了孩子学习的方向，家长的需求也作为学校治学办校的有机组成部分。在音乐校本课程的本土化研发中，要吸收家长的意见与建议，同时对家长做间断式访谈，调查本土音乐校本课程研发是否有效，是否贴近生活。

完整的校本课程支持系统由信息支持、资源支持、文化支持、制度支持、技术支持五个方面构成。信息支持包括学校为教师提供相应的政策信息、学生信息、家长信息等；资源支持包括为教师提供充足的时间、场所以及各类素材性资源等；文化支持包括建立分享、合作的文化氛围，提升校本课程价值认同等；制度支持包括建立科学的绩效考核、评价监督、校本教研等机制；技术支持包括为教师提供掌握校本课程开发技术、校本课程方案撰写技术等学习机会和条件。只有建立切实有效的支持系统，做到既"赋权"又"增能"，才能激励教师投身校本课程设计方案的研创中，履行教师作为校本课程开发主体之"使命"。❶

二、收集整合策略

收集整合策略是指对本土优秀的传统音乐资源进行收集与整理，收集整理的内容分为：本土的民歌、舞蹈、戏曲、说唱、器乐、庙会仪式用乐、宗教祭祀用乐等。将以上分类的历史与当代传承进行梳理，选取其中优秀的、在当代流行的、能被学生接受的音乐资源纳入音乐校本课程内容中。这既是符合了传统的当代性，也对本土多彩的音乐文化进行了分析与

---

❶ 刘登珲. 专业化校本课程设计方案的关键特征及其实现——以140份全国大赛获奖作品为分析对象 [J]. 中国教育学刊，2016（7）：62.

总结，既能提高教师的专业技能与职业素养，又能使音乐课程更加丰富多彩。

收集整合策略需要借助专业的音乐研究工作者的指导，这体现了学科的专业性与学术性，且在专家型工作者的指导下，会使本土音乐校本课程更严谨、更缜密。在专家的指导下，一方面，通过深入社会生活，进行政府、民间的调查和采访，收集和发现课程素材资料，进行素材和资料的证伪、求真、分析、整理和筛选，可以探求课程建设的脉络，形成教材编写的思路，掌握教材编写的原则和方法，进一步明确教材与课程的关系；另一方面，通过与专家一起活动、研究，学习专家严谨、细致、认真的治学态度，实事求是的工作作风和坚韧不拔的研究精神，可以使师生的思想情操得到陶冶，学习观、人生观、价值观都得到升华。

三、协作探究策略

协作探究策略是以学校教师为开发主体，同时取得校外课程专家、学生家长及社区有关人士的支持。充分发挥学校师生、课程专家及学生家长在校本课程和校本教材建设中的作用。学校重视学生家长的支持与参与，号召家长积极为校本课程的建设建言献策，为校本教材的开发提供信息和材料等，协助学校落实课程计划，帮助学生完成学习任务。

协作探究策略要求教师开展听评课、教研会议，共同下田野进行调查、取样与分析梳理、协作探究，在此过程中，学生也会加入进来，协助教师建设音乐校本课程，在协作中使师生锻炼合作意识、强化坚毅品格。

四、实践总结策略

实践总结策略是对教师提出的要求，即在实践中总结经验、反思校本课程是否适应本土需求。在此过程中要循序渐进，点面结合。即在实施校本课程时，逐渐引导学生聆听、实践，从而感受、体验音乐的美。

实践总结策略使教师采取既要开展课程实验，又要开发整合教材。首先，学校校本课程开发小组在收集、把握课程素材和资料之后，进行课程组织和教材实验。课程组织和教材实验以专题为线索，设置单元课目。其次，通过专题教学的可行性操作，逐步明确教材编写的体例要求和内容特色、专题的具体内容及具体课目、教材编写的专题顺序和逻辑顺序等，并不断地充实、调整和完善。最后，在专家指导、统筹下，确定课程开设、教材编写的整体结构，制订较为严密的教学和教材撰写计划，落实各环节的具体任务。

五、评价反思策略

评价反思策略是对校本课程本土化研究的评价与反思，这个策略可以使教师更明晰音乐校本课程本土化的优势及不足。评价反思策略由社会评价策略、学校评价策略和自我评价策略组成。

（一）社会评价策略

学校可以借助社会的力量，有效地促进校本培训不断趋向预定目标。其主要途径有：

①实行学生家长开放日。让学生家长走进校园，深入课堂对音乐校本课程培训成果进行检查、验收；组织开展学生评教活动，从中了解客观、真实的音乐校本课程培训效果，然后形成综合评价意见，反馈给学校。

②教育行政部门实行阶段性考核、评估。教育行政部门通过听取汇报、查看资料，召开教师和学生座谈会，进行教师和学生能力测评等形式，对本地区中小学某一阶段的音乐校本课程培训情况实行全面的考核、评估。社会评价可以减少学校评价的主观性。

（二）学校评价策略

学校评价分为对课程和任课教师的评价。评价成员由教研组组长与同行教师组成。评价方法是运用听评课、教研小组开会讨论、查阅教师教案、课下随机访问学生对课程和教师的看法等。评价内容是评价课程的实施依据、内容、方法、计划、目标、效果，以及对是否符合和有益于学校音乐课程的计划安排；评价任课教师的教师专业技能程度、职业素养水平、仪容仪表是否得体、上课状态是否自然大方、遇到突发情况是否能有效处理等方面。最后形成文字报告，成为建设音乐校本课程的参考资料。

除了听评课等方法，学校各部门还应分工协作，加大对常规教学检查的力度，尤其对教师参加培训的情况要进行更精细的量化管理，建立一套切合实际、具体的评价指导体系。可为全校教师设置个人校本培训档案，将教师每学期参加校本培训活动的情况记录、归纳整理存档，在评价时，既要考虑工作成绩，又要关注工作态度。最终构建多元的、立体的教师音乐校本培训评价体系。

（三）自我评价策略

自我评价分为对自身专业能力的评价与对音乐校本课程本土化实施效果的评价。根据音乐校本课程培训计划，每学期或每学年具体确定一两项素质或能力提高项目，填表申报并认真踏实地实践、研究和提高。学校定期检查验收，期末对完成情况记录归档。学期结束，让教师翻阅自己的个人档案，让其发现参加音乐校本课程培训前后的不同之处，进行自我评价，进而明确努力的方向。还要运用教学录像、微课制作、撰写教案等，对自身的教学方式、教学手段、教学成效、教学状态（是否自然大方、是否仪表得体）等方面进行评价与反思。

六、整体构建策略

校本课程的开发是为了实现学校的教育哲学，构建学校独特的文化而进行的教学研究活动，这一活动必须遵从教育教学的发展规律，逐步实现学校的教育计划。因此，校本课程是一个踏踏实实的构建过程❶。通过这个过程，学校要构建符合自己的教育哲学和教育逻辑的课程结构，给学生提供全面而丰富的课程营养，从而达到新课程对学生发展的要求。在学校课程整体布局方面，可资借鉴的策略包括学校文化选择策略和整体课程组合策略。

如何构建学校的课程体系，已有不少论述，但从校本课程是学校教育哲学的体现，是学校文化的构建这一角度看，英国著名的课程专家丹尼斯·劳顿（Denis Lawton）的文化选择课程编制模式提供了一个综合安排

---

❶ 靳玉乐. 校本课程开发的理念与策略 [M]. 成都：四川教育出版社，2006：150-151.

课程体系的思路。劳顿认为，课程编制就是文化选择的过程，建议规定一组文化分析的原则和步骤来保证课程对文化的合理选择并认为文化分析主要借助于哲学和社会学，对特定文化框架中的几个主要系统（社会系统、经济系统、交流系统、科学系统、技术系统、伦理系统、信仰系统、美学系统、儿童发展系统）的概念进行变量和非变量分析，进而做出关于公共文化形式的判断，然后再借助教育心理学完成各年级课程的安排以及每一门课程的设计。

第二节　课程实施具体要求

一、对课程内容的要求

音乐校本课程实施时，应对课程内容提出要求。课程内容要体现音乐的实践性、审美性与人文性，这三者共同构建了音乐课的基本理念。课程内容的选择，要体现难度的层次性，遵循由浅入深，由低向高的学生学习规律，使难度逐渐提升，具有挑战性。比如在课时安排上，第一节课主要以了解、感受某音乐现象为主，而不是一上来就做调查分析、研究访谈等，切记不能颠倒教学顺序，使学生不知所云。课程内容的选择一定是学生能做到的，课堂上能够达到的内容，而不是进行学生在当前水平达不到的实践活动，当前认知能力不能完成的音乐知识的解答，等等。建立文化多样性的观念，使学生能够平等地看待其他民族的音乐文化，增进对本民族文化的了解和认同。

二、对学情掌握的要求

对学生学情的掌握，要考虑大多数学生的学情、课堂反应能力与课下反馈的知识接受程度。教学过程中要允许学生犯错，之后鼓励与引导学生勇于尝试正确的实践方法，在学生做对之后，要提出表扬，提升学生的自信心与成就感。在提问题之前，要了解每一个学生的知识能力水平，有针对性地向学生抛设问题，在了解学生有解答问题的能力之后，提出与学生能力水平相当的问题，之后再逐步引导学生回答更难的问题。要与学生建立友好的师生与友谊关系，做到对不同学情的学生有不同的教导方法，使学生信服教师，而不是惧怕教师。

三、对教学手段的要求

课程实施即有计划、有目的地组织学生学习的过程。选择适合学生心理特点的学习方式，充分调动学生的自主性、积极性是课程实施的核心旨趣❶。在课程实施中要做到"活动"与"学习"兼顾，不能顾此失彼。不少课程设计方案频繁变换学习方式，在短短的课时内转换着合作、探究、展示、观察等学习方式，多是浅尝辄止，把大量时间浪费在调动动机、维持兴趣和纪律上，对思维品质的关注是不足的。

同时，一定要以行动性为主，不能出现教师一直讲授、学生被动听课的状况，要使学生动起来。在实践的过程中学生会进行"发现问题—探究问题—尝试错误—解决问题"的身心活动，这要求教师要耐心地引导，切不可急躁，亦不能直接告诉学生答案，而是要引导学生一步步实践，在错误的基础上最终解决问题❷。

在教学中应用新技术，是使学生能够直接感受、体验的一种高效的教学手段。它包括声、光、电等内容，可分离和组合形成各种新潮元素的展现，比如，在上课前播放一段音频或视频，或利用电子琴等乐器为学生带来直观性、可操作性的审美体验❸。

四、对人员职责的要求

组织协调各教研组与年级组之间的关系，从而落实课程管理的各项要

---

❶ 张广利. 校本课程开发的实践与思考［M］. 福州：福建教育出版社，2013：53.
❷ 崔允漷，林荣凑. 中国校本课程开发：课程故事［M］. 上海：华东师范大学出版社，2007：249.
❸ 邱惠群，余利芬，王林发. 校本研修的创新策略［M］. 重庆：西南师范大学出版社，2017：9.

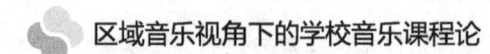

求。年级组、备课组、教师研究共同体与学生的职责如下所述。

(一) 年级组的职责

年级组根据学校的整体安排，制订学年及学期校本课程教学进度计划、校本课程教学研究活动计划和学生的校本课程选修管理等各项工作。指导备课组以国家课程计划为校本课程研发主线，形成学期或学年的校本课程表。在开学第一周发给学生，便于做好选课登记。对各学科预定开设的校本课程进行统排，依据各学科的资源状况、任课教师情况、学生选修的数量，对不同校本课程模块教学的实施，选择个数不同的班级作为选课走班的管理单元。同一年级某一学科校本课程时间安排必须相对集中，具体时间由各年级自行安排。对教师开展的校本课程教学活动给予指导，加强各学科之间的合作，保证课程合力的有效形成。一门规范的校本课程必须包括校本课程开发申请表、校本课程纲要、校本课程实施教案、校本课程选修登记表、校本课程阶段性教学评价表、校本课程学分评价表和校本课程绩效评定七种管理材料。调研学生选修校本课程的学习情况，及时反馈校本课程实施中的问题，以便教师不断调整教学需求，同时为学校课程管理提供决策依据。

(二) 备课组的职责

备课组是组织教师开发和申报校本课程的管理组织，是落实《音乐校本课程规划》的具体单位。它的职责包括：制定校本课程目标，选编校本课程内容，设计教学时数等[1]。每学期开始，组织教师学习《音乐校本课程实施方案》，研究《义务教育音乐课程标准（2011年版）》，依据国家课程的教学进度，结合学生发展基础，制订音乐校本课程开发计划。邀请学科教研组和资深教师审议校本课程规划，分析讨论，确立校本课程主题单元。依据校本课程主题单元的要求，尊重备课组内不同教师的专业特长，对任务进行分解，确立校本课程教学单元的主备和从备教师，并组织教师向年级申报校本课程。备课组形成《音乐校本课程介绍》，进行选课指导

---

[1] 李臣之. 校本课程开发 [M]. 北京：北京师范大学出版社，2015：67.

第五章　区域音乐校本课程常态化的整体要求

后形成《音乐校本课程选修登记表》。备课组依据年级校本课程课表,组织学科教师进行音乐校本课程实施,包括选修管理、学习量统计和学分认定。组织教师反思性研究本学期音乐校本课程研发和实施的成效,向学校提交研究报告。组织教师参加阶段性的音乐校本课程成果评比,每月组织教师核对并填写《音乐校本课程评价量规表》,统计校本课程研发工作量和实施工作量,并对校本课程实施绩效进行评定。

(三) 教师研究共同体的职责

教师与具有相同发展意愿的同伴组成教师合作研究共同体,他们是研发并执行校本课程任务的承担者。他们依据《学校音乐校本课程方案》和备课组内校本课程主题单元计划,承担校本课程不同模块的研发和教学实施任务,完成《音乐校本课程开发申请表》和相关教案的编写工作。待年级组审批通过后,进一步丰富并规范研制《音乐校本课程单元教学实施纲要》,撰写校本课程教案,编印校本课程教学计划,组织学生选课,通过实施《音乐校本课程选修登记》,对选修学习过程进行规范记录[1]。指导任教班级的学生对本学科拓展性的校本课程进行选择,对任教班级学生选课情况进行统计,并以班级为单位,组建选课后的学习管理小组。为加强学生对选修学习过程的自主管理,教师要制作选课花名册,汇总后报年级组,形成年级总的校本课程选修登记表,以便选修管理。加强对音乐校本课程选修过程的管理,包括记录学习量、评价学习态度和组织学生进行自我评定,主要有书面和实践活动等记录形式。参与年级音乐校本课程阶段性的教学评价,完成音乐校本课程学业评价。

(四) 学生的职责

学生按照自己的兴趣和爱好填写选课志愿,确定学年或者学期内音乐校本课程的选修表。在校本课程每一选修模块结束后,该教学班解体,学生自动进入下一模块选修的管理过程。实施音乐校本课程的目的是通过课

---

[1] 徐玉珍. 校本课程开发的理论与案例 [M]. 北京: 人民教育出版社, 2003: 39.

程的选修实现学生自我兴趣的培养和能力的提升。教师要引导学生不断提高对自我的认识,了解自我发展的优势,推动不同层次学生获得发展,尽可能让每一位学生都感受到进步、体验到成功。因此,音乐校本课程的学业评价就应当考虑不同学生的发展基础,采取过程性评价与终结性评定相结合的方式。例如,作品展示、现场表演、实物制作、项目设计、对话交流、档案袋记录等都是行之有效的多元化评价,有利于提高学生的学习积极性。❶

五、对课程管理的要求

为保障校本课程有效研发和规范运作,学校必须制订相应的管理制度来保障其顺利运行。可以制定的相关的管理制度有:音乐校本课程审议制度、音乐校本课程教学管理条例、音乐校本课程评价制度、音乐校本课程培训制度、音乐校本课程管理岗位职责和评价方案等。承担不同管理职能的处室和年级只有严格执行各项管理制度、定期检查制度落实情况,才能使音乐校本课程管理成为教学常规的重要组成部分,才能实践音乐校本课程目标。同时,教务处是音乐校本课程管理的行政机构,教务处主要职责是严格执行《学校音乐校本课程方案》,检查年级实施情况,协同年级对课程、教师和教学成效进行评价。

六、对教学形式的要求

首先,可以引入专业学术团体,使之与学校课程组织相结合,建立专业学术团体与学校课程的协作关系。

其次,促进教师的教学研究与学生的学习探究相结合,建立教师教学团队与学生学习群体的课程协作关系。音乐校本课程更重视师生个性的养成、潜能的开发、能力的培养和心智的发展,更重视知识文化与师生生活

---

❶ 高翔,吕运法. 县域高中校本课程研发与管理路径[J]. 中国教育学刊,2009(6):49.

和社会发展的关系，更重视人文思想与科学精神的教育作用，更重视师生实践能力和创新精神的培养，因而更需要教师的不懈研究和学生的努力探究。教师必须通过自己研究获得的发现和成果来丰富和完善课程内容，学生必须通过自己探究获得的体验和经验来巩固和深化课程知识。而且在整个课程实施的过程中，师生之间是平等的，彼此要进行对话交流、辨析探讨，互相补充、修正、提高、促进，使课程实施获得"教"与"学"的动态平衡，师生成为双向影响的学习型、研究型群体，迸发出课程建设的生机和活力。

再次，与社会生活密切联系，增强课程内容的社会性、生活性、实践性和体验性。音乐校本课程，从知识到内容都来自本土、来自生活，而且每个学生都真实地生活在本土之中，他们的知识文化积累除了来源于学校，还有社会生活的体验与经验的积累。据此，学校采用多姿多彩的教学形式，尽一切可能拓展学生学习实践和体验创造的空间，努力唤醒学生的生活记忆，活化学生的经验储存，拉近课程与生活的距离，帮助学生把课程内容转化为生活知识、实践技能和思想智慧，为学生造就自我、造福社会、实现课程的人生价值和社会价值提供了可能。

最后，引导师生积极反思，构筑师生创新的舞台。智慧的原动力在于反思。反思本身是一种理性的认识过程，它牵涉到认知者与认知对象之间的互动。因此，学校倡导教师与学生积极反思，明确课程教学的特点和规律，认识"教""学"过程中出现的问题和不足，认清"教""学"的优势和缺陷，总结"教""学"的经验和得失，引发查漏补缺、扬长避短的觉知和行动，改进"教""学"的方法和策略，拓展新的教学空间和途径，建构富有创造个性和充满社会实践活力的课程知识、能力体系，促进"教""学"的优势发展，使校本课程真正成为师生张扬个性、锐意创新的舞台。❶

---

❶ 陈文强，许序修. 立基地域文化的校本课程建设探索——以福建省厦门双十中学《闽南文化》课程为例 [J]. 中国教育学刊，2010（7）：36.

第三节　区域音乐课程对教师的要求

区域音乐校本课程的开发要求教师对本土音乐文化进行详细的梳理和分析，要熟练把握开发课程的内容，这使音乐校本课程的开发确立了教师的专业自主的地位，赋予了教师开发课程的权力和责任。"因此音乐校本课程开发对音乐教师的课程意识和专业素养提出了更高的要求，同时也为教师专业发展提供了广阔的空间，因而有助于教师专业发展水平和能力的不断提高。"[1]

一、更新教育理念

教育理念是指导教育行为的思想观念和精神追求。只要有教育行为发生，就一定有教育理念在起作用。对于教师来说，具有先进的教育理念，是素质优秀的基本要求。在新课程改革背景下，具有与时俱进的教育思想是时代的要求。故步自封、保守、陈旧的教育观念必然滞后于现代教育。教师应在自我反思、同伴互助、专家引领等校本研修的形式下，主动抛弃陈旧落后的教育观念，结合新课程改革，不断学习先进的教育思想，树立以人为本的观念，秉承"一切为了学生发展，一切为了学生成长"的办学理念，紧扣时代脉搏，走校本研修之路。

（一）更新教育理念的必要性

可以将教育理念简单地分成传统教育理念和现代教育理念，而从传统教育理念到现代教育理念的发展过程可以叫作教育理念的更新。传统教育理念主要以教师为主体，重在教师教了学生多少知识，而不是学生学了多少知识；教师以单向输出为主，忽略了学生对学习的兴趣，学生学习的主动性和积极性并没有真正地被调动起来。传统教育体现在教学方式上就显

---

[1] 安娜. 基于本土音乐文化的河北民歌校本课程开发 [D]. 石家庄：河北师范大学，2015：19.

得墨守成规，按部就班，以本为本，以纲为纲，照本宣科。虽然不能说传统教育是错误的，但是很显然已经开始不适用于现代教育。在这种情况下，我们迫切需要寻找一种适合现代教育的理念或者观念，以适应多元化的社会，适合多元发展的学生。教育理念的更新，是指寻找并学习与现代社会、现代经济、现代科技相适应的现代教育理念。教育理念的更新应该是一个寻找和摸索的过程，需要专业人士的引领。在校本研修的基本形式中，有自主学习式、观摩研讨式、案例教学式、练功竞赛式、师徒结对式、实践反思式、课题研讨式、专题讲座式、名师引领式、网络信息交流式等形式。校本研修在促进教师教育理念更新方面有以下三个特性。

1. 及时性

校本研修是一项时刻都在进行的研究，可以使教师在平时的教学过程中及时发现存在的问题，当然这就涉及教师教育理念的合适与否。如果教师的教育理念比较落后，就应该及时进行更新，从而达到与时俱进的目的。

2. 实用性

由于校本研修与教师在学校的教育活动联系紧密，一切研修结果都是结合实际的教育过程、师生之间的沟通而得到的。所以，由此产生的教育理念必定是具有一定实用性的。

3. 专业性

校本研修的过程是由教育专家进行引领，并且与从事教育的教师相互合作的过程。通过专业引领，用先进的教育理论对学校教师的研究进行引导。专业引领是校本研修向纵深发展的关键，其实质是理论对实践的指导。专家对教师的指导、引领、总结和提高，再加上教师用先进的教育理论武装自身，都使教师的教育理念不断获得更新和完善[1]。教育理念不是一成不变的。教师的教育理念必须与时俱进，否则必定会遭到淘汰。要更

---

[1] 邱惠群，余利芬，王林发. 校本研修的创新策略[M]. 重庆：西南师范大学出版社，2017：5.

新教师的教育理念，校本研修起着至关重要的作用。通过研修，教师的教育理念能够及时地向专业化的方向发生改变，去适应现代教育。

（二）教师课程理念的更新

教学过程主要由教材、教师、学生三大要素组成，相应地，教师在校本研修中教学理念的更新主要包括课程观、教学观、师生观三个方面的内容。

1. 更新教师的课程观

新一轮的课程改革绝不仅仅是一套教科书的更换，而是一场教育理念的更新、一次人才培养模式的转变。在这一更新换代的背景下，教师要围绕新课程标准，从学生的经验出发，重新对教材进行解读和处理，抛弃根深蒂固的"教参意识"，抛弃"眼睛盯着知识点、强求标准答案"的应试教育思想。新课程标准对学生知识掌握的要求体现了学习的基础性、普及性、发展性的要求，这需要教师通过跨年级、跨学科的合作才能完成。这种合作正体现了校本研修中通过同伴互助的方式进行教学的特点。教师同伴互助是课程改革下教师工作的新需要。在过去的教学中，教师"各扫门前雪"地教好本班学生就行；而校本研修下的教学倡导所有教师集思广益，改变过去故步自封的课程观念，共同为了全部学生的发展而献策献力，形成资源互补。

在过去的教学中，学生更多的是"接受性学习"，教师只注重把知识点教给学生，而忽视了学生的接受能力。新课程改革的条件下，学生的需要和兴趣才是教学的前提，对这种兴趣的了解、对相关情况的掌握需要教师之间的合作。这种合作意识的逐步形成正是校本研修中使教师走向专业化的重要途径。教师在校本研修的过程中应当不断更新课程观念、解读新课程标准，以学生为出发点，真正教授学生乐于接受、易于接受的知识，从而不断强化自身的知识结构。

2. 更新教师的教学观

长期以来，教学观固定在教师教书、学生读书的传统说法上，教师与学生之间有明显的界线。人们普遍认为，教书是教师的天职，读书是学生的本分，因此，在教学中便形成了以书本为中心、教师为中心、课堂为中心的"三中心"现象。学校片面追求升学率、教师更多地是传授应试技巧而非知识、学生追求高分等背离教育方针的思想行为严重阻碍了教育改革的步伐，使得培养学生实践能力和创新思维的意愿难以实现。教师在这种消极的教学观的影响下忽视了以学生为本的教学理念，甚至出现"教书不教人"的现象，认为经验压倒一切。然而，若教师空有经验而不对经验进行深入的反思，那么即使拥有再丰富的教学经验，其教学工作也只不过是在机械地重复。美国心理学家波斯纳提出过一个著名公式：教师成长＝经验＋反思，这充分说明了校本研修中教学反思的重要性。自主研修反思是教师与自我的对话，教师只有善于从经验中吸取教训，善于从经验中反思，才能成为一名真正"以学生为本"的教师❶。教师在校本研修中要通过自主研修反思来提高自身的专业化水平。教师以自己的教学活动过程为思考对象，对自己的某种教学行为、决策以及由此产生的结果进行审视和分析，这就是教师的自主研修反思。教师可以通过写课后教案、写反思札记、观摩公开课等来反思自身的教学行为，逐步改善教学观念、总结教学经验，培养学习、研究的意识，从而更好地实现教学理论与教学实践的结合，最终提高自身的教学能力和水平。

3. 更新教师的师生观

受几千年封建制度的影响，中国教育形成了"教师权威不可侵犯"的教师地位观和师生关系观。所以，课堂上许多教师不愿意倾听学生的心声，不尊重学生的意愿，习惯了随意扼杀学生的自主性。这种不和谐的师生关系缺乏情感的维系，使学生对教师总带有一种畏惧、戒备、排斥的心理。而这种心理显然不利于教师正常的教学活动，更不利于教师教育能力和水平的提高。校本研修以提高教师的教学能力和水平为主，而教师的教学能力和水平主要靠教学效率来体现。教学效率的高或低则取决于教师在课前的准备工作是否到位。教师做课前准备时需要走近学生，了解学生对

---

❶ 王玮. 校本课程开发的理念与实践［M］. 兰州：甘肃人民出版社，2008：81.

知识的初步认识，倾听学生想要了解什么、获得什么。在这个过程中，教师与学生之间便形成了一种平等和谐的关系。一旦学生体验到"被尊重"，学习的主动性和积极性也相应地会有所提高，在课堂上的反应也会更加活跃。教师要与学生建立一种"课内是师生，课外是朋友"的民主师生关系，这种新型的师生关系不仅能够提高课堂的学习效率，还能营造民主和谐的课堂教学氛围，同时也是对原有"师道尊严"观念的一种突破。

二、提高校本研修能力

校本研修已成为教师提高自身业务素质和促使自身专业化成长的内在需求。走专业化成长之路，由"教书匠"向学者型、专家型教师发展，已成为当今很多教师的追求。教师的职责是"传道、授业、解惑"。要提高教师的教学专业素养，就要提高教师的教学水平，这是成为优秀教师的首要基础。一名教师的教学能力能够直接地反映出他的专业素养。教学能力通常包括教学设计能力、语言表达能力、板书设计能力、应用理论能力等。可以说这些能力都是教师必备的基本功，但是要做好并不容易，特别是对于新教师来说，教师的教学能力也能直接影响到学生的学习态度。拥有卓越教学能力的教师通常可以让学生从"要我学"转变为"我要学"，从被动学习转变为主动学习，这正体现了新课程的以学生为本的教育思想[1]。只要能够在课堂上调动学生的积极性、让学生爱上课，这样的教学就是成功的校本研修，是提高教师教学能力的重要途径。校本研修就是针对教学过程中发现的某些教学问题，并在教学过程中以追踪问题缘由或汲取他人经验的方式来解决问题，从而使教师的教学能力在这个过程中得到一定的发展。

校本研修的主要目的不是为了验证某个教育理论，而是"为了教育"，重点在于解决教学中存在的实际问题而提高教学能力和教学效率。校本研修主要是研究学科教学问题，而不是研究教学外的问题；是研究在教室里

---

[1] 王一军，吕林海. 中国校本课程开发案例丛书［M］. 上海：华东师范大学出版社，2008：329.

发生的教学问题，而不是研究教室外发生的问题；是研究如何解决运用教学理论指导教学实践过程中发生的问题，而不是研究如何运用理论探讨问题。校本研修所研究的问题来源于教学实践，其成果也还须应用到教学实践中。概括地说，校本研修就是为了提高教师的教学能力，改进学科教学，提高学科质量，依托学校自身的资源优势和特色进行的教育研究活动。

校本研修的主体是教师，教师即研究者。教师在教学过程中发现问题、明确问题并以此作为自己的研究课题。教师以研究者的身份投身于教学实践中，以研究者的眼光审视和分析教学理论，对在教学实践过程中出现的问题进行研究，对积累的经验进行总结，并最终形成规律性、普遍性的认识。如何让教师提高教学能力，这也是校本研修的一个重要研究目的。教师的教学能力可以细分为教学设计能力、语言表达能力、板书设计能力、应用理论能力。

三、完善各项教学能力

（一）教学设计能力

进行校本研修的根本目的是为了学生的发展，教师的教学设计能力与学生的学习积极性直接相关。教师的教学设计新颖有趣，就能调动学生学习的积极性，从而激活课堂，让学生学得快乐而有效。反之，教师的教学设计单调乏味，没能切合学生的学习兴趣，学生的学习效果则较差。教师在校本研修中通过自主思考、反思教学设计上存在的亮点与不足，能够为以后的教学做好准备。教学设计包括教学内容设计和教学方式设计❶。教学内容的最终目的是要让学生理解，生搬硬套、照本宣科肯定不是好办法。这就需要教师去设计，去把死板的模式设计成学生喜欢的模式，并艺术地呈现出来，这是一种能力的提升。在校本研修中有一项内容是教学基本功研修，教师可以通过听课、评课、座谈等方式去向其他人学习，取长补短。

---

❶ 奚晓晶. 校本课程之科目设计 [M]. 上海：上海科技教育出版社，2011：234.

（二）语言表达能力

教学常规研修"备、讲、批、辅、检"中的"讲"就是让教师锻炼语言的表达能力❶。校本研修主张教师亲自参与实践教研活动，活动中人人都有发言权，发言不再是个别骨干教师或教研组长的"专利"，广大教师不再身处校本教研和具体教学实践之外，而是融入了群体性的合作研究共同体之中，教师之间的交流与互助、教师与专家之间的互动与合作，都能够有效地促进教师表达能力的提升，这有助于教师在课堂中简洁阐述、生动表达，从而提高教学效率。

（三）电子课件和板书设计能力

教师设计色彩鲜明、声像结合的电子课件，无疑对提升课堂教学效果是大有裨益的。在电子课件被广泛应用的今天，板书的设计能力便显得难能可贵。板书作为教师在课堂上的一种总结方式，其重要性非常明显。很多学生可能上课走神没有跟着教师的思路去听，就会有知识的空白点，没听的那一段会似懂非懂。这时如果教师的板书设计得好，学生就可以从板书中获取他所需要的知识进行补充。"兴趣是最好的老师"，教师如果通过图文并茂的方式，提高板书的美感，可以使学生在板书中发现学习的乐趣。

四、具备相应的专业品格

音乐校本课程的实施要求教师具备相关的专业品格，具有适当的知识与经验，拥有必需的课程技能。作为学校教育事业的主体，教师及其研究团队，是课程校本化主体中的主体，他们是在教育教学实践中研究和实现课程校本化的主体。在实践层面，教师主要是围绕学生的成长需要，开发课程中蕴含的生命活力，并激活和沟通文本与多重生命的关系：与原创者生命实践之间的沟通；与当代现实生活的沟通；与学生生活经验和发展需

---

❶ 邱惠群，余利芬，王林发.校本研修的创新策略［M］.重庆：西南师范大学出版社，2017：13.

要的沟通；与组织文本的智慧生命的沟通。教师要以"听说评课"等方式，研讨教学设计如何提高针对性、如何有效地螺旋结构化；在日常的教育教学中研究学生的成长需要，从而在教学过程中创造性地落实开放互动、环节递进、转化生成，在课程校本化的过程中打造出学校独特的教育文化。在理论层面，教师要结合本校情况，广泛了解国内外有关的历史与当代研究，体悟其蕴含的深层教育教学理念，在创造性实践中研究，在研究性实践中锤炼教育人生的智慧，并逐渐形成独特的教师文化。❶ 具体要求有以下四个方面。

（一）实现教师角色转变

原来的教师是课程的执行者，现在研发校本课程，教师不仅要做执行者，还要设计教学目标、确立课程内容、有效实施课程、完善课程评价。研发校本课程为教师的成长打开了一扇窗，使教师从传授知识转变为知识的学习者、引领者，教师在不断地补充着新知识，深感只有不断学习才能适应教育改革的需要。

（二）丰富教师专业知识

研发校本课程，让教师在共同参与中找到新的认同、形成新的共识。在研发校本课程过程中，教师要虚心地向有经验的教师学习，向书本学习，向专家学习，向同事学习，在合作中共同收集、整理信息，共同讨论分析，实现了共同发展。

教师应切实掌握音乐校本课程开发技术，通过参与专题讲座、工作坊、主题教研等掌握课程开发、方案撰写的技术要领。这不仅有助于教师发现课程开发中存在的问题，厘清思路，还有助于同行之间分享、交流。同时，一份展现技术要领的校本课程设计方案能最大限度地减少教学过程中的不稳定性，避免教师流失带来的课程断层，为学校课程持续发展留存"核心能力"。因此，教师应有意识地掌握方案中诸要素的表述技术，以此

---

❶ 黄春梅，司晓宏. 从校本课程到课程校本化——我国学校课程开发自主权探寻 [J]. 中国教育学刊，2013（3）：30.

为抓手不断反思、调整、完善课程方案。此外，"专业化"不是"标准化"，一份课程方案要"出彩"就要超出常规框架，博采众长，积极整合校内外可以利用的课程资源，挖掘时代感强、学生感兴趣且蕴含丰富教育意义的教学素材。应通过协作尤其是跨学科协作实现学科知识沟通融合，拓展、丰富课程方案的教育价值。除了校内协作外，还须加强学校与其他院校、科研机构、社区及社会团体的协作，形成常态化的协作机制，打破实践惰性与制度壁垒，真正让校本课程方案"出彩"。

（三）提升教师专业能力

校本课程的实施，让教师明确了发展的目标，教师更加注重研究，注重课堂实践。在音乐校本课程实施的过程中，教师开始向专家型教师转变。音乐校本课程的研发推动着教师成为教育的探索者，在提升教师专业能力方面起到了很好的促进作用。音乐校本课程研修还可通过以案例为支撑的情境学习生成教师经验。这为教师在理论与实践之间架设了一座桥梁。以案例为支撑的情境学习主要有以下三个环节。首先，进行案例开发。在开展校本研修的过程中，要求教师把在教学过程中有感触的教育事件记录下来，将教师自己感触最深的情节开发成情境学习案例。其次，进行案例对话。教师根据音乐校本研修的主题，运用所学理论知识，联系本校和自身实际，就案例中的疑难问题进行广泛而深入的研讨。最后，进行案例总结。

（四）增强教师职业幸福感

教师职业的幸福来源于自身对教师职业的理解。通过校本课程的开发与实施，教师能够重新认识自己，为实现专业发展超越自我。教师已经把专业发展作为学习的动力，积淀着教育教学的底气，在专业化成长的道路上，用积极的心态、扎实的学习、深刻的反思、密切的合作，诠释着教师的职业精神，实现着教师新的自我价值，增强教师自身的使命感和责任感，在工作中不断地凸显着教师的人格魅力和学识魅力，并从教育教学工作中寻找到职业的幸福，在幸福中体验着专业发展。

第六章　区域音乐校本课程开发的设计与步骤

区域音乐校本课程的设计是组织课程的重要一步。组织音乐校本课程是指从音乐校本课程的目标出发，对音乐校本课程的内容材料进行设计和编制的过程。组织音乐校本课程分为两个平行的步骤，即设计音乐校本课程方案与选编音乐校本课程内容。音乐校本课程开发的方案具体包括课程目标的拟定、课程计划的编写。音乐校本课程目标的拟定至少包括两项互相联系的工作：一项是针对教师专业发展目标及其相应的开发成果；另一项是针对学生的课程目标。也就是说，音乐校本课程的开发不仅要促进学生的发展，同样也要促进教师的发展。一般来说，课程目标可以分为一般目标和具体目标。一般目标，即教育目的，它是整个教育系统价值基础的体现。具体目标要尽可能地陈述在学习过程结束时应该获得的能力和态度。在音乐校本课程开发活动中，具体目标的制定应该侧重于清楚呈现出音乐课程结束后希望学生在能力或态度上发生什么样的变化，同时校本课程开发人员也不能疏忽学校的一般目标，要关注不同学生的学习需求、发展的水平和潜能的差异，尽可能地尊重学生，满足他们对课程不同层次的需求。

第一节　课程开发的方案设计

音乐校本课程方案分为学校层面的方案和教师层面方案两个部分，学校层面的音乐校本课程方案是课程小组对音乐学科校本课程的总体规划；

教师层面的音乐校本课程方案是音乐教师就自己所负责的某一部分音乐校本课程内容或音乐校本课程的某一领域在实施上的规划。学校层面的音乐课程方案和教师层面的音乐校本课程方案共同构成音乐校本课程方案的文本，用于规范学校的音乐校本课程的实施。

一、学校层面的课程方案设计

学校层面的音乐校本课程方案是学校关于音乐校本课程开发的总体思路的概括性描述，一般分为课程说明、课程结构、支持系统、选课说明四个部分。

（一）课程说明

课程说明是就所开发的音乐校本课程的相关情况所做的总体性介绍。课程说明一般包括以下五个方面的内容。

①音乐校本课程开发的动机，对为什么要开发音乐校本课程进行说明。

②说明本校音乐校本课程开发的政策依据，即音乐校本课程开发的政策空间，包括国家的三级课程管理政策及其在本地区的落实情况。

③本校学生的音乐学习需求与特点，即音乐校本课程开发的需求空间。

④资源条件说明，即学校所拥有的音乐校本课程开发的资源条件，包括音乐课程材料资源、师资、课程开发过程中所必需的物质条件等，主要在于说明本校音乐校本课程开发的现实基础与条件。

⑤对本校音乐校本课程开发的思路进行说明，即简要说明如何进行音乐校本课程的开发。

（二）课程结构

随着音乐校本课程开发的进一步深入或在规模较大的学校，音乐校本课程为了尽量满足各类学生的音乐学习需求，所开发的课程主题也会越来越多，以便学生进行选择。对在课程开发方案中所开发的多样化的音乐校本课程内容按不同性质进行分类，会形成不同的结构体系，明确不同体系音乐校本课程所侧重的目标，既便于学生选课，又便于音乐校本课程的管

第六章　区域音乐校本课程开发的设计与步骤

理。另外，对音乐校本课程进行结构划分，还可以借此发现学生音乐需求上的结构性特点，包括某种偏向和缺失等，与国家课程和地方课程形成比较。

（三）支持系统

音乐校本课程的支持系统是指为了能使音乐校本课程开发活动顺利实施所必需的一系列保障措施。一般来说，音乐校本课程开发的支持系统可以从政策、资源、学校行政等方面加以说明。政策支持包括国家的课程政策以及地方出台的课程管理与实施制度等，支持系统应首先从政策方面对音乐校本课程开发的政策空间进行说明；资源支持包括了课程领域的信息、所争取的校外专家等人力资源、音乐校本课程资源等；学校行政支持应说明学校在音乐校本课程开发过程中所提供的各种人力、物力、财力等支持措施。音乐校本课程方案对支持系统所做的说明，实质上也是一个对本校音乐课程开发从政策、资源和条件等方面的一个必要的论证。作为校本课程开发方案的一个重要组成部分，既用于指导课程开发活动，也便于音乐校本课程的管理。

（四）选课说明

为了便于学生选课，在音乐校本课程方案中必须对所开设的音乐校本课程从课程目录、每一门课程的介绍、选课的方法等方面进行尽可能简洁明了、通俗易懂的介绍和说明。学生选课是校本课程进入实施的重要环节，特别是在中学阶段，由于所开发的音乐校本课程往往不是单一门类的课程，所以选课说明对学生能否真正选到自己感兴趣的课程起着很重要的作用。在小学阶段，是否有必要选课以及选课的具体形式可以根据学校的实际情况而定。学校应该为学生学习音乐校本课程提供必要的帮助，使所开发的音乐校本课程真正地发挥作用。

作为学校音乐校本课程的总体框架，学校层面的音乐校本课程方案应围绕课程说明、课程结构、支持系统、选课说明四个部分对音乐校本课程开发的目标、依据、内容框架、保障体系以及学生如何选课等方面进行简明扼要的介绍和说明，用于指导音乐校本课程的实施。

二、教师层面的教学方案设计

与学校层面的音乐校本课程方案相比，教师层面的音乐校本课程方案更加关注比较具体的音乐校本课程教学实施。学校层面的音乐校本课程方案主要侧重于总体规划，教师层面的音乐校本课程方案则侧重于某个项目的具体操作。一般来说，教师层面的音乐校本课程方案包括两个基本部分，即课程纲要和教学计划。

（一）课程纲要

课程纲要在内容上包括课程信息和具体方案。课程信息是对本人所负责的音乐校本课程内容或板块从课程性质、教学材料、开课教师、学习时限，以及参加学习的对象等方面加以简要说明。具体方案是教师就负责的音乐校本课程所做的总体安排，在设计上包括课程目标、课程内容、实施说明、考核评价说明四个部分的内容。课程目标的表述一般有三项至五项即可，文字力求简洁、具体、清楚；课程内容方面主要在于说明本人所负责的专题、教学内容或音乐活动项目，以及它们之间相互衔接的关系；实施说明主要应就教学的主要方法、组织形式、课时、教学场地与设施、班级的规模等进行介绍；考核评价主要说明考核方式、成绩构成等。

（二）教学计划

教学计划是组织教学过程，安排教学任务的基本依据。教师层面的音乐校本课程方案中的教学计划分为两个层次：学期教学计划和单元教学计划。学期教学计划是对一学期的音乐校本课程内容在教学安排上进行的规划。它是一学期音乐校本课程教学顺序的具体安排和根据，是制订音乐校本课程单元计划和编制音乐校本课时计划的依据。一般来说，音乐校本课程学期计划的基本内容包括以下四个部分。

①本学期基本情况分析：例如，参加学习的学生情况分析，教学条件分析，本学期需完成的音乐校本课程内容、教学重点和难点分析。

②教学指导思想：根据以上分析，制定本学期音乐校本课程教学工作的任务、要达到的目标和工作的方针、原则。

③教学内容和进度安排：可用表格的形式列出时间进度、教学内容、重点和难点，以及侧重点等。

④具体实施措施：侧重于教学手段的介绍。例如，如何创设音乐校本课程的学习环境，如何了解学生对教学的意见和要求以便及时调整教学，如何加强学习方法指导和提高学习效率，以及学习结果的评价方式，等等。

音乐校本课程单元教学计划是在学期教学计划的基础上根据具体单元内容而制订的，是对音乐校本课程的某一项教学内容从教学目标、重点、难点、教学方法和手段、教学步骤、教学组织形式、教学评价等方面，按照课次相互衔接、科学系统地进行编排的计划。反映教师对本单元校本课程内容教学的整体构思和设计是音乐校本课程学期计划的具体化。音乐校本课程单元教学计划的制订步骤一般为：首先，确定单元教学目标；其次，确定本单元每一课的内容、目标、重难点、教学方法或形式；最后，在单元内容教学结束后进行单元教学评价，检验音乐校本课程单元教学目标是否实现。

总之，设计音乐校本课程方案是组织音乐校本课程的重要步骤之一。音乐校本课程方案的文本，不仅从宏观上对规范学校的音乐校本课程开发起重要作用，同时也为音乐校本课程开发的评价提供了文本依据。

三、选编音乐校本课程内容

课程内容是课程目标的具体化，它在课程中居于核心地位，"是一系列比较系统的直接经验和间接经验的总和，是根据课程目标从人类的经验体系中选择出来，并按照一定的逻辑顺序组织排列而成的知识和经验体系"。[1] 课程内容作为课程结构的重要组成部分，与课程目标之间具有紧密的联系：课程内容的选定以课程目标为依据，并体现课程目标的要求；而课程内容的选择是否合理反过来制约着课程目标的实现。音乐校本课程内容是为了实现音乐校本课程目标要求学生必须加以学习或演练的音乐知

---

[1] 廖哲勋，田慧生. 课程新论 [M]. 北京：教育科学出版社，2003：52.

识、技能，以及获得音乐审美体验所必需的音乐行为经验。

一般来说，无论何种类型的课程开发，都必须考虑以下三个制约因素，即社会发展、学生需求和学科知识体系。只是不同的课程开发模式对这三个方面的侧重有所不同。由于音乐校本课程开发是基于"以学生为本"的课程理念，因此更加重视学生的音乐学习需求，特别是学生个体的差异性的音乐学习需求。人本主义课程论认为，自我实现是个体生长的基本需求，课程设置和内容选择的基本出发点就是受教育者自我实现的基本需求，强调课程满足受教育者自我实现的需求，主张课程的功能是要为每一个学习者提供有助于个人自由发展的、有内在激励的经验。音乐校本课程内容的选编实质上是一个根据校本课程目标对音乐课程内容资源进行分析、判断并进行优先选择的过程。在学校音乐教育中，由于我们无法把音乐文化的一切组成部分都囊括在课程之内，所以必须对音乐课程内容进行有目的的选择和设计，而这种选择的首要依据就是音乐校本课程目标。因为，校本课程开发的目的是为了解决特定的学校中具体存在的教育问题，一般来说，校本课程目标在制定时已经对学校的音乐教育情境进行过全面、详细的分析，了解了国家统一课程所无法解决的学生音乐学习兴趣、需求，以及学校的音乐教育资源情况。音乐校本课程目标已最大限度地澄清了通过音乐校本课程开发活动使学生在音乐能力和态度上发生我们希望获得的变化，根据校本课程目标进行校本课程内容的选择，就会有的放矢，事半功倍。

学生的身心发展固然需要多方面的营养供给，但并不是越多越好，关键在于各方面的平衡，这是保证学生身心和谐发展的必要条件。因此，学校的课程设置不仅要考虑开设哪些科目，而且更重要的是要周密地结合、配置课程菜单。这包括适当的课时比例、合理的顺序、可沟通的层次及互补的组合。❶

①单一课程＋综合课程。如"音乐学科课程＋综合的学科课程"（舞蹈、美术等），"音乐活动实践课程＋综合的活动实践活动课程"，以及它

---

❶ 徐玉珍. 校本课程开发的理论与案例［M］. 北京：人民教育出版社，2003：84.

们之间的交叉组合，旨在实现局部与整体、分析与综合的结合❶。

②音乐必修课程＋音乐选修课程。旨在实现统一要求与个人需求的结合，一般目标与分层目标的结合。

③音乐系统课程＋音乐微型课程。旨在实现广度与深度的结合，长期与短期的结合，课程内容、教师能力与学生兴趣的结合。

④音乐基础课程＋拓展型课程＋研究型课程。旨在实现音乐基础知识类型的技术拓展，延伸至研究性课程的开发，实现知识型、实践型与研究型的课程结合。

⑤音乐文本课程＋网络课程。这是指传统的文本载体的课程与现代的超文本载体的课程的结合❷。旨在强调校本课程开发一定要充分利用现代信息社会的新科技成果。

在具体的实施过程中，我们先依据音乐校本课程目标对相关素材进行价值的分析和判断，对这些音乐素材的选择与使用是否有利于满足学生音乐需求、发展音乐兴趣，以及音乐知识、技能的获得与音乐文化知识的传递，进而判断它们在完成音乐校本课程目标上的作用，是否具有典型的学习意义；再根据学生的身心特点分析拟选用的音乐素材是否适合学生的身心发展，有无可能被学生接受和内化，使学生获得审美体验。

在学校层面的校本课程的结构设计，可以以横向和纵向两个维度为主来考虑。其中，在横向维度上的重点是主题领域覆盖，在纵向维度上的重点是年段梯度衔接。音乐校本课程涉及的主题大致包括五个方面：反映学生兴趣、特长、综合素质和身心健康等个性发展的主题；反映时代发展需要的新的素质如表达、合作、宽容、创新等方面的主题；反映学校特色发展的主题；反映民族、民俗、社区、环境等地方文化与自然的主题；其他对学生发展有重要价值而国家课程又难以涉及的主题。需要强调的是，学校的音乐校本课程对于上述五个方面并不一定要面面俱到，可以选择其中

---

❶ 靳玉乐．校本课程开发的理念与策略［M］．成都：四川教育出版社，2006：153．

❷ 徐玉珍．校本课程开发的理论与案例［M］．北京：人民教育出版社，2003：61．

某个或某几个方面的子项目作为主题领域。通过主题领域覆盖分析，可以看出校本课程所涵盖的内容结构分布，比如集中在哪个或哪些领域、具有哪些优势或特色、哪些领域是缺失的、有哪些劣势或短板等。这样积累一段时间之后，学校就能够描述校本课程发展的主题领域变化轨迹，甚至可以据此分析和预测音乐校本课程的发展趋势或学生学习校本课程的兴趣点和生长点，从而在主题领域覆盖方面不断进行改进。

音乐校本课程的结构设计在纵向上应主要考虑年段梯度衔接的问题。年段梯度衔接是指把横向上的主题领域在纵向上由低年级向高年级形成与学生年龄特点、兴趣爱好和学习基础相适应的校本课程序列。这个序列的梯度既可以是不同的主题按照从易到难，从低年段到高年段进行安排，也可以是同一主题按照从易到难分别在低年段、中年段和高年段开设。需要注意的是，无论是不同主题或是同一个主题从低年级开到高年级，应该尽可能地为学生提供可以有所选择的主题活动，特别是当学生不愿意就同一个主题从第一学期学到第二学期、从低年级学到高年级时，学校应该尽量为他们提供替代性的课程选项。通过年段梯度分析，可以看出音乐校本课程的年段主题分布情况，并据此描述校本课程的年段特征，分析和预测不同年段学生学习校本课程的具体变化，从而在年段梯度衔接方面不断进行改进。❶

此外，音乐校本课程的结构设计还可以按照学生选课的自由度来考虑，如将具体的校本课程分为必修、限制性选修和任意选修等类别。如果能够把校本课程的整体结构按照音乐主题领域覆盖、年段梯度衔接和学生选课自由度来综合设计和安排，就可以实现音乐校本课程的调节、补充和拓展功能，体现学校独特的教育哲学思想，为促进学生更加富有个性的健全发展提供有效的技术支撑。

---

❶ 刘沛. 音乐教育的实践与理论研究 [M]. 上海：上海音乐出版社，2004：12.

第二节 课程开发的实施步骤

音乐校本课程实施是一个把音乐校本课程文本付之于实践的过程，它是达到预期的音乐校本课程目标的重要一环，同时也是一个对音乐校本课程文本进行检验和改进的过程。音乐校本课程实施与教学有着内在的统一性和密切的联系，音乐校本课程编制完成以后，课程目标的实现主要有赖于音乐教学活动来达成，音乐校本课程的实施能否真正有效，在最终意义上取决于音乐校本课程实施的主要环节。但音乐校本课程实施又不只等同于教学。从更大的范围来说，音乐校本课程实施涉及整个学校音乐教育系统的变化，小到学校的课时安排、课程资源与行政支持等。由此可见，音乐校本课程实施的内涵和范围比教学更广，音乐校本课程实施作为一个把音乐校本课程计划或方案付诸实践的过程，在这个过程中校本课程的教学活动只是其中的一部分。除此之外，音乐校本课程的实施还包括音乐校本课程教学前的组织学生选课、组班，教学后的分析、总结与对音乐校本课程改进、完善等，教学无法取代音乐校本课程实施的其他环节。因此，不能将音乐校本课程实施等同于教学。

一、协调整合"教"与"学"

传统观念认为，教学即教师的"教"和学生的"学"的过程的统一。新型的教学理论认为，教学的本质是教师与学生围绕特定主题的交流过程，也就是说，教师的"教"与学生的"学"的统一的实质是交流。我国课程与教学论专家张华先生指出这一特征包括两个方面的含义[1]：

第一，教师与学生是"交互主体的关系"。教师与学生互为教学过程的主体，即新课程改革过程中强调的"教""学"双主体。在教学过程中，教师基于其成熟的经验、知识、技能、能力方面发展早于学生的现实，在

---

[1] 张华. 课程与教学论[M]. 上海：上海教育出版社，2000：18.

教学过程中担负着组织者、引导者、促进者的角色，从这方面来说，教师是主体。但是，学生作为独立的个体，有自己独特的价值观念和精神世界，学生应该自由、自主和民主地参与课堂教学，在教学过程中有选择的权利和创造性地表现自我的权利，因而学生也是教学中的另一主体。另外，教师与学生这两类不同主体彼此之间在尊重差异的前提下展开持续的交流，持续地发生交互作用，形成"学习共同体"。在这种共同体中，教师与学生之间，学生与学生之间，彼此相互尊重，展开自由交往和民主对话，由此把课堂变成一个真正的"生活世界"。在"生活世界"中，每个人的创造性和潜能得以发挥，主体与主体在持续交流中生成"交互主体性"。

第二，围绕特定主题而展开的教师与学生之间的交流，其组织形式是多样化的。作为学校教育基本构成的教学交流，其组织形式不只局限于课堂，课堂教学只是其基本的组织形式之一，教学交流还有其他途径，如教师指导下的学生针对某种主题的探究以及各种社会实践等。教师应根据不同的教材内容转换不同的授课思维和方式，让学生在课堂上真正"动"起来。对区域乡土音乐的教学，教师上课方式要灵活，用区域的方言来进行授课，无论声乐课或欣赏课都要把知识技能和情感表达相交融，重视学生课堂的参与度和创造力，让学生在课堂真正舞动起来。在教师的带领下学生可以当老师，也可以分小组讨论。教师要以口传心授的形式带领学生学习地道的家乡音乐。学生喜欢节奏感强和带有特色的音乐，因此课堂教学还应该加入器乐。学生因心理和生理具有特殊性，他们喜欢在音乐课上情不自禁地大喊大叫，我们应该理性看待学生在音乐课堂上的"闹"，经过笔者与几个班学生的交流后发现他们喜欢音乐课，也喜欢上音乐课，但是真正学东西的时候会反感，针对以上情况，老师一般不应批评，要用正能量去引导学生。教师应有声有色地教授具有时代特色的现代代表作品，突出传统文化传承和时代变迁的结合，强调"乡音、乡情、乡土"的文化味。教师应从欣赏、演唱、创造等方面启迪、引导学生，感知、体验风格多样的乡土音乐文化。

二、建立灵活多样的评价体系

因为音乐测试的成绩不被纳入升学考试的总成绩中,所以学校都不太重视音乐校本课程。从理论上来讲各学校所开发的音乐校本课程可以取消考试等形式的评价标准,但笔者认为学校既然开设了一套独立的特色课程,那么就要建立一套灵活轻松的评价机制来衡量教学的质量,这个评价体系要根据不同学校的特点,针对不同阶段不同程度的学生制定相应的评价方式,主要以个人舞台展现等形式来进行考核,做到既不失严谨又不拘泥成绩,可以小组、班级、年级或全班形式来定期和分阶段地进行才艺演出、汇报演出等,这种切身参与的考核方式可以更好地让学生体验乡土音乐文化的风格多样性。

三、不断调整课程安排

我们应该把授课时间和授课进度有计划、有周期、有规律地具体到每节音乐课上。既然开发了校本课程,校方就应该引起重视并保证相应的课时,要在每节音乐课的授课计划完成时,应利用最后的 10~15 分钟把它穿插到音乐课堂里,这样既可以调节学生的学习状态又能给课堂注入新的活力,我们要把校本课程与其他文化课安排得错落有致,不增加或延迟正常的上课时间,这样张弛有度的传授可以一点一滴地使学生受到艺术熏陶。课程实施过程中教师对课程的态度直接影响课程的预期目标的实现。从有关课程实施的研究结果来看,课程实施过程中存在三种不同的价值取向,即忠实取向、相互适应取向和课程创新取向。但是,看起来相互适应取向似乎兼顾了课程改革的组织者、决策者的意志和课程实施者——教师的能动作用,但基于不同层面、不同主体的适应本身比较模糊,带有调和、折中主义的色彩。课程的决策者和实施者各自在课堂实施中的地位、各自的优点在调和的过程中不可避免地具有了局限性,甚至面目全非。

四、按照活动类型进行开发

音乐校本课程开发分为"学校内部自发"和"回应外部指令"两大

类。埃格尔斯顿认为，校本课程开发可分为"在全国课程框架内"和"超越全国课程框架"两大类。布雷迪认为，可以从"活动类型"和"参与成员"两个维度对校本课程开发进行分类。不同学校可以根据不同的具体情况进行决策，确立自己的校本课程开发活动类型，以便更好地推动校本课程开发的顺利进行。下面从课程开发的具体活动模式的角度，简要对校本课程开发活动的实施类型进行分析。校本课程开发所采用的具体模式主要有课程选择、课程改编、课程整合、课程补充和课程新编五个类型。

①课程选择。这是音乐校本课程开发活动普遍采用的方式，是指从众多可能的项目中决定学校付诸实施的课程计划的过程[1]。课程选择有多种层次和方法，其中最综合的选择形式是课程计划中的科目选择。具备校本课程开发集中的教育系统都会为学校提供一系列的项目清单，学校要从中选择他们所要开设的科目。

②课程改编。课程改编是指针对音乐课程内的不足进行学程上的修改。在校本课程开发中的课程改编是指教师根据他们具体的课堂情境适度调整改善音乐课程目标和课程内容。

③课程整合。课程整合是指超越学科之间的界限，以某个主题或问题为核心安排课程。其目的是为了减少知识的分割，淡化学科之间的界限。

④课程补充。课程补充是指以提高国家课程的教学成效而进行的音乐课程材料的开发活动。这些课程资源可以矫正现有音乐课程资料中的错误，也可作为现有课程资料的补充。教师在选择教具或乐器的过程中，必须保证课程教具或乐器的科学性[2]。

⑤课程新编。课程新编是指开发全新的课程板块和课程单元，如学校的特色乐器班、地方的民歌或戏曲等。

按照课程选择、课程改变、课程整合、课程补充、课程新编这样一个顺序，我们可以看出，学校的课程自主权是在递增的；而对于教师来说，

---

[1] 靳玉乐. 校本课程开发的理念与策略 [M]. 成都：四川教育出版社，2006：155.

[2] 范蔚，李保庆. 校本课程论发展与创新 [M]. 北京：人民教育出版社，2011：186.

从课程选择到课程新编，参与开发课程的难度也在逐渐加大。具体到音乐学科来说，实践性本来就是音乐学科的重要特点之一，音乐知识、技能的获取与提高，音乐审美体验的生成，在很大程度上来源于音乐实践。音乐学科的实践性特点和校本课程的实践性要求决定了音乐校本课程的教学形式应以实践为其主要方式，教学组织上应突破单一的课堂形式，积极组织和引导学生以行动研究的形式进行有关专题的学习、探究，以及音乐实践活动的参与，在亲身参与中获得对特定音乐文化的认知，获得相应的音乐审美体验。

总之，音乐校本课程实施是音乐校本课程开发程序中的重要步骤，澄清音乐校本课程实施中的相关概念及其影响因素，是使音乐校本课程实施得以顺利进行的保证。可以这么认为，校本课程教学更能体现这一新型教学理论所倡导的理念，因为"校本课程大多属于实践性课程，它不以系统知识为基本内容，也不以读书、听讲为主要学习方式，而是围绕学生需要研讨和解决的问题来组织多样性、动态性的课程资源，引导学生在调查研究、讨论探究等活动中进行生动活泼的学习"。校本课程所具有的实践性特点是由构成校本课程内在结构的三种基本成分之间的差异所决定的。课程专家廖哲勋指出："校本课程以贯彻学校的办学宗旨和促进学生认知、情感、行为的充分协调、各有特色的发展为主要目标，以综合性信息和直接经验为主要内容，以学生自主参与的实际操作、评论创作、调查研究、问题研究和社会服务等活动为主要学习方式。"❶ 由这样三种成分组成的校本课程，实践性是其突出的特征。校本课程在促进学生的认知、情感、行为充分发展的过程中，把培养学生主体意识、合作意识、创新意识和动手能力、交往能力、收集处理信息的能力、发现与解决问题的能力作为重点。所以，它强调学生应在活动中学，注重直接体验和经验积累，反对重理论轻实践、重知识轻能力的倾向。

---

❶ 王斌华. 校本课程论［M］. 上海：上海教育出版社，2000：143.

第三节　课程开发的设计举措

区域音乐校本课程设计包括宏观设计、中观设计和微观设计三个层次，尽管不同层次的内容侧重点不一样，但本质是一样的。宏观设计，主要解决音乐校本课程的价值取向、根本目的、主要任务、基本结构等方面的问题。宏观设计所确定的课程价值取向、根本目的、主要任务、基本结构等的合理性是宏观评价的重点。中观设计主要解决音乐校本课程的课程标准，以及相应的教科书或其他载体表述方面的问题。根据所设置课程开发的课程标准，以及选择用于分解和表述该标准的材料或方法是中观评价的重点。微观设计主要解决音乐校本课程实施领域的问题，具体来说就是教师根据各种因素对中观设计所提出的课程标准重新进行设计，是实际执行的课程标准。微观设计是教师进行的创造性劳动，所提出的既定课程标准性和可操作性是该项评价的重点。

一、音乐游戏创设——区域音乐在小学音乐课的设计

在课堂教学中创设良好的音乐游戏方式给小学生营造了宽松自由氛围，是受小学生欢迎的一种活动。区域音乐中有许多富有特色的音乐游戏，比如"丢手绢""大网捕大鱼""跳房子"都是在我国北方地区广为流传的边唱边跳的音乐游戏。教师可以利用地方特色音乐创造设计学生喜爱的音乐游戏，让学生们广泛参与，在游戏中了解地方音乐。这样一来，音乐游戏就变成了一种带有自主性学习的活动。音乐游戏充分尊重了小学生的学习自主权，在活动中小学生能自主、宽松、自由而快乐的学习。鉴于这一点，如果能够尝试着将音乐游戏融入音乐课中，让小学生在丰富多彩的音乐活动中自主选择、自主探究、自主学习。根据小学生兴趣创设不同的音乐游戏，对促进小学生音乐节奏、乐感、艺术感受力、表现力等的培养具有积极的意义。

第六章　区域音乐校本课程开发的设计与步骤

（一）音乐游戏创设

在进行音乐教学活动时，我们可以发现有的小学生对音乐节奏较感兴趣，有的对歌唱活动较感兴趣，有的则对音乐游戏、合作表演较感兴趣。为了让小学生能根据自己的兴趣玩自己想玩的游戏，可以创设不同的活动区："唱吧""游戏吧""演艺吧""乐器吧"。"唱吧"区中，小学生可以拿着话筒尽情歌唱，也可选择自己喜欢的歌曲进行卡拉OK，多名小学生歌唱时可抽签决定唱哪一首歌曲。"游戏吧"中，小学生可以自主分配角色，自主选择戴上道具，根据音乐开展合作式音乐游戏。在活动中小学生的倾听能力、合作能力、变换动作能力、大胆表现能力得到锻炼，在一个个游戏中感受音乐游戏带来的魅力。"演艺吧"中，小学生可以选择自己喜欢的角色，穿上自己喜欢的衣服，随着视频自主模仿跳舞，也可以向同伴学习，这种学习演绎的氛围足以让"演艺吧"的小学生享受舞动的热情。"乐器吧"是专为爱好奥尔夫音乐的小学生开设的，小学生可随音乐进行有节奏的配乐，也可以看着图谱进行合作式演奏，让小学生充分探索奥尔夫乐器带来的和谐趣味演奏，感知每种乐器带来的不同感受。有了四个活动区的创设，小学生便可根据自己的喜好自由选择自己想去的活动区，感受不同活动区带来的快乐，在不同活动区中发展不同的音乐素养，使活动区中的各项活动及时满足学生需求。

（二）教师指导适时有效

如何提升小学生游戏水平及游戏能力，让小学生在原有音乐基础上有质的提升，除了小学生自己的探索学习、同伴间的相互学习外，更重要的还在于教师的引导。教师需要认真观察每个活动区游戏的学生，并认真做好记录，要观察音乐教学目标是否适合小学生，内容材料的安排是否合理、妥当。还要细心观察小学生在游戏中的表现，及时分析小学生在游戏中玩了什么，做了什么，有没有遇到困难，是否解决了，是怎样解决的，从而审视为小学生提供的游戏材料是否有效，还存在哪些问题等，确定以何种方式指导小学生游戏。

（三）游戏评价提升经验

每次游戏过后，小学生会有很多话想跟教师和同伴交流，包括分享快乐、遇到的困难，以及在游戏中发现的秘密等，所以活动结束后的评价也变得尤为重要。

（1）学生评价，同伴互相学习

在活动结束后，请学生当主评人员，引导学生说说玩了什么、怎么玩的、结果怎样等。通过评价，让学生增添自信，将自己的经验跟同伴进行分享，让小学生有满足感。小学生在与同伴交流的时候，会去注意别人是怎么玩的，会无意识地模仿，这让小学生丰富了自己的经验又促进了同伴之间的交往，同时也增强了小学生语言表达能力。在分享交流中，小学生会关注所有的音乐区域，通过看到其他学生的活动结果，让小学生产生对音乐游戏的积极情感。

（2）教师评价，质量稳步提高

在区域游戏过程中，教师应细心观察，了解小学生的行为表现，抓住小学生游戏中的闪光点加以鼓励与评价。在评价中要注重区域游戏的活动过程，而不是最后的结果。在评价中，培养小学生良好的学习习惯以及良好的学习品质才是最重要的，过多关注小学生认知、技能的提高将会偏离教学要求，教师评价应在乎区域游戏活动的过程、小学生的情感体验，当小学生发现困难时应鼓励小学生再次探索，在探索后还是不能成功并向教师寻求帮助时，教师可适时介入、适时提醒，让小学生运用已有经验促使游戏的成功。在"唱吧"区游戏中，当小学生跟不上背景音乐时，及时评价，让小学生静下心来听音乐，尝试在心里唱，小学生在教师的提示下继续探索实践，直到跟上背景节奏。小学生感受到了成功的喜悦，更能适时地促进他们参与活动的积极情感，提高小学生活动的质量。

音乐游戏的创设和指导，与音乐活动的目标、内容、材料、指导、讲评等各个环节都应建立一致性，本着尊重小学生意愿、提高小学生的能力的目的，使音乐游戏成为小学生真正自主式学习的天地。教师要继续把自主、快乐游戏还给小学生，创造更宽松的音乐区域游戏氛围来为小学生服务，以促进每个小学生的主体性、自主性、独特性、创造性不断地生成和发展。

二、教师层面——开拓教学视野，提升职业素养

区域音乐文化是民族民间艺术瑰宝，它从音乐层面上本质地反映出一个地区或民族的生存样态、审美旨趣、情感寄托等，它以自身独有的亲和力和感染力间接影响着中小学生的心灵成长，对于培养民族自尊心、自豪感，增强民族凝聚力有着十分重要的意义。中小学音乐教师是区域音乐文化传承的中坚力量，有责任引导学生品味和欣赏民族民间音乐所散发的璀璨光芒，感受和领略民族民间音乐所折射的独特魅力，有义务帮助学生建立一个较为完整而清晰的民族民间音乐文化理念。只有如此，才能使学生获得对民族民间音乐文化的认同感，在精神层面实现与民族民间音乐文化的内在对接。

中小学音乐教师应该具有一定的民族民间音乐知识储备，但就目前的情况而言，我国中小学音乐教师，尤其是青年教师，大多对民族民间音乐了解不够，身体力行地到民间采集音乐素材的教师更是寥寥无几。为了更好地发挥在区域音乐文化保护和传承中的模范带头作用，广大中小学音乐教师应重视个人理论素养的提升，自觉地探究和补充所缺失的那部分民族民间音乐文化知识，并通过进修、培训、民间采风、参加艺术展演和学术研讨会等方式，加强对民族民间音乐教育的认知。

中小学音乐教师应适时调整音乐课堂的教学模式。课堂教学不应拘泥于传统教唱的模式，而应在此基础上，辅之以历史流变、传播概况、演唱方法、风格特点等背景知识的导入，使区域音乐文化的内涵与外延相互融合，并充分利用现代影像、网络技术等，图文并茂地呈现教学内容，帮助学生更好地认识区域文化中蕴含的丰富音乐素材，理解与其相关的历史渊源、文化内涵。教师也可打破单一封闭的教学模式，将课堂延伸至民俗博物馆、非物质文化遗产保护中心、群众艺术馆、民间艺术团体等民族民间音乐文化的大课堂中，带领中小学生走出校园，通过参观博物馆、拜访艺人、观摩演出、参与民俗活动等方式，在民族民间音乐文化植根的土壤与环境中，切身感受乡音乡情，体悟区域音乐文化的深厚内涵，从而潜移默

化地引导中小学生提高区域音乐文化的保护意识，为传承与创新打下良好的认知基础。

三、教材的编订——利用资源优势，体现区域特色

教材是教师进行课程教学的蓝本和主要依据。在编写和修订音乐教材的过程中，加强对区域音乐文化资源的有效利用，将体现民族精神、凸显区域特色、符合中小学生身心发展规律和认识规律的优秀区域音乐文化资源，整合纳入音乐教材的编订之中。这一点有赖于政府、学校和教师的共同参与、通力合作。各级地方政府和教育部门应组织教育专家、音乐教师、文艺骨干开发课程、编订教材，建立系统化、科学化的富含区域文化特色的中小学音乐教学体系。在此基础上，逐步打破区域音乐文化传承与中小学教育相互割裂的局面，让义务教育明确介入区域音乐文化的保护和传承，成为继承与弘扬中华民族传统文化的关键阵地。广大音乐教师不但肩负着传播音乐基础知识的职责，而且承担着教习音乐表演技能的任务。因而，课程设置需要综合考量中小学生的生理、心理特点及认知规律，设定适合不同年龄、不同年级的教学目标。

同时，在知识普及和音乐欣赏的基础上，注重实践能力的培养，通过不断积累属于本民族本地区的音乐语言、旋律音调等基础理论，逐步培养和提高演唱、演奏能力。中小学生大多就读于本地，在地域方言和民俗文化方面具有一定的熟识度。学校可利用这一优势，选择某一极具区域特色的乐种融入课堂教学，并开发针对这一特色课程的系列教材。从文化普及和技艺传承两个方面入手，多层面引导中小学生认知和热爱区域音乐文化，坚定保护和传承的决心。学校应重视校园文化建设，创设良好的传统音乐教育氛围。可利用校园广播、多媒体平台，定期举办区域音乐专题讲座、民族民间音乐展播等活动；通过艺术长廊、宣传展板设置音乐专栏，普及音乐知识、展示演出剧照及民族乐器照片等，对区域音乐文化资源进行宣传，使中小学生耳濡目染于优秀传统音乐文化的良好氛围之中。

除此之外，课外资源也是强大的知识宝库。通过开展音乐知识竞赛等相关活动，拓宽中小学生的民族音乐知识视野，通过组建合唱团、民乐队

等校园音乐团体,提高音乐实践能力,发挥中小学生的音乐感受、鉴赏和表现能力。还有,学校应加强与社会的交流和互动,定期带领中小学生走出校园,向社会公众展示和宣传区域音乐文化资源,进而达到反哺社会、营造学校与社会共同参与保护的局面。亦可邀请"非遗"传承人、民间艺术社团或民间艺人走进校园,通过举办讲座、艺术展演、传授技艺等形式,使中小学生直接接受民族民间音乐的熏陶,从而更加深刻地感悟区域音乐文化的魅力之所在。

《义务教育音乐课程标准(2011年版)》对中小学音乐课程的基本理念做出阐释,提出"应将我国各民族优秀的传统音乐作为音乐教学的重要内容。通过学习,学生熟悉并热爱祖国的音乐文化,增强民族意识,培养爱国主义情操"。学校是普及民族文化的基础阵地,也是传播和传承区域音乐文化的重要渠道。对外来文化的盲目追捧及对本土文化认同感的缺失,必然会使区域音乐文化在中小学的传播和传承遭受极大冲击。因此,如何保护和传承区域音乐文化,已成为摆在每位音乐教育工作者,尤其是中小学音乐教师面前的一项重要课题。

第七章 区域音乐校本课程实施推进策略

第一节 自上而下的规划策略

自上而下的区域音乐校本课程实施规划策略，是指在课程整体推进过程中，使用从国家到地方再到学校的规划管理推进策略。我国在20世纪末开始试行国家、地方、学校三级课程管理制度，把课程决策权部分下放到学校，改变了以前学校、教师在课程开发中完全被动、接受的角色，在原则上肯定了学校和教师在课程开发中的自主性和主体地位。在校本课程的规划推进层面，首先需要有一个自上而下的整体规划，以保证课程有计划、有步骤地顺利实施。

一、国家课程整体规划

长期以来，我国中小学校课程设置的主要模式是自上而下国家统一的课程设置，全国的中小学基本上沿用一套教学大纲（课程标准）、一套教材和一个教学计划，缺乏灵活性和多样性。从1985年《中共中央关于教育体制改革的决定》颁布开始，我国逐步开展课程决策权力分配的改革。1988年，国家教委发布《九年制义务教育教材编写规划方案》，开始实施"一纲多本"的改革方案。[1] 1992年，国家教委第一次将以往的"教学计

---

[1] 杨九诠.1978—2018年：中国课程改革当代史[J].课程·教材·教法，2018（10）：12.

划"更改为"课程计划",突出了德育为首,德、智、体、美、劳五育并举的全面发展的教育方针,第一次将活动与学科并列为两类课程。1999年,教育部的《面向21世纪教育振兴行动计划》中有专门关于课程管理的规范,这一次课程改革,我国教育界掀起了国家课程、地方课程、校本课程以及活动课程、研究性学习课程研究的热潮。我国的新课程改革于1999年正式启动,2000年1月至6月成立学科课程标准研制组。2000年7月至2001年2月,各研制组在专题研究的基础上形成了课程标准初稿。国家根据教育目标来设置课程、制订课程计划,按照这一计划制定必修课的课程标准,把选修课的决策权下放,交给地方和学校,并颁发了与之相配套的《地方和学校课程开发指南》,目的在于建立自上而下和自下而上相结合的管理政策。

"移风易俗,莫善于乐",音乐不只是具有简单的娱乐功能,同时也具备强而有力的教化功能,且一直是培养人们道德与情操的有效方式,好的音乐可以培养出情操高尚、彬彬有礼的人才,可以塑造出乐观、善良的性格。将音乐校本课程与民间音乐相结合,可以促使学生走出课堂,面对自然,与环境互动,做到从自然中学习和感悟,增强人文素养,构建科学的知识结构,让学生的素质得到全面发展。[1]

二、区域间设计与推进

在区域校本课程的整体规划中,地方教育管理部门应建立学校与社区、家长的对话通道,建立校本课程开发保障机制,对校本课程进行区域整体的规划与设计。任何一门课程都需要构建相应的保障体系,以保证课程顺利实施与课程质量的不断提高。校本课程的研发不仅涉及学校教育体系的变革,而且涉及社会的认可和支持;不仅需要转变教育观念,而且需要更多的时间去实施,还要有相应的资金支持。校本课程的保障体系由观念、制度、实施和资金四个因素构成,这四个功能不同的构成因素密切联

---

[1] 安娜.基于本土音乐文化的河北民歌校本课程开发[D].石家庄:河北师范大学,2015:17.

系，相互依存、相互影响、相互作用，以保障建立符合地方文化特色的区域音乐课程。课程开发部门要争取社区、家长的支持，广泛宣传开设校本课程的目的和意义，更新教师观念，树立"一切为了学生发展"的理念。组织教师建立校本课程开发的导向机制、自我约束机制和监督评价机制，激发教师的内在动力，让教师根据学校的校本课程规划和任务，自主制订研发计划，实施自我规划，实现自我管理，达到自我完善。

在实施推进本土区域音乐校本课程的过程中，要求教师要选取当地优秀的音乐内容作为课程资源。这是因为国家与地方课程的内容设置无法涵盖每个民族、每个地区的音乐，所以需要研发本土的音乐校本课程，作为国家课程与地方课程内容的有效补充。况且，音乐校本课程有其选择性，学生可按兴趣自主选择学习，这使得校本课程的研发要充分考虑到学生的需求。以民族民间音乐内容为例，国家层面制定的音乐课程虽然也包含着很多民族民间音乐，但是国家和地方音乐教材要面向全国各地，而我国幅员辽阔，不同地域的风情、民风、民俗差别较大，大而全的课程安排容易与地方音乐教育脱节，与当地的音乐教师脱节，不能够充分发挥学校资源和教师资源的潜力。而音乐校本课程是利用和挖掘学校音乐文化资源、以学校为基础而开发的音乐课程，可以对国家课程和地方课程进行有效的补充，对当地文化与学校文化的发展具有深远的影响。

三、专业引领音乐校本课程

（一）成立校本课程开发指导组织，提供专业支持

专业引领是校本课程开发得以深化发展的关键。"专业引领是指具有较高专业水平的专业人士或反映先进教育理念的专业信息资料对专业水平较低的人员进行专业发展方面的认识引导和行动带领活动。专业引领的功能在于增强校本研修的科学理性和行为目的性，提高校本研修的效果、效率和效能。"[1] 没有理论指导的校本课程的开发是盲目的实践，在校本课程

---

[1] 周冬祥. 校本研修：理论与实务 [M]. 武汉：华中师范大学出版社，2007：324.

开发理论与实践之间有一段不容易逾越的"真空地带",课程专家是带领教师跨越"真空地带"的引路人,是引领一线教师把校本课程理念转化成教育实践的带头人。在专业引领上,课程领导者应积极寻求专家支撑,组建"校本课程开发专业指导小组",指导校本课程开发工作。组织校本课程开发专业指导小组专家对校本课程开发中的问题开展经常性的研究,及时指导并解决校本课程研发中的问题。还可创办校本课程开发网站,介绍校本课程开发的基础知识和技能,以及国内外的校本课程开发案例,探讨校本课程开发中出现的问题。

(二) 鼓励和促进成员之间交流,组建高素质校本课程开发团队

校本课程人力资源领导的实现,是通过提供一个令人满意的和具有质量导向的工作环境来完成的。校本课程开发是教师、校长、家长、学生、社会人士、课程专家广泛参与的活动,因而需要课程领导者充分发挥组织职能,需要学校全体成员在课程开发过程中群策群力、智慧分享,需要学生、家长、社会人士的配合和支持,需要课程专家为学校把脉问诊。课程领导者在这方面要做的工作主要有以下三点:

①要建立多方配合的校本课程开发支持体系,有意识地打破教师"单兵作战"的局面,整合校内一切可以利用的校本课程开发力量。

②要广泛动员和发掘社会力量,积极寻找合作伙伴,吸纳有识之士,参与音乐校本课程开发,组建高素质的开发团队——音乐校本课程开发团队。音乐校本课程开发团队的类型主要有:中小学教师与大学教师合作的音乐校本课程开发团队,中小学教师与教研员合作的音乐校本课程开发团队,中小学教师与大学教师、教研员合作的音乐校本课程开发团队,本校部分教师组成的音乐校本课程开发团队和若干学校部分教师组成的音乐校本课程开发团队。

③要鼓励、支持音乐校本课程开发团队成员各抒己见,发表不同的意见。这样,长此以往自然就有利于教师合作精神的发展,提高音乐校本课程开发质量,降低音乐校本课程开发成本。

四、教师主导研发音乐校本课程

"学校核心竞争实力的高下取决于教师,而教师教育教学能力的大小

又由其自身的研究能力、工作能力决定着。"❶ 教师课程研发能力的提升有两种情况，一种是外部因素，即政策或学校要求；另一种是内部动机，即教师个人的主观能动性。当教师进行校本课程开发时，要求教师能够积极主动地去学习相关课程理论和方法，自觉地去研究学习，这就使教师在不知不觉中提高了自身教育教学水平和专业技能。具体措施有以下两个方面。

（一）提升教师课程素养，增强开发校本课程的能力

教师素质是制约校本课程开发的直接因素，其决定着校本课程开发的质量和水平。"教师对校本课程开发是否认同，是否积极投入，教师的事业心、责任感，教师的学生观、课程观和教学思想，以及课程组织和课程实施的能力水平、研究水平，等等，都直接影响校本课程研发的水平和质量，也直接影响学生和学校的发展水平。"❷ 目前我国师范生在大学接受的教学法训练，使用的仍是新中国成立初期引进的凯洛夫的教育理论，偏重书本知识、接受式的学习，强调教师在课堂上的掌控，以及相对封闭的教学方式。用这种教育模式培养出来的学生，创新能力不足，制约着人才培养质量。

长期以来，教师的课程活动徘徊于"机械化的知识传播"状态，教师课程开发能力受到压抑和损伤、甚至正在走向缺失。教师参与课程开发通常要经历个人实验、交流观点、寻求信息、最低责任参与、主动参与、承担主要的领导角色六个阶段。课程的变革从某种意义上说不仅是变革教学内容和方法，而且也是变革教师本人。校本课程开发能否顺利推进，关键在于教师的课程能力能否与之相适应。没有教师的专业发展，就没有校本课程的发展。因此，要着力引导教师从低阶段向高阶段迈进，增强中小学教师开发校本课程的能力，提升教师课程理论素养，会有利于音乐校本课程的顺利开发。"具体来说，校本研修是指在学校的领导下，以教师自身及其所在学校的特点和需要为基础，以提高教师的专业修养为目的，以不

---

❶ 付霆，唐乃梅，高翔. 校本课程：教师专业再发展的引擎 [J]. 当代教育科学，2012（4）：55.

❷ 闫智力，商伟. 体育教师专业发展与校本课程开发 [J]. 教育科学，2004（5）：55.

断深化教育改革和优化学生成长环境为内容，以自主、合作、探究性学习为主要形式，以教师作为主体的学习型组织为交流平台，在专业人士咨询指导和专业信息的引导下，通过有目的、有计划、有组织、有系统的研究性学习和实践锻炼，促进教师自主成长的一种教师继续教育方式。"❶

（二）评价促进学生的进步，实现学生的个性发展

中小学校本课程开发的最终目的是促进学生的发展。校本课程评价具有导向、质量监控和激励等重要作用，它是一种价值评判活动，制约着校本课程开发的价值，是校本课程开发成败的关键环节。首先，教师要建立健全校本课程，促进课程本身、学生、教师、学校发展的评价体系，诊断和修正课程，确认校本课程的开发价值。其次，要定向，即根据学校的校本课程开发目标，正确设定评价标准。再次，要校正，即运用评价调适不正确的、偏离校本课程开发目标的实施行为。最后，要努力把校本课程评价引导到"注重发展评价、注重综合评价、注重过程评价、强调质性评价、强调多元评价"的正确轨道上来。

"教师效能被定义为就像一个强大的预言家，无论专业发展的内容将会被转化为怎样的课堂实践。"❷ 教师教授的内容带给学生无限的可能性，对学生的指导作用和影响力是巨大的，这就要求教师具备较高的专业素养、较高的教育教学水平、崇高的道德。在开发校本课程过程中，教师更应该意识到自己对学生的重要性，要不断学习和反思，要不断总结和进步。

第二节 自下而上的推进策略

区域音乐在同一个文化群体中，既有历史上形成的共性，又有不同民

---

❶ 周冬祥. 校本研修：理论与实务 [M]. 武汉：华中师范大学出版社，2007：8.

❷ YVONNE M SKORETA. A study of the impact of a school-based, job-embedded professional development program on elementary and middle school teacher efficacy for technology integration [J]. Marshall University, Doctoral dissertation, 2011: 10.

族、不同地区或不同时代特点遗留给具体乐种（含歌种、乐种、曲种、剧种及综合性乐种等）的千姿百态、丰富多彩的个性。如此，便成就了其涵括民族性、丰富性、多样性、区域性的特点。然而，长久以来我国音乐教育界存在着向西方探求所谓先进音乐教育理念的倾向，忽视了对民族民间音乐文化的关注，对丰富的民族民间音乐文化资源熟视无睹。同时，对西方理念的盲目推崇，造成了人们对区域音乐文化的误解，认为其"登不得大雅之堂"。这种思想在很大程度上阻碍了对区域音乐文化的认知和理解，势必影响到区域音乐文化的保护和传承。中小学教育是音乐教育的基础阶段，是唤醒民族文化记忆、建立民族音乐认同感的重要阵地。将区域音乐文化融入中小学素质教育，不仅能够提升中小学生的审美鉴赏能力，而且有助于中华民族审美情趣的传递和爱国主义情怀的培养。

一、音乐校本课程资源的选择

虽然国家和地方制定的音乐课程也包含很多民族民间音乐，但是国家和地方音乐教材要面向全国或地方学生，不能够充分发挥学校和教师资源优势。而音乐校本课程的开发是利用和挖掘学校音乐文化资源，以学校为基础而开发的一门音乐课程，可以对国家和地方课程进行有效的补充，对当地文化与学校文化的发展具有深远的影响。在关于如何利用校外资源方面，刘世嵘专家提出："应该有效利用社会音乐资源。音乐校本课程开发必须注重社会音乐资源，因为一切发展离不开社会，音乐的发展也离不开社会，社会中蕴含着音乐校本课程开发的丰富资源。"[1] 他认为开发音乐校本课程必须从实际出发，结合本土社会音乐文化资源，不可以随意开发、想当然地开发，应该将现有的资源充分地利用起来。

二、音乐校本课程开发的观念

音乐校本课程开发的原则是以学生发展为主，坚持互补性、针对性和

---

[1] 刘世嵘. 中小学音乐校本课程资源开发的研究［J］. 北方音乐，2011（9）：103.

可行性原则。本土音乐文化是在一定区域内人类在生产生活实践中创造出来的物质财富和精神财富,是当地本土人民世代积累的智慧与才能,它反映了当地社会人民的艺术水平和精神风貌,具有鲜明的地域特色、独特的价值和丰富的内涵。作为对常规音乐课程的补充,音乐校本课程对当地音乐文化资源进行切实、有效地利用,用歌唱、舞蹈相结合的方式使课堂更加生动,再将传统的民族民间音乐运用到课堂,既培养了学生们自主学习的能力,提高了自身的音乐素养,增强了学生的民族自尊心和自信心,又有利于我国传统音乐文化的继承。通过中小学教育的课堂导入,让区域音乐文化得以活态呈现,并用现代科技手段将其记录下来,无疑可以使古老的民族生命记忆得以永久保存和延续。这既是日渐淡化的民族民间音乐文化资源注入主流教育的推进过程,也是对民族智慧与民族精神的逐步认知过程,更是具有理性精神与人性发现的民族情怀的融合过程。

三、音乐校本课程开发的要求

音乐校本课程的开发要求教师对本土音乐文化进行详细的梳理和分析,要熟练把握开发课程的内容,因为开发的主体是音乐教师,他们掌握着开发成功与否的命脉,享有开发权利的同时也承担着一定的责任,因此音乐校本课程开发对音乐教师的课程意识和专业素养提出了更高的要求,同时也为教师专业发展提供了广阔的空间,有助于教师专业发展水平和能力的不断提高。音乐校本课程开发不仅是对国家课程和地方课程的一种补充,而且是遵循学校办学理念的特色课程开发。学校是教育实施的平台,校本课程的开发可以更好地实现学校的教育目标,同时因为它尊重学校资源的独特性和差异性,针对各个学校不同的特点开发不同的课程,有助于学校创办传统和特色的音乐校本课程,使每个学校既有共性又有个性。

四、音乐校本课程开发的规划

校本课程开发规划是学校为实现未来校本课程目标所做的设想和安排,是校本课程开发的具体纲领和蓝图。校本课程规划可分为长期规划、中期规划和短期规划。一般来说,长期规划通常十年以上,中期规划通常为两年以上，短期规划通常为一年。校长要引导学校领导成员明确学校的办学理念，制定切实可行的校本课程发展目标，规划校本课程设置并不断完善校本课程的发展方案，指引校本课程发展方向。在制定校本课程规划时，应遵循预见性原则、统筹性原则、重点性原则、可行性原则和民主性原则。

校本课程开发规划的内容主要有：开设校本课程的基本依据、开设校本课程目的和意义、校本课程的总目标、校本课程的结构、校本课程的实施与评价、校本课程的保障措施等。专业引领是校本课程开发得以深化发展的关键，成立校本课程开发领导组织，提供专业支持。学校领导者应积极寻求专家支撑，组建校本课程开发专业指导小组，指导校本课程开发工作。组织校本课程开发的专业指导小组及专家对校本课程开发中的问题开展经常性的研究，及时指导并解决校本课程开发中的问题。可创办校本课程开发网站，介绍校本课程开发的基础知识和技能以及国内外的校本课程开发案例，探讨校本课程开发中出现的问题。

第三节　整合开放的实践策略

一、融合开放性

课程既要达到国家对音乐教育规定的目标，又要对本土文化的传承贡献自己的力量；既要培养学生基本的审美能力，又要培养学生对本土文化的认同感和责任感；既要体现一定的科学性，又要具有一定的娱乐性；既要反映一定的专业性，又要展示民间音乐的多样性。这样的课程具有很强的融合性，因此，课程建设必须坚持融合性原则。另外，音乐是文化重要的表现形式，音乐本身就是一种文化，现代教育不仅要注重知识和能力的培养，还要关怀学生的人文素养。音乐校本课程应把这两方面的培养目标统一起来。因此，在课程建设的过程中，不仅要注重学生科学研究能力的培养，包括发现问题和解决问题的能力、想象能力、收集分析资料的能力等，还应注重关怀学生的人文素养。让学生通过对本土文化的审美、传承以及对音乐学习活动的感悟、反思，培养学生对他人、对社会的强烈责任感，健全学生的人格。

二、主体实践性

在音乐校本课程的教学中，学生不再是被动的倾听者，而是积极的认知者。所以在教学中学生应积极参与，通过实地观察、考察、寻访、查找资料、合作探讨等形式，主动形成探究的结果，达到对本土文化的认知、感受和理解。课程目标与要求的实现不是完全由教师来完成，而是由教师指导学生并与学生共同达到。艺术鉴赏能力与文化批判意识的养成是学生自己努力的结果。教师不再单纯是知识的占有者和给予者，而是讨论中的一分子，是学生学习的引导者，在教学过程中，教师定位于组织者、参与者和促进者的作用。在教学过程中，学生不但是知识的学习者、接受者，也是积极的认知者。所以教学中应由学生自主参与、主动探究，鼓励学生亲自去调查、查阅有关资料，请教专家，自己提出问题，设计解决问题的方案、寻找解决问题的途径、体验问题解决的过程。在教学中应充分体现学生的自主性，应由学生自主参与、主动交流已有的知识与经验，探求其合理性和局限性。

三、整体合作性

地方文化形式多种多样，地方音乐资源也是丰富多彩，对如此丰富的音乐资源如何进行合理地开发与利用是一项不小的工程，对师生来说是一项艰巨的任务，这就要求在音乐课程的构建过程中坚持合作性原则。既要重视教师之间的合作、学生之间的合作，也要重视师生间的合作，更要重视学校与社会机构和团体的合作，包括与家长、民间艺人等的合作。离开这样的合作，音乐校本课程的开发是很困难的，即使勉强完成，其效果和质量也难以尽如人意。强调合作也是新课程改革的要求，在校本课程的构建中，教师和学生都是课程开发的主体，课程内容的开发是在教师间、学生间、师生间互动中生成的，校本课程的开发从目标确立、内容选择到组织实施与评价都不是一个单向性的过程，而是一个基于师生共同实践反思并在互动的基础上不断修正完善的过程。因此在课程学习时应注重培养学生齐心协力、互帮互助的团队精神以及对他人、对社会的责任感；同时，通过小组研讨，使学生懂得理解和尊重他人意见的重要性，让学生学会分享与合作。

在课程构建的过程中，不是把现成的地方音乐资源整合到课程中来，也不是给学生呈现出一个完整的课程内容，让学生在既有的课程内容中学习，而是在课程构建之前让学生了解这门课程构建的初步想法，让学生集思广益、群策群力，提出自己的课程方案，最起码也要让学生阐明自己对这门课程的想法，对这门课程的希望和期待，希望通过这门课程获得什么。然后，教师与学生共同探讨课程的构架，课程内容的选择，课程内容的安排，给学生分工，让学生按照自己感兴趣的内容收集身边的音乐资源，最后一步一步建设课程。另外，在课程实施的过程中，根据需要随时调整课程内容和结构，逐步完善课程。此外，教学目标的设计不是单纯地追求一个结果，而是让学生体验、感受和传承，并指导学生把这些课题的学习和研究方法迁移到其他学习活动及生活中。在过程中培养学生的观察能力、鉴赏能力、收集整理资料的能力和发现问题、提出问题、探究问题、分析问题、解决问题的能力。

第八章 区域音乐校本课程实施策略

《义务教育音乐课程标准（2011年版）》在课程开发与利用建议中指出："地方和学校应结合当地人文地理环境和民族文化传统，开发具有地区、民族和学校特色的音乐课程资源。要善于将本地区民族民间音乐（尤其是非物质文化遗产中的音乐项目）运用到音乐课程中来，使学生从小受到民族音乐文化熏陶，树立传承民族音乐文化的意识"。各学校和教师应"充分利用当地的课程资源，营造良好的校内外音乐环境，丰富具有区域文化和民族文化特色的教学内容。"新课程实行了国家、地方、学校三级课程管理政策，这使学校在课程内容安排上有了一定的自主权。《普通高中音乐课程标准（2018年版）》提出："实行国家、地方、学校三级管理。除国家课程外，地方和学校自主开发的课程应占有一定比例。地方和学校应结合当地人文地理环境和民族文化传统，开发具有地区、民族和学校特色的音乐课程资源。"由此可见，区域音乐校本课程开发已逐渐成为我国当前教育改革尤其是课程体系改革的重要课题。在国家政策的有力支持和保证下，音乐校本课程开发迅速在全国范围内兴起，很多地方新建的校本课程如雨后春笋般地发展起来。对此，我们可以通过查找、整理、收集、整合部分当地本土音乐作品，充实到地方课程建设中来，使之成为学校音乐教育教学的部分之一，努力发掘本土音乐艺术中富有生命力的教育因素，探索音乐教学新形式。

第一节 区域自主实施策略

区域音乐校本课程实施要遵循一定的策略与原则，以理论为基础，以实践为过程，以审美为核心，以区域、学校、教师为原点，结合当地、本校特色与学生情况，开设适合本校学生学习的课程。区域性、本土性和本校性是区域音乐校本课程的自主实施策略，也是开发策略与原则。

一、区域性策略

"所谓区域教育研究，就是在贯彻国家教育方针的基础上，整体地把握区域社会和区域教育实际，以区域教育为研究对象，以促进区域教育协调快速发展为目的，从而更有力地促进区域经济和社会发展的教育科学研究。"❶ 音乐校本课程的区域性是指综合本地周边的省、市的教育资源，分析与挖掘区域文化特点、教育特点、音乐特点，再资源共享，与区域内学校共同开发音乐校本课程。区域性策略的特点是资源性、系统性、长期性，该策略的实施离不开政府的支持与学校之间的互相协助。

学校音乐校本课程的开发，要立足于所在地区的风土人情及本地音乐，通过本土音乐的渗透与介入来调动学生的兴趣与积极性，实现音乐学科为学生素质教育发展服务的目标。以本地音乐为主来开发音乐校本课程，首先是使音乐的美育功能有了一个更好的切入口。以自己熟悉的本地音乐来切入音乐学习，很容易让学生感受到音乐美学的魅力，从而更好地接受音乐美育教育。其次是本地音乐为主的校本课程，也会将本土文化融入教学过程中，使学生的素质教育与本土文化熏陶有效结合起来，实现全人教育的目标。最后是本地音乐与校园文化为人们所接受。本地音乐与校园文化建设的有机结合，有助于校园文化建设在音乐教学中的渗透。以河北省为例，通过让河北梆子、评剧、拉花、鼓吹乐等本地的音乐进入学校课堂，河北的多种民间音乐遗产就能得到价值实现与文化传承，这种音乐与文化的融合，能引导学生从本地音乐出发理解音乐教学的重要性。与此同时，加入了本土音乐、反映本土文化的校本课程，在扩大学生视野的基础上，还增强了学生爱国爱家乡的情感。由此可见，以本地音乐为主的校

---

❶ 张文军，朱晓燕，吴东平. 北仑实践：区域推进学校文化建设研究［M］. 杭州：浙江大学出版社，2013：12.

本课程，有助于音乐教学落实素质教育的目标。

区域间的系统性是指区域教育与区域为子母系统关系，即把"区域"定位为母系统，"区域教育"为子系统，并与区域社会中的文化、艺术等子系统相互联系，也指课程管理与组织、编纂过程具有整体性、系统性的特点。区域这一母系统包涵政治管理、经济调配、文化艺术内涵与教育方针等各个子系统，在中央的领导下对各个区域的管理既统一又有其特点，各个子系统相互关联、相互影响，也会对教育有所影响，对区域性的校本课程的开发与实施更能凸显这些特点。如京津冀教育协同发展，就要融合三地的文化积淀、政治经济方针与教育政策等内容来使三地教育互帮互助、协同发展。在张力《区域教育协同发展的政策方案与理论研究：京津冀教育协同发展对策研究》一书中，探讨了京津冀教育协同发展的不同管理模式，如"集中模式是由政府主导、搭建共建共享平台，以促进跨区域跨部门协同发展的模式，这种模式的特点就是由政府主导目标定位、整体发展规划、布局和资金投入策略，考虑的是全局性、整体性问题和可行性问题。同时还要充分利用和开发各方优质资源，搭建共建共享平台，既把不同地区作为一个整体统筹资源配置，又能照顾各方需求，具有强制性，由各方政府协商做出统一规定后，各方相关机构必须遵照执行"[1]。这就体现了系统性管理的策略。长期性即区域性校本课程的开发与实施是以促进区域教育和区域社会的发展为着眼点，必然要经过长期的坚持和努力，是一种长期性的教育行为。

二、本土性策略

音乐校本课程是由学校根据当地实际和教育教学的需要组织开发的课程，强调教师是课程开发的主要成员，尊重学生的个性发展和实际需求。本土性教学策略是指音乐校本课程在实施过程中，由实施课程的学校整合本地课程资源，自主决策实施课程，是一个持续和动态的课程改进过程。

---

[1] 张力. 区域教育协同发展的政策方案与理论研究：京津冀教育协同发展对策研究［M］. 广州：广东教育出版社，2017：4.

国家和地方制定的音乐课程虽然包含传统音乐的内容，但受篇幅的限制，它只能选入那些具有代表性的音乐资源作为课程内容。而音乐校本课程可以因地制宜地将当地的音乐文化资源纳入校本课程体系，建设具有本土意义的音乐课程，有效地推动我国传统音乐文化的传承。

区域音乐校本课程的本土性实施策略，要求教师对本土音乐文化进行详细梳理和分析，熟练地把握课程开发的目标、内容、实施与评价，对音乐教师的课程意识和专业素养提出了更高的要求，使校本课程中的各项音乐活动都能与地方音乐息息相关，极大地丰富了学校音乐活动的地方特色。同时也为教师的专业发展提供了广阔的空间，有助于教师专业发展水平和能力的不断提高。

区域音乐校本课程的本土实施不仅让学校教育更具特色，而且利用本土文化资源加强音乐课程建设，对于完善课程结构、增强教学内容的选择性以适应不同的学校，以及密切课程与生活、社会的联系都具有重大意义。

三、本校性策略

（一）结合教师特长建设学校音乐校本课程

音乐教师在校本课程开发利用方面扮演着重要角色，可以说教师是校本课程建设的直接参与主体，所编写的内容需要灵活、恰当地应用到课堂教学当中。那么在校本课程的开发方面，就必须考虑到教师的特长，保证校本课程建设与教师的特点以及优势相结合，展现出教师的个性。音乐校本课程是一种新的课程概念，除了展现出一个全新的课程产品之外，还包含着创新型的教育观念，促进了课程开发和改革创新。这要求越来越多的音乐教师不断完善个人综合素质，成为适应音乐课程改革的新型教师。学校音乐教师拥有不同的专业特长，在校本课程的研发上就可以将教师的特长融合起来，既展现出教师的专业素质，也为教师的个性和特长发挥搭建良好平台。例如，如果教师在舞蹈方面有专长，可以在音乐校本课程建设当中融入舞蹈，让学生在音乐学习的过程当中了解不同种类的舞蹈动作和舞蹈作品；如果教师在器乐方面有特长的话，可以开设专门的器乐班，在音乐课程当中加入器乐演练内容。

（二）结合学校特色建设学校音乐校本课程

校本课程应该以学校为中心，所以音乐校本课程建设需要立足于学校实际，明确学校的办学特色，并展开以学校特色为本的音乐课程改革教研，推动师生以及学校共同发展。学校要想办出特色，就要积极推进带有学校特色的校本课程的建设，反过来也要保证音乐校本课程可以更好地服务于学校特色的展示和发挥。例如，如果学校具备环保特色的话，在音乐校本课程开发方面可以根据学校特色以及学校在环保教育方面的优势积极编写《歌唱绿水青山》，并将这一歌曲加入学校音乐校本课程，在学校范围内广泛传唱，做好环保宣传以及音乐教育的同时，还能够体现出对环保理念的重视。再如，如果学校具备爱国主义教育特色的话，可以在建设音乐校本课程时将相应的题材内容编写到校本教材当中，谱写成歌曲或乐曲。在课程教学当中，教师尤其要针对这些内容进行介绍，帮助学生了解歌曲创作的背景，让学生在音乐学习当中受到更好的爱国主义教育熏陶，同时体现学校在爱国主义教育方面的特色以及优势。如果学校在体育教育方面具备特色的话，在建设音乐校本课程方面可以进行学科融合，编创特色校园集体舞，增强音乐校本课程建设的针对性。

音乐教学是素质教育当中审美教育的重要组成部分，有助于增强学生的艺术修养，在培养学生艺术素质的同时，为学生的全面发展提供巨大推动力。为有效顺应音乐教学改革趋势、全面推进艺术教育，必须要不断加强音乐校本课程的开发和利用，通过提高校本课程建设成效来促进学生的个性化发展，推动教师专业化发展。在校本课程建设方面，要注重结合学生兴趣、教师特长以及学校特色，谱写校园多彩旋律。

第二节 本土挖掘实施策略

一、理解本土音乐文化

本土音乐是本土文化体系的重要组成部分，兼有传授知识、风俗礼仪、社会交往等功能。本土音乐是指在某一特定区域中形成的具有地方性特征的音乐，是对某种区域音乐的称谓，并在一定的区域文化和社会团体中被人们所共有。本土音乐文化根植于民间，具有草根性文化特质，属于传统音乐文化。本土音乐资源进入普通学校音乐教育，不仅自身得到保护和发展，而且可以依托学校的综合性资源打造自身的品牌，同时对学校的音乐学科建设也是一个有力的促进。学生通过参加民俗活动、社会实践活动，可以近距离地感知本土音乐，尊重和理解音乐文化的多样性，提高审美能力和鉴赏能力。本土音乐特有的价值通过学校音乐教育能更好地实现。

教育专家郑金洲这样说：所谓校本，一是为了学校，二是在学校中，三是基于学校。为了学校，是指要以改进学校实践、解决学校所面临的问题为指向；在学校中，是指要树立这样一种观念，即学校自身的问题，要由学校中的人来解决，要经过学校校长、教师的共同探讨、分析来解决，所形成的解决问题的诸种方案要在学校中加以有效实施。在音乐校本课程建设当中，要体现出学校本土特色，体现出学校教学的宗旨以及学生音乐素质的培养需要。新课程改革进一步明确了音乐教育改革要全面推进校本课程建设，同时也推动了校本课程的开发与研究，而音乐校本课程建设有助于深层次地推进音乐教育改革，保障音乐课程和学校教育的适应性，全面推进音乐教学质量的综合性提高。因此，将校本课程的开发和利用作为音乐教育的核心课题，号召广大音乐教师积极参与进来，共同为音乐教育的改革发展提供助力，使音乐校本课程有效补充国家以及地方课程，也让音乐教学内容和教学价值得到拓展延伸。这样不仅扩大了学生学习音乐的平台、拓宽学生的学习范围，让学生的学习潜力得到有效发挥，同时还成为音乐教师队伍建设的重要方法，为教师素质建设提供了有效路径。

在详细叙述我国区域本土音乐课程内容之前，我们需要对世界各国音乐教育有关本土音乐文化的校本化建设历程进行梳理。在当前音乐教育本土化的研究中，重新审视世界各国的现代音乐教育，我们可以看到，多数国家的学校音乐课程建设，都普遍经历过本土音乐文化的校本化建设历程，并体现于各自的音乐教育体系之中。例如，比较典型的匈牙利的"柯达伊音乐教育体系"是 20 世纪的，而且对以后有深远影响，至今仍以开放性的姿态发展着的音乐教育体系。柯达伊最早提出音乐教育本土化，立足于匈牙利音乐的、母语音乐教育的音乐教育体系建设，具有深刻教育哲学思想和高标准艺术审美要求，并在理论与实践中对音乐教育的发展提供了宝贵经验。德国的"奥尔夫音乐教育体系"是当今世界最有影响力的音乐教育体系，具有丰富教学实践内容，并深受教师和儿童的喜爱。另外，其他音乐教育体系如"美国的艺术教育国家标准""日本铃木镇一的才能教育""苏联卡巴列夫斯基的新音乐教学大纲"等，以及美国著名的音乐教育科研项目成果"曼哈顿维尔音乐课程计划""综合音乐素质教育"等，都为各国本土音乐文化的校本化建设提供了最初的理论指导和操作模式。

二、本土性课程内容的开发与实施

学校音乐校本课程本土性课程内容的开发，要根据国家音乐课程标准的要求，注重音乐教育的审美性、人文性和实践性功能，进行本土化的区域音乐课程建设。这就需要结合学生兴趣建设学校音乐校本课程，使音乐更好地促进学生发展，并结合教师特长建设学校音乐校本课程，发挥音乐老师的专业特长。课程内容要立足本土，着眼世界，结合学校特色和本土音乐，以多元化发展的理念来建设，从而有利于本土音乐的传承与再发展。

根据心理学理论，对于音乐学习来说，最好的学习刺激及学习动力就是让学生对所学内容产生浓厚兴趣。由此可见，兴趣不仅是一切学习实践活动的重要基础和前提条件，同时也是学生学习音乐的基础动力，特别是在新课程改革实施当中，新课标对音乐教学提出了要求，那就是必须将兴趣作为学生前进和不断学习的动力支持，注重运用多样化的方式刺激学生对音乐产生兴趣，拉近音乐和学生之间的关系，从而让学生享受音乐世界，美化他们的多彩人生。在音乐校本课程建设方面，最为基本的条件就是要结合学生兴趣进行课程建设，从而鼓励学生主动投入校本课程学习，最大化地激发学生的学习潜能。例如，当前学生对流行音乐有着极大的兴趣，而且流行音乐中也不乏优秀的作品。因此，在开发音乐校本课程时可以努力挖掘以及融合流行音乐，结合当地特点，对其进行合理利用和拓展，根据学生的兴趣将优秀的流行音乐作品引入课堂，认真创编具有特色的音乐教材，让学生感受到教师对他们兴趣爱好的关注和重视，促使学生积极主动地与教师探讨音乐之美。例如，在河北地区的校本课程内容开发中，可以设置本土音乐文化单元，并在其中加入《小白菜》《小放牛》等河北本地民歌传播本土音乐文化。随着时代的发展，音乐教学越来越呈现出为学生个性化发展服务的趋势。学校音乐校本课程要抓住这一发展趋势，千校千面，通过校本课程内容的开发与实施，建设个性化的区域音乐校本课程，使学生个性化发展与校本课程有机结合。

三、以多元文化视角建设学校音乐校本课程

除了采用本土的音乐文化作为学校音乐校本课程内容，还要以多元文化的视角来建设与发展学校音乐校本课程。多元化发展是时代的潮流，也是学校音乐校本课程开发应重视的路径。自改革开放以来，国内外以及各地区的音乐文化交流已蔚然成风，随着科学技术的发展，音乐文化相互传播与相互借鉴早已司空见惯。来自不同地区、不同民族、不同文化的新族群，在社会中必然会形成多元文化的发展格局，这就要求学校音乐校本课程要立足本土，放眼世界。多元文化选择与发展既包含了民族性、本土性及流行性，又包含了个性化、自我化及小众化，其目标不在于校本课程要学生掌握什么音乐知识与流派风格，而在于通过课程的建设，使学生理解文化的多样性，正是因为这个世界有了各种各样的音乐，我们的世界才这么美好。帮助学生建立对本土文化的认知，理解文化的多样性、多元性，以开放包容的目光步入未来。

诚然，对于区域音乐校本课程内容开发而言，其根本的立足点应当是以学生为本，以学为本。如果不从音乐特点及校本课程构成、内容、途径出发，不重视"校本"的内在含义，那么学校音乐校本课程的开发也会失去价值与意义。音乐也是一种文化，我们生活在区域乡土音乐的海洋里，我们通过音乐可以感受文化。反之，通过文化又可以使我们真正体验一种音乐，整体认识音乐。积极、恰当运用乡土音乐资源，能让学生切身感受到民族艺术的魅力。

第三节 校本研修实施策略

浩如烟海的本土音乐就是一部生动形象的地方文化史。它是人们对美好生活愿望的寄托，也是本土人们社会生活的缩影。在表现形式上符合当时人们的审美取向，且有广泛的群众性。优越的乡土音乐资源环境与基础，等待着我们课堂音乐教学去发掘、去体会、去评点、去总结，让学生从乡土音乐入手，然后由学习而继承，由普及而提高，应是我们发展民族音乐的最佳途径。在开展区域音乐校本研修实施策略研究时，需要重视的是其研究的主要方向应立足于本区域的本土音乐文化遗产，研究的核心动力应着重放在对本土情感的回归上，着力通过课堂教学体系的不断探索与完善来推动区域音乐校本课程的优化。简言之，校本研修的实施策略就是要：立足本土音乐文化遗产，回归本土音乐文化情感，探索校本音乐教学体系。

立足本土音乐文化遗产，重要的是对本土资源的收集和学习。新课标要求教师应具备一定的课程整合和设计能力，能够开发及编写多样化的反映地方特色、适合本校特点的校本课程和教材。让本土资源渗透在教学中，教师自身必须先了解民间艺术。要上好音乐课，不但要找到相应的资料，还要不断地学习。关于资料的查找，可向老艺人们请教，去文化馆、电视台查找，也可采用资源共享的方法。课件、图片、音响资料等，可以通过邮件、网络等形式进行传阅，并互相交流。开发利用本土文化资源，最好的办法就是在日常的教学中，把地方文化资源融入其中，这样的结合既自然又使学生感到亲切。在音乐教学中，将结合教材实际和本土资源的整理，对现有教材进行拓展，让本地区的民间艺术自然地渗透在课堂教学中。如"戏曲艺术"一课，引导学生思考，询问学生"你们知道我们家乡有戏曲吗？"从而引出本地的地方戏。教师介绍地方戏的发展史，并让学生参与唱词、念白，学生就会情绪高涨，讲方言会让学生倍感亲切。

一、基点：从理论到实践，从经验到创新

本土音乐与校本课程开发的内在联系及二者在结合过程中所产生的实

践应用层面上的灵活性、有效性和可操作性问题，是本土音乐校本课程开发的主题之所在。

（一）从理论到实践

分析国内外"校本课程开发"的相关政策及理论，了解世界课程改革的潮流和我国课程改革的基本现状与发展趋势。相关文献资料和研究成果将有效地解决"校本课程开发"理论中的疑难问题，大大有助于加快研究进程。

观察并研究国内外"校本课程开发"的成功案例及实验，把握当前形势下音乐学科的课程资源之挖掘、整理与研究的深度和广度，以开展必要的采风活动和教学实验为基础，从中积累经验，初步掌握本地区的母语音乐特点，为课程研修打下坚实的基础。

在校本课程开发理论与实践研究的基础上，着重收集并整理我国各个地区的民族民间音乐，研究本土音乐校本化的建设策略。如由各地的知名学者和民间艺人提供的本土音乐资源，加之一些开放性的馆藏资源，为校本研修提供选择。

（二）从经验到创新

通过音乐校本课程的教学实践，不断积累经验，探讨本地区的本土音乐校本课程的实施方案和管理模式，为探索更大区域范围内本土音乐校本课程建设提供经验依据。

依靠上述已有的教学经验，进行本土音乐校本课程的理论与教学研究，通过若干问题的全面分析和具体探讨，努力构建不同区域范围内本土音乐的校本课程特色。

二、模式：内容与形式的融合，实践与理论的互动

本土音乐校本课程开发在模式上不是固定的，但有一个基本模式观念是：开发内容要因地制宜，内容设置要因人而异。

（一）内容与形式的融合

本土音乐校本课程开发的表层模式在于把"音乐学中的本土音乐资

源"和"教育学中的校本课程开发理论"进行内容与形式的两相融合,逐步以跨学科式的"音乐教育学科新门类"效应呈现。依靠内容与形式的融合,把多民族环境下本土音乐校本课程开发的具体课堂模式引入各中小学的基础音乐教育当中,为基础音乐教育的课程改革创造条件并积极实施课改,真正实现符合我国各区域特点的民族音乐教育,努力打造我国尤其是农村地区音乐教育的办学特色,凸显"以人为本"的办学思想和这一思想指导下不断深入的教学方法手段。

(二)实践与理论的互动

本土音乐校本课程开发的深层模式,是在对各个区域本土音乐了解与把握、对校本课程开发的学习与研究的双层基础上展开的,是实践与理论的两相互动,是探索适合不同区域特色的校本化音乐教育体系的构建基础。这一构建过程,将逐步提高我们对母语音乐文化的认知水平,将进一步增强我们的民族本位意识,并对弘扬民族优秀文化传统和文化的建设,有着非常积极的理论意义和实践意义。随着实践与理论的互相支持与互动不断深入,作为基础音乐教育课程改革的一部分,本土音乐校本课程开放与建设的过程,可为艺术教育的其他姐妹学科的校本化课程建设提供宝贵的研究经验。

三、实践:从点滴做起,重视教学实效

本土音乐校本课程开发在民族音乐学和音乐教育学方面不但具有理论创新性,而且具有极为鲜明的实践应用性。教师作为研究者,既是基础性资料的理论创新者,同时又是教育实体的实践应用者。在实践层面,本土音乐校本课程的校本研修主要有以下三个方面。

(一)分析资料与乐谱汇编

主要包括校本课程开发理论的系统整理,还包括本土音乐资源电子乐谱的整理。整合资源编教材是开发校本课程的重要环节,成果名称可为《××校本课程开发与××本土音乐》(或可编为两个分册:《××校本课程开发的理论基础和现状分析》《××本土音乐校本课程建设课堂教学曲选》),其作用主要体现在为校本课程提供决策依据和丰富的基础性资料。

作为一本教材，应当注重知识的系统性、逻辑性与完善性，由浅入深，层层展开。单纯注重作品的欣赏与讲解，很难在音乐基本理论上给学生以提高，应当从本土音乐的组成（节奏、旋律、曲式结构、乐器、表演、道具、舞台等）逐步展开，让学生获得系统的知识。

（二）片区性教学实验报告

以某片区为教学实体开展本土音乐校本课程定点教学实验，并从中总结本土音乐在校本课程开发中的一般规律，成果名称可为《××本土音乐校本课程开发教学实验报告》，其作用是直接为其他片区音乐教学提供本土音乐校本课程开发的实施方案和管理模式上的经验借鉴。

（三）其他方面的研究活动

通过把握"区域本土音乐"与"校本课程开发"在学科上的内在联系及二者结合过程中的互动效应，可在相关教育行政部门组织片区性或区域性中小学骨干教师培训，内容以本土音乐校本课程开发课堂教学论为主。另外也可利用网络论坛等其他形式实现上述目标。

四、流程：细化分工，分段进行

本土音乐校本课程开发涉及我国众多少数民族的本土音乐，加之校本课程开发的科学性和复杂性，不仅需要系统的民族音乐学知识，而且要有全面的音乐教育学等相关知识。正是由于既要对我国本土音乐各乐种进行全面考察与分析，又要对当前国内校本课程开发理念下的成功案例进行学习与探讨，因此本土音乐校本课程的校本研究，必须在充分挖掘与整理材料的基础上开展。一般来说，某一个片区的本土音乐校本课程开发研修流程包括以下四个阶段。

（一）准备工作：材料整理阶段

一方面，通过查阅资料和实地采风的研究方法收集与挖掘本片区范围内各少数民族具有代表性的本土音乐经典曲目；另一方面，通过专题讲座和学术研讨的研究方法学习与把握我国校本课程开发的相关知识体系以及前沿理论。

（二）前期工作：材料分析阶段

一方面，通过民族音乐学的相关知识筛选并注释已获得的本片区范围内各少数民族的本土音乐并制作成谱；另一方面，通过文献梳理和案例分析的研究方法探索与论证本片区本土音乐校本化的可行性模式并编辑分析相关数据信息。

（三）中期工作：课堂教学阶段

在对本片区本土音乐分类整理归纳的基础上，以本片区范围内的部分中小学为实验试点开展音乐校本课程开发的实证性研究，既是校本课程开发在音乐教育领域的理论探索，也是校本课程开发在音乐课堂教学上的具体实践。

（四）后期工作：实践理论升华阶段

在上述基础上，对本土音乐与校本课程开发的内在联系和本质内涵做出全面的、切合实际的结论，并最终以研究论文的形式详尽阐述以本土音乐为主体、以校本课程开发为主导的课程建设的一般规律，着力探究多民族环境下基础音乐教育课程改革体系。

中国音乐教育中受"西乐为主"课程观的长期影响，是导致我国本土音乐发展滞后的根本原因。适逢新时期音乐教育改革，借此"校本课程开发"的热潮，将"本土音乐"注入课程并引入课堂，是优秀独特的民族音乐文化得以被挖掘、整理和研究的有效途径。以传承求发展，化危机为契机，让我们共同探索，从而为音乐教育改革新局面的到来积极创造条件，为构建以"中华文化为母语"的音乐教育新体系奠定基础。

另外，随着时代的发展，要让学生能真正有兴趣地学习到本土音乐文化知识，还需要教师做更多的努力。《义务教育音乐课程标准（2011年版）》强调：大力提倡开发多媒体教学辅助软件，利用视听结合、声像一体、形象性强、信息量大、资源宽广的优势为教学服务。对于新的音乐校本教材应当采取更为新颖的教学模式，让学生全方位地体验本土音乐文化的气质，领略艺术的魅力。教学方法上要尽可能做到以学生为主体，强调学生参与意识，做到传承与弘扬本土音乐文化的目的。

第九章 区域音乐校本课程实施的课程指导策略

第一节 课程开发的课程组织

"课程组织是课程开发中的重要步骤,音乐校本课程组织指在开发某门课程中对课程要素的组织。课程组织要观照学科自身的逻辑,也要考虑学习者的认知特征、兴趣需要以及环境中课程资源的可能性。课程组织的方式大体分为垂直组织和水平组织。教师是音乐校本课程'组织'的主体,课程意识决定教师对课程组织的关注程度。音乐校本课程组织需要不断校正课程目标,音乐校本课程组织是课程要素结构不断调整与修正的过程,并需要在多元组织群落中权衡。"❶

一、音乐校本课程组织的含义

提到课程组织的含义,一定以课程组织的功能为切入点。现代课程理论之父泰勒早在1949年就指出课程开发中的四个基本问题,简单来说,就是设定目标、选择经验、组织经验和课程评价,课程组织被认为是课程开发中的经典步骤。泰勒指出:"为了使教育经验产生积累效应,就必须将他们组织起来,使之互相强化,课程组织就是将学习经验组织成单元、学程和教学计划的过程。"一门课程,有明确的设计目标,有丰富的课程元

---

❶ 吕立杰. 校本课程开发中的课程组织逻辑[J]. 教育研究,2014(9):96.

素，还要把这些课程元素"编织"起来，编织的方式不同，课程呈现形态不一样，课程所实现的育人功能也不一样。如同现代系统论的观点，整体是由部分构成，但非各部分机械相加，在要素不变的情况下，要素结构决定系统功能；在结构合理的情况下，整体的功能应该大于各部分相加的总和。课程组织就是系统的结构，只有适当的课程组织才能将课程各部分紧密联系起来，并形成一定的秩序，提高整个课程的质量。

课程组织是一个多层次的概念，很多课程研究者如斯基尔贝克、古德莱德等人试图从不同层次上定义课程组织，或者为课程组织划分层次。波斯纳认为，课程组织宏观含义是指，学段间（比如小学与中学）、不同类型教育间（比如职业教育与普通教育）的课程关系；微观含义是指，具体的课程中的概念、事实、技能等元素间的关系，在宏观与微观间有很多不同层次的课程组织。

二、音乐校本课程的选择和组织的基本原则

音乐校本课程是以发展学生个性、特长和综合素质为目标的非学术性的、兴趣性的课程。课程开发的首要任务就是满足学生的实际发展的需要。因此，任何音乐校本课程内容的组织设计都要满足和激发学生的内在学习兴趣。资源为本，音乐校本课程内容的选择和组织必须基于学校和社区的现有课程资源，音乐校本课程资源不仅仅局限于某一本教科书或参考资料，或其他学科的知识体系，还包括社区的公共教育资源、人力资源以及学校的师资、设施、器材、经费、场地等方面，这些资源是音乐校本课程开发的可能性保障。"活动主导，音乐校本课程注重实践，坚持'实践第一、感受第一和体验第一'的原则。无论是操作实践还是创作实践，只有通过实践才能得到真实的感受和体验，也只有在这种感受和体验中，才能培养个体独特的实践精神和创新能力。因而在音乐校本课程内容的选择和组织中，学生自主的学习活动占据内容的主导部分，教师主要是指导、答疑，或与学生一起参与活动的作用。"❶

---

❶ 谢燕慧. 复旦二附中"中国打击乐"校本课程内容体系的建构与实施研究[D]. 上海：上海师范大学，2012：12.

三、音乐校本课程设计中的课程组织思考

（一）教师是音乐校本课程"组织"的主体

教师是音乐校本课程开发的主体，即便是在大学与中小学校合作开发音乐校本课程的体制中，这种主体性仍然具有现实必然性与价值的应然性。音乐校本课程是为了学校中的学生、在学校中产生的课程，也只有教师最能把握课程的所有复杂因素。音乐校本课程设计过程中，"组织"环节是常被教师忽略的技术性环节，大学理论研究者的介入是有效的。但介入的作用是提供思考框架，而不是也不可能是替代教师完成音乐校本课程的开发，教师因循课程结构的框架提升、整理、完善课程内容，并获得具有理论含量的课程开发经验。在这一过程中，需要双方的实践智慧。一方面，大学理论研究者听懂学校课程的诉求，看到自己行为的着力点；另一方面，学校教师要理解理论的可用之处，在理论框架与现实资源之间找到可行又不悖规范的行动路径。

（二）课程意识决定教师对课程组织的理解

在音乐校本课程开发中，忽略组织环节的主要原因是，教师课程意识的潜在偏向，教师在作为课程设计者的时候往往会从课程内容出发，选择认为对学生有价值的课程内容，尽管这些内容对学生的确是有效的，但效果有可能是局部、零散的。因此，教师需要从课程对学生发展的整体功能出发，理解课程结构体系会对学生产生什么价值；审视一门音乐校本课程在结构中担负什么样的功能，怎样才能实现这样的功能。在这样的思考框架下，才可能把内容的逻辑、学生的状况与实施方式、可能的资源等问题综合在一起筹划。

（三）不断校正课程组织的前提——课程目标

泰勒原理清晰地论述了基于目标设计课程的一般思路，这一基本思路同样可以表征音乐校本课程开发过程的逻辑。音乐校本课程组织要基于课程目标以及可能的课程元素。音乐校本课程的目标需要针对学校的理念及办学特色，要基于学生的兴趣与需求以及社会发展的时代需要，其中学生

的兴趣的确是音乐校本课程开发的逻辑前提，但这种前提也应该是一种底线前提，或者叫基本前提，必要但不充分的前提。学生兴趣广泛、多元、变动性强，同样的问题在不同的情境条件、方式条件中也可以产生或消除兴趣，因此，在确定音乐校本课程目标与内容的时候，学生的需要也应该是值得强调的前提性因素。学生的需求如何考量，泰勒给出了答案，"学习者目前的状况与公认常模之间的差异"，即"需要"。也就是说，学生的"需要"即学生目前的缺失，缺失是需要课程设计者判断的。当然，对学生兴趣与需要的认识，需要在音乐校本课程实施之后不断完善，实施者——教师会对课程是否满足了学生的兴趣与需要有更深刻的体会，课程内容的选择与组织自然应该在课程实施、课程评价之后不断完善。

（四）音乐校本课程的组织需要在多元组织群落中权衡

就某一门音乐校本课程的组织来讲，内容元素中的知识、信息、活动等如何排列成连续的、顺序的体系，除了要考虑内容元素自身的逻辑顺序外，还需考虑几个相关结构。

①学生的认知能力、认知特征的纵向结构。课程内容的深度与广度要符合学生认知的可能性。

②学生发展的素养结构。任何一门课程都不是仅仅增加学生的知识，或是仅仅提升学生的某种技能，所以课程元素的排列是否有利于学生知识、技能、情感、能力等素养结构的改善与发展要考虑在内。

③媒介结构。所谓媒介结构就是这门课程要通过什么教学方式、利用什么资源实施出来。不同的教学方式、课程资源直接作用于学生发展的素养结构，因此媒介结构需要多元化，需要自成结构，从而影响课程内容的取舍与排列。

④课程的时间结构。创编一门音乐校本课程，要考虑学校可能的时间资源，以及各年级恰当的课程时间，所以，必然存在课程的时间结构，课程元素的排列要纳入这个时间结构中。

⑤与学校其他课程的相关性综合结构。在我国基础教育的课程体系中，国家课程仍然是学校课程的主体，音乐校本课程的性质是辅助国家课

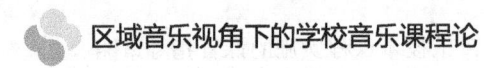

程实现育人目标,实现办学理念。音乐校本课程的内容如果能够与国家课程相配合,形成课程间的相关性,必然产生综合效应,从而给学生一个整体的认知。

四、音乐校本课程开发的课程组织

课程内容是课程目标的具体化,它在课程中居于核心地位,是一系列比较系统的直接经验和间接经验的总和,是根据课程目标从人类的经验体系中选择出来,并按照一定的逻辑顺序组织排列而成的知识和经验体系。课程内容作为课程内在结构的重要组成部分,与课程目标之间具有紧密的联系:课程内容的选定以课程目标为依据,并体现课程目标的要求;而课程内容的选择是否合理反过来制约着课程目标的实现。音乐校本课程内容是为了实现音乐校本课程目标要求的学生必须加以学习或演练的音乐知识、技能以及获得音乐审美体验所必需的音乐行为经验。

一般来说,无论何种类型的课程开发,都必须考虑以下三个制约因素:社会发展、学生需求和学科知识体系。只是不同的课程开发模式对这三个方面的侧重有所不同。由于音乐校本课程开发是基于一种"以学生为本"的课程理念,因此,更加重视学生的音乐学习需求,特别是学生个体的差异性的音乐学习需求。人本主义课程理论认为,自我实现是个体生长的基本需要,课程设置和内容选择的基本出发点就是受教育者自我实现的基本需要,强调课程满足受教育者自我实现的需要,主张课程的功能是要为每一个学习者提供有助于个人自由发展的、有内在激励的经验。杜威的"儿童中心"课程理论也把满足儿童的动机、兴趣、爱好和需要作为课程内容设计的根本依据。因此,音乐校本课程内容的选择应最大限度地满足学生的音乐学习需求,使音乐知识、技能的获取与学生的音乐兴趣相统一,从而促进学生的音乐发展。

音乐校本课程内容的选编,实质上是一个根据音乐校本课程目标对音乐课程内容资源进行分析、判断并进行优先选择的过程。在学校音乐教育中,由于我们无法把音乐文化的一切组成部分都囊括在课程之内,所以必须对音乐课程内容进行有目的的选择和设计。而这种选择的首要依据就是

第九章 区域音乐校本课程实施的课程指导策略

音乐校本课程目标，因为音乐校本课程开发的目的是解决特定的学校中具体存在的教育问题。一般来说，音乐校本课程目标在制定时已经对学校的音乐教育情境进行过全面、详细的分析，了解了国家统一课程所无法解决的学生音乐学习兴趣、需求，以及学校的音乐教育资源情况。音乐校本课程目标已最大限度地澄清了通过音乐校本课程开发活动，使学生在音乐能力和态度上发生我们希望获取的变化，根据音乐校本课程目标进行音乐校本课程内容的选择，就会有的放矢，事半功倍。

在具体的实施过程中，我们先依据音乐校本课程目标对相关音乐素材进行价值的分析和判断，评估这些音乐素材的选择与使用是否有利于满足学生音乐需求、发展音乐兴趣，以及能否传递音乐文化知识、获取技能，进而判断它们在完成音乐校本课程目标上的作用，是否具有典型的学习意义；再根据学生的身心特点分析拟选用的音乐素材是否适合学生的身心发展，有无可能被学生接受和内化，使学生获得审美体验等。

经过筛选后的音乐素材成为音乐校本课程内容材料，接下来还必须对这些内容素材按照一定的规则进行组织，才能使其成为真正的音乐校本课程内容。组织音乐校本课程内容的直接依据是学段课程目标和单元课程目标。首先，要根据不同学段目标以及该学段学生的音乐心理发展特点和已有音乐知识、技能掌握情况，对音乐校本课程内容按学段进行划分；其次，把每一学段的音乐校本课程内容按不同的单元进行组织。学段内单元课程内容的组织可以分为三种形式：平行式、阶梯递进式、平行与阶梯递进相结合的形式。如果课程内容相对独立，就可以将课程内容按照某种标准组成学习单元，这时各学习单元是平行的，在顺序上也可以进行互换。有的课程内容一部分是另外一部分的基础，需要根据阶梯递进要求将这些课程内容组成不同学习单元，然后排出顺序，这时的顺序是不能改动的。还有些课程内容有的是相对独立，有的是有前后关系，可以按照平行式和阶梯递进式相结合形成结构，组成学习单元。

需要指出的是，在音乐校本课程目标的制订和课程内容的划分之间有时候是一种互相制约、相辅相成的关系，特别是学段目标与学段内容、单元目标与单元内容之间更是如此，学段目标可依据已有的课程内容制订，学段内容也依据目标进行划分。

第二节　课程内容的组织原则

一、区域性原则

在课程内容组织原则中，可以体现区域性原则。我国疆域辽阔，不同区域有不同的风土人情，文化、艺术、经济基础不同，呈现出的教育面貌也有所差异，但这些差异也可以用来作为学校音乐校本课程组织与开发的有利条件。如今，区域性教育发展的特点为系统性、共生性和可持续发展性。"系统性是指区域如何按照国家方针政策，根据地区特点选择内涵发展方略，以便促进区域教育发展的战略思想、战略目标、战略重点的落实，这也是区域教育发展过程中的重要问题之一。共生性是指区域中有许多不同需求的众多学校，他们的教育资源是共生的也是互相学习采用的，对于处于共生状态的区域教育而言，各要素之间要相互联系、相互影响、相互促进，以达成互动、共赢、效益最大的状态。区域内部学校的整体发展水平制约着区域的发展。在区域教育发展共生视角下，区域内部的学校之间不再仅仅是竞争资源的关系，而是要发展学校之间的合作、共赢关系。区域要提供校际互通有无、互相联动发展的平台，引导区域内的学校与学校之间的联合发展，促进区域教育的整体发展。可持续发展性是指教育作为社会建设的重要组成部分，必须坚持可持续发展理论，从可持续发展的视角看一个地区的教育发展质量及其水平，使区域教育统一于可持续发展的宏观框架内，从而适应社会、经济、自然、人协同发展的需要，从观念、作用、评价标准等方面对区域教育进行全面的再认识。可持续发展理论下的区域教育的价值准则是教育在保持其促进学生终身健康快乐成长的基础上，推动包括社会公平、人力资源水平提升、学校竞争力等区域教育综合实力的不断提升，实现区域及区域教育可持续发展的过程。"❶

---

❶ 品质教育项目组.区域教育发展方略［M］.上海：华东师范大学出版社，2018：6-9.

二、实践性原则

学校音乐校本课程内容的组织也要有实践性，因为校本课程开发追求的目标之一是传递给学生更多的音乐文化，陪伴学生掌握更丰富的音乐知识与技能，从而培养学生更优秀的学习能力与更全面的技能。这就需要学校音乐校本课程内容要有实践性，让学生能够在今后的学习与生活中得到帮助并终身受用。"校本课程开发的目标之二是可以适应地方发展的具体条件，满足地方发展的需要，推动地方的发展，因而它在课程目标的确定、课程内容的选择、课程资源的开发利用，以及课程的学习与组织形式、课程的评价方式等方面有别于国家课程，校本课程比较注重知识自身的自在性和实用性，它在很大程度上带有实用主义色彩，寄希望于通过校本课程的实施能够增强学生对本土文化、历史以及价值观的认同，唤起他们的地方意识，激发他们对家乡的热爱，积极投身于家乡的建设。"[1]

三、多样性原则

学校音乐校本课程的课程组织具有较大的灵活性和自主性，因此可遵循多样性原则，在课程开发主体、课程资源类型、课程开设方式、课程实施途径等多方面呈现多元化特征。从课程开发主体来看，在省级教育行政部门组织下，不仅有课程专家、教学专家、教研人员的积极参与，还有社区成员、教师、家长、学生的广泛参与，是校本课程符合区域与学校的实际，体现区域的特色，更加充满活力和创造力。从课程资源形态而言，是以当地的自然资源、社会资源和人文资源作为课程的直接素材，不同资源的差异性、多样性决定了不能用同一种标准或方式来规范或保存、使用课程资源，因此地方课程资源应该是多种形态并存的、相辅相成的。从课程开设方式而言，可以组织为实践活动课、欣赏课、唱游课、律动课、演奏课等。从课程实施的途径而言，可以通过自学探究、合作互助等方式来实施，还可以引进现代教育技术来辅助教学。

---

[1] 王德如. 课程文化自觉论 [M]. 北京：人民出版社，2007：266.

四、综合性原则

本土的政治、经济、人文、历史、科技等社会要素与地理、生物等自然要素是内在地、有机地统于一体的，它们相辅相成、不可分割，共同组成地方社会生产、生活的全部内涵。❶ 所以，学校音乐校本课程要注意本土的综合性，结合本土、本校的实际，在课程内容与资源的组织上尽可能统筹、整合，注重课程内容的整体性与综合性，加强学科间的联系，使学校音乐校本课程的审美性、人文性与实践性贯彻更加深入。

五、探究性原则

学校音乐校本课程包含本土与本区域的人文与艺术特征，内容来源于实际生活，所以课程内容的组织要使学生能够自主学习与探究。这也锻炼了学生独立解决问题的能力，教师在一旁以协助者与陪伴者的角色融入课堂，引导学生自主发现与探究，感受本土与本区域鲜活的文化和艺术，在实践中掌握音乐知识与技能，从而热爱本土与本区域音乐文化，在探究中养成创新精神与实践能力，在练习中与音乐互动、与同伴互动，提高音乐素养与团结协作能力。

第三节　课程实施的课程管理

一、相关概念界定

（一）课程管理

"课程管理是指学校对课程的编制、实施和评价管理的主要活动过程，运用一定的管理手段和措施实现预定和规划的教育目标。课程管理主要分

---

❶ 王德如. 课程文化自觉论 [M]. 北京：人民出版社，2007：266 – 268.

为课程的制度管理和课程的改革管理两大方面。课程管理最简单的解释就是对课程的管理。"❶ 课程不仅是教学中的简单课程，更是学生思想道德素质、创新思维能力、独立思考能力、合作能力提高的要求，又由于课程的定义范围较为宽广，在对课程管理进行定义时我们应该加以充分考虑。课程管理，是指对学校课程的设计进行组织和相关安排，对学校的课程进行相关检查和指导，对学校的课程进行不断的组织与评价。张相学曾提出，学校的课程管理应该充分结合地区发展水平和发展特色，充分考虑课程管理的目标和发展途径，不断满足教师、学生、家长、领导对课程发展的建议和要求，结合当前教育改革的发展趋势，不断向丰富化、多样化、资源充分化发展课程管理，学校应该对相应的课程设定评价机制，及时鼓励课程管理的开展和进行，与此同时，善于总结和发现自身发展存在的不足，在未来的课程管理中及时采纳建设性意见和建议，进而逐步提升课程管理的效率和质量，使其能根据相关因素和自身条件有规律地进行相关管理活动。

（二）音乐校本课程管理

1. 音乐校本课程开发管理

音乐校本课程的开发管理，是指在明确校本课程的设立目标和发展方向后，学校对校本课程的形成进行决策，确保满足多数学生、教师、家长的要求后，结合自身发展条件和地区发展风格，建立完善、科学、合理的规章制度体系，进而保证校本课程可科学、有依据地开展实施。在进行校本课程的开发管理中，学校应该拓展思维角度，不断同信息化时代的发展紧密结合，丰富校本课程开发管理的形式和内容，增强校本课程开发管理的质量和效率。

2. 音乐校本课程实施管理

校本课程的实施管理是校本课程教育的关键，在教师教学过程中，通

---

❶ 孙晓慧. 长春市 S 中学校本课程管理现状及对策研究 [D]. 延边：延边大学，2017：34.

过寓教于乐的手段，不断丰富校本课程的实施形式，如在校本教学中增加师生对话、生本对话教学模式，推进教师与学生、学生与书本的沟通交流。除此之外，教师可采用不断组织小组讨论的教学形式，增强校本课程的教学实施效果，有针对性地构建和谐课堂，为学生创造出快乐的学习氛围。教师还可以结合当前的信息传播手段，在校本课程的实施管理中增进学生对资源的广泛获取，弥补传统教学方式中教学模式的不足。与此同时，学校的管理人员可及时给予教师恰当的校本课程实施管理意见，进而完善教师对校本课程的管理。

3. 音乐校本课程评价管理

校本课程的评价管理，是指学校根据校本课程的实施对象，将校本课程的管理分为学生、教师、校本课程的评价管理。首先，校本课程的评价应该充分反映学生的个人发展现状及其不同的热爱方向和特长；其次，校本课程的评价应该充分反映教师的专业素养、校本课程的教学态度和教学经验丰富与否；最后，校本课程评价机制应该包括对课程合理性、科学性、实践意义的正确衡量。

二、音乐校本课程的课程管理

区域音乐校本课程的课程管理是由建立课程管理组织，课程师资培训和课程资源管理等内容组成。建立课程管理组织的目的在于促进有效学习的产生，组织负责各项咨询、各类把关、资格审查和提供帮助。其工作程序要民主、开放、科学和合作，有利于教师专业自主性的充分体现和发展。课程管理组织建立前要进行充分的前期论证，校本课程开发前要对学生的发展需求、期望、社会要求，以及学校规划做出评估。对学校所有的资源进行调查，了解教师情况、辅助设施情况、财力物力情况，等等，对学校现有课程情况进行分析，把拟开设的课程介绍给学生，了解学生态度，等等。最后，由课程开发者把将要开发课程的目的、意义、项目、要求等报课程委员会或领导小组，进行论证。课程管理者能够描述清楚学生在学习结束时所能达到的能力与态度，在拟订一般目标的同时，充分考虑学生不同的需求、发展水平和潜能,拟订课程目标的层次性。

课程的师资培训分为校外培训和校本培训,一般还是要立足校本培训。教师主要接受四个方面的培训:课程基本理论培训,明确课程目标、课程内容、课程原则、课程评价等原理;教师专业技能培训,更新知识、拓宽视野;学科整合培训,了解跨学科交叉知识,挖掘课程资源,熟练使用计算机及多媒体技术等;校本研究培训,运用知识和新信息,形成问题,然后找到系统解决办法,并形成课题。资料归类整理,经过论证后,确立主题,然后进行资料的收集和整理工作。

课程资源的管理要充分利用学校和社区资源,熟悉各种资源的特性和使用方法;利用图书馆、资料室和网络,广泛收集信息,并把它们分类整理,确保信息的科学性、广泛性、前沿性。方案编制,学校层面上的方案就是《校本课程规划方案》,规定开设课程的时间、要求,以及与国家和地方课程的比例关系,并纳入学校课程计划中;教师层面上则是《课程纲要》的撰写以及课程介绍。《课程纲要》一般包括主讲教师、课程类型、授课时间、授课对象、课程目标、课程内容、实施方案、评价评定等。

课程可分为选修类和活动类,如音乐赏析、合唱活动等,类别选好后,由教师进行课程设计。开课的时间定在每学期的开始,教师要向学生介绍课程的内容、授课要求等,学生选择课程和老师。课程的评价与调整,关于校本课程开发的评价,下文将有详细陈述。在完成对校本课程的评价后,要根据师生,尤其是学生的需要和兴趣的动态变化,及时对校本课程的实施过程、方法、课程内容、教学时间等进行调整。同时,新课程改革需要校本管理做支撑,也就是借助校本管理对校本的研究、校本的教研提供一定的保障,这是开发与管理校本课程的前提,校本管理渗透在校本研究、校本课程、校本教研之中,并发挥着组织与协调的作用。

三、音乐校本课程的开发与管理策略

学校在课程开发与管理过程中会面对各种各样的问题,学生本身也存在着个体学习差异,致使音乐校本课程的管理实施具有一定的不平衡性,所以要在开发与管理中注重以下三个方面的策略。

（一）体验校本课程

我们平时要对学生掌握了多少知识进行衡量，还要对学生掌握知识过程的体验与感悟加以关注。在校本课程开发与管理中，要考虑学生的生理与心理方面的共同特征。针对不同的学生确定出不同的"最近发展区"，根据同一年龄阶段学生的生理、心理的共性特征进行内容调整。在校本课程的开发与设置过程中，在总体的设计上尽量做到符合这一年龄阶段学生生理、心理的认知特征。

（二）整合研究资源

在音乐校本课程的管理中，不能用国家课程挤占地方课程或校本课程，不能随意提高国家、地方规定的课程标准，也不能将校本课程变为国家规定的文化课程的延伸和补充。因此，为了确保音乐校本课程的适应性，就要求教师必须集中精力对教学资源进行研究整合，把学生学情的评估、学习资源的利用与总体测试、教育技术的合理运用等有机结合，保证课程的合理比例。教师要做到科学有效地指导学生，倡导多样化的课堂教学模式，优化教学过程，在课堂上提供互动交流的环境，课后运用于实践中，不断优化整合研究资源，使校本课程有步骤、有计划地实施。

（三）体现课程特色

音乐校本课程建设的目标之一是推进国家课程的校本化，与此同时还根据学校的实际情况，进行特色课程的建设。在课程改革中，必须与学校的实际相联系，而且能够被教师所接纳，这才显现出改革的实效。推行拓展型课程、实践型课程和自主型课程三大类典型的特色课程。其中拓展型课程就是进一步地提高和加深国家课程的课程，实践型课程就是开设的音乐活动课程，自主型课程就是从整体上提高学生艺术素养的课程。

四、课程的教学管理模式

（一）以合作形式为主

在音乐学习的过程中，艺术实践是艺术体验、艺术表现、专业知识技

第九章 区域音乐校本课程实施的课程指导策略

能进一步锻炼和展示的过程，是不可或缺的重要环节。它是将知识内化，情感融合，呈现蕴含积累的一种创造性的表现。音乐校本课程需要着力改变艺术学习中的机械模仿与枯燥训练，而是在围绕实践主题的艺术学习中，掌握艺术的基本知识和技能，了解艺术的历史和文化内涵。

合作学习是现代社会人们学习的重要特征，学会合作是现代社会人才必备的基本素质。在音乐活动的合唱、合奏、群舞等排练及创作中都离不开"合作"的学习方式，学生可以在合作中更真切地体会到相互间协调合作的重要性，感受到合作产生的艺术效果的体验。教学中同样会有师生、学生之间的合作、交流与互动。学生在合作中学会关注和倾听、分享快乐、达到默契、获得尊重；在交流中引起碰撞、相互切磋、取长补短，培养团队精神，增强合作意识，享受艺术学习带来的乐趣。而在课程实施的过程中，教师的角色也由传授者转为引导者、参与者、合作者，使教学在师生平等的过程中进行，师生之间形成合作式的"学习共同体"，教学过程成为师生交往、共同发展的互动过程。鼓励学生大胆演绎，表达对作品的理解和二度创作的内心情感。促进学生创新意识和实践能力的发展。学生在课堂上的收获不仅是知识与技能方面的基本认知，也包括情感态度与价值观的改变、丰富和升华，更能经受内心的震撼、感动，以及精神的鼓舞、陶冶和心灵的净化等。"小组合作研修是教师团体进行的交流、互动、合作式的研修活动。它是一种充分利用不同教师的差异资源，通过互动研讨、交流合作，优化整合教师内部的自我教育资源，从而获得最好的教师专业发展成效的研修途径，也是促进教师团体共同发展的最主要途径，更是建构校本研修运作机制的基础和主体。"❶

长期以来，教师在上音乐课的专业技术课时往往选择"一对一"的教学模式，这样的模式对于专业学习固然有好处，可是对一般学生的音乐普及性学习而言，似乎容易产生个体学习的孤独感。教师多让学生参与合作性活动，既能有效消除学生的孤独感，还能让学生在合作的互动中享受音

---

❶ 周冬祥. 校本研修：理论与实务 [M]. 武汉：华中师范大学出版社，2007：271.

乐艺术带来的审美体验，克服个别练习带来的枯燥感，收获对音乐学习的兴趣和信心。所以，以合作为主的课程实施策略是为了尊重学生的需要，更是为学生的发展、成长服务。

（二）因材施教循序渐进

因材施教是现代教学经验的核心，具有丰富的教育内涵，是教学中一项重要的教学方法，在教学中依据不同学生的认知水平、学习能力以及自身素质，教师选择适合每个学生特点的学习方法来有针对性地进行教学，发现学生的长处，弥补学生的不足，激发学生的学习兴趣，树立学生学习信心，从而促进学生的全面发展。因人而异的教育是建立在对学生有充分了解的基础上。学校里的学生在很多方面都是不一样的，比如他们的经验、家庭的社会经济地位、文化、语言及学习方式等，这些方面的差异会影响学生的学习成就。

从音乐校本课程来看，可以这样进行理解：作为国家课程的补充，无论从课程目标设置、课程内容组织、教材编写还是课程的实施，都应该"以校为本"，非常"接地气"地反映学生所需、教师所需。在课程的实施过程中，我们应该根据学生的不同情况提出不同要求，选择不同的方法和措施。尊重学生的个体差异，享受这种差异给教育者带来的挑战，这应该才是教育真正的乐趣之一。

（三）突破单一的音乐教学模式

《义务教育音乐课程标准（2011年版）》中指出"创造是发挥学生想象力和思维潜能的过程和手段，对于培养学生具有实际能力的创新人才具有十分重要的意义"。在学校音乐教育中，很多学生对音乐创作、艺术创作、综合创作有着浓厚的兴趣，但在音乐课堂的常态教学中，因为受到教学时间、教学空间或教学内容等条件的限制，学生的创作欲望往往不能得到满足。而在校本课程的实施环节中，正好为学生提供了一个展示自己才能的舞台。音乐活动的内容和形式可以灵活多样、生动有趣，并丰富学生的想象力，发展其创造潜能。在新课程实施的大背景下，国家课程提供了普及性的音乐教育。作为校本课程，应该突破单一模式的教学，尤其作为音乐课程，应该结合学校办学特色，充分挖掘并发挥学科特征，让"音乐课"真正"活起来"。

再者，还可以开展音乐情境教学。顾名思义，这种教学最为重视情境，强调通过言语、实物、图画、板书、照片、音乐、实验、动作、扮演、参观、视听媒体，再现蕴含在课程中的情境，使学生设身处地去体验、感受、想象和思考，进行情知交融的教学。这样的音乐校本课程的教学往往依靠获取感性经验、即时信息、相关理性知识及情感体验。音乐校本课程实施中所创设的活动情境，非意象中的情境，是实在的情境，创设这种情境的目的不仅仅在于"触景生情"，而是以学生全面素质的提高为出发点。在情境教学中，在一个生动的环境下，学生在生活的情境中学习，教师在生活的情境中指导。透过某些情境，体现地方文化与音乐的"合理性"，即音乐是人们生活必不可少的组成部分。这种"合理性"可以与教学发生联系，但依然保持相对独立。

同样作为国家课程的补充，音乐校本课程不应止步于课堂，还应拓宽音乐活动教学。在学校软硬件条件允许的情况下，只要能够培养学生对地方文化的兴趣、培养学生对地方文化的审美能力，塑造全面、和谐、充分发展的个体，能够激发学生的潜能、能够对学生身心发展有益的一切音乐活动都可以作为音乐活动课程的内容。如歌唱比赛、文艺演出、音乐会、音乐讲座、音乐板报。总之，如果没有校本课程管理的支持，校本课程的顺利实施将无从谈起，学校的多种资源也不会得到有效利用，更不可能在学校中对开发的课程实施与贯彻。

第十章 区域音乐校本课程开发的评价策略

第一节 课程评价

校本课程开发需要考虑学校的资源条件，以决定做何种程度的开发。这里的资源指信息资源、能力资源和物质资源。信息资源是以学校的教材和资料为核心，它为校本课程开发提供源头活水和信息支持，对信息资源的评价，涉及信息渠道、信息储存和信息效能。评价要求信息渠道多样化、信息储存丰富化、信息价值效能化，整个信息资源要处于不断的交流和更新中，形成信息资源"优胜劣汰"的动态过程。能力资源是指教师的专业能力和学生的学习能力。校本课程开发是以教师和学生为主，他们的能力状况制约着校本课程开发的深度和价值。教师的专业能力包括专业素养、开拓意识、创新能力和课程开发能力。学生的学习能力包括现实学习能力和潜在学习能力。现实学习能力是指学生已达到的学习能力现状，是校本课程开发的重要依据。潜在学习能力是指通过课程更新，学生可能达到的能力状况，是校本课程开发的重要目标。对学生学习能力的评价通常由教师评价和学生自评构成。课程评价方式通常是：先由教师自我评价，然后是学校评价，最后由专家组综合审评。物质资源是指在校本课程开发中学校可提供的场地、设施、设备与经费支持，它是校本课程开发的物质基础。除了上述对学校的资源进行评价外，还要对社区可利用的资源进行评价，在学校和社区之间形成良好的校本课程开发的资源环境。

一、音乐校本课程评价的价值主体

音乐校本课程评价是课程评价的一种，它的价值主体当然也与学生、教师和课程自身有关，但从具体的表现形式来看，音乐校本课程评价的价值主体是学生和学校构成的联合价值主体。音乐校本课程是为学生学习有用知识，进而发展自己潜能、提高自己可持续发展能力提供时间和空间服务的。音乐校本课程的评价标准应该由学生来建立，是否有利于促进学生的可持续发展、是否有利于增强学生的生存能力，应该成为评价音乐校本课程的价值标准。音乐校本课程也为学校提升自己可持续发展能力提供了一种机制。校本课程依赖于学校自身的课程化，它与学校教师专业水平及结构、学校管理模式、学校发展历程、学校运转方式等密切相关，好的音乐校本课程就是好的学校。从这个意义上讲，开发音乐校本课程的能力是学校可持续发展能力的核心。从自身发展的需要出发，学校也应该具有确定音乐校本课程评价的能力，它必然会将是否有利于促进自身可持续地形成和发展开发课程的能力，形成有利于促进自身与课程一体化，作为评价音乐校本课程的价值标准。

实践中，学生或学校两个主体中的任何一个都不能单独确定音乐校本课程评价的标准，具体的音乐校本课程评价标准应该是学生和学校两个价值主体所构成的联合体共同建构的，是它们各自价值标准相互作用的体现。这就要求人们在设计音乐校本课程评价的评价标准时，要处理好学生主体和学校主体二者之间的关系，具体落实到指标体系中就是要确定体现音乐校本课程对二者价值重要性的权重结构。考虑到可持续发展的学校一定有利于学生的可持续发展，人们可以采用反映学生主体方面需要的评价指标权重与反映学校主体方面需要的评价指标权重各占一半来构建校本课程评价的指标体系。

二、音乐校本课程评价的评价主体

根据上面的分析不难看出，音乐校本课程的评价是评价主体间的活动。评价活动是一种理论性和技术性很强的工作，从事评价工作的人员需

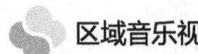

要具有系统专门的评价知识和技能,当价值主体不具有这些专门知识和技能时,价值主体自己就难于胜任所面临的评价工作。音乐校本课程评价就是如此。一方面,学生评价本身就是学生学习的目的之一,因而学生不可能具有系统专门的评价知识和技能,学生要独立承担属于自己的音乐校本课程评价工作是不现实的;另一方面,当前学校人员(主要是教师)的知识结构也缺乏系统专门的评价知识和技能,因而学校人员要独立承担属于自己的音乐校本课程评价工作也是不现实的。要解决这两个问题,只有采取构造联合评价主体的方法建立音乐校本课程评价的评价主体。所谓音乐校本课程联合评价主体是指由学生委托的评价者、学校委托的评价者等构成的联合评价主体。在这个联合评价主体中,学生委托的评价者为学生提供实现学生自我评价服务,即按照学生的价值标准进行评价,并帮助学生学习和提升开展评价的能力;学校委托的评价者为学校提供学校实现自我评价服务,即按照学校的愿望进行评价,并帮助学校学习和提升开展评价的能力。

实践中,建立联合评价主体的关键是明确受委托评价者的身份,促进受委托评价者树立为委托评价者(学生和学校)服务的意识。评价过程中解决这个问题的前提是保障学生和学校在确定评价主体的决定权得以实施并落到实处,由他们分别向学生委托的评价者和学校委托的评价者授予评价权限。学生委托的评价者可以是其他同学、本校教职员工或者非本校的人员。同样地,学校委托的评价者也可以是本校教职员工、本校学生或者非本校的人员。

三、音乐校本课程评价的基本内容

校本评估是一种内外部评价的结合,是一种民主性的多元主体参与的协商对话过程,它可以对家长、学生、社区、教育行政当局负绩效的责任。学者黄崴将校本评价定义为"是以学校为主体,在学校层面充分发挥学校作为评价主体的作用,通过对学校各方面工作的评价,促进学校发展的一种评价活动。这个定义强调了要在学校层面上考虑学校的实际情况,即要'基于学校'"。[1] 校本课程实施的评价内容包括课程内容设置的评

---

[1] 王全,陈太忠,何芳. 校本管理[M]. 北京:教育科学出版社,2009:263.

价、课程实施方案的评价等。

音乐校本课程评价的基本内容应立足于学校，体现学生的有效参与和学校的评价主体意义，面向国家对人才的培养要求。立足学校就是指立足学校的实际课程资源、立足学校的实际开发课程能力、立足学校学生的实际需要来开发音乐校本课程。面向国家对人才的培养要求是指开发的音乐校本课程要立足于培养中国学生的核心素养。音乐校本课程评价内容要有利于培养学生的可持续发展能力，这就要求所开发的音乐校本课程是对学生有效的课程。通过学习这些课程，学生不仅可以获得融入当地生产、文化活动之中的知识与技能，而且可以发展自己参与建设文化活动的能力。开发音乐校本课程的能力是学校创新能力的综合反映，它要求学校要做好自身校园文化建设及教师校本发展的两个方面的工作。音乐校本课程评价是一个系统工程，从改进和完善开发课程设计以及监控课程开发过程角度看，音乐校本课程内容设计实施应该成为音乐校本课程评价的重要内容。

第二节　评价策略

课程评价策略实施应在对课程学科性质理解的基础上进行。课程的学科性质体现了校本课程的内容与属性，音乐校本课程的音乐学科性质使校本课程更具审美性、实践性与人文性相结合的课程性质，体现了课程的核心目标是面向全体学生的，以音乐审美为核心的音乐实践活动，使学生更具创造性精神。所以音乐校本课程的实施要从审美性、实践性、人文性三个方面来推动，且由于音乐学科的独特性，以学生为主体、教师为主导的教学双主体原则使学生的参与度越来越高，实践性内容越来越多。学生通过亲身体验来感知、理解音乐与音乐现象，会使学生更喜欢这种学习方式，并能够更快地掌握知识与技能，提升自己的音乐素养，为自己带来美好的音乐体验。根据学科特性采取的音乐校本课程的评价策略包括科学性策略、可操作性策略、素质培养策略、参与性策略和全面性策略。

一、科学性策略

科学性是指概念、定义、论点等是否符合客观实际，是否反映事物的本质和内在规律，即概念、定义、论点是否正确及论据是否充分，实验材料、实验数据、实验结果是否可靠，等等。音乐校本课程评价的科学性策略，是指在评价过程中，评价的标准是否符合事实，或是否符合学生现有的认知水平，所表述的内容是否经得起推敲，是否符合音乐学科内在的规律特点。

评价的科学性策略应体现音乐课程的学科性质。课程的学科性质体现了校本课程的内容与属性，音乐校本课程的音乐学科性质使校本课程更具审美性、实践性与人文性相结合的课程性质，体现了课程的目标与性质是"要培养心灵美的人"，使学生更具创造精神。所以音乐校本课程的实施要从审美性、实践性、人文性三个方面来推动，且由于音乐学科的独特性，以学生为主体、教师为主导的教学双主体原则使学生的参与度越来越高，实践性内容越来越多，学生通过亲身体验来感知、理解音乐与音乐现象，会使学生更喜欢这种学习方式，并能够更快地掌握知识与技能，提升自己的音乐素养，为自己带来美好的音乐体验。

享誉世界的达尔克罗兹体态律动理论、柯达伊教学法、奥尔夫教学法、铃木教学法等都是音乐教师立足于本土音乐实际，在自我研修的基础上，经过多年实践形成的音乐教学法，这些自成体系的音乐教育理论已经在世界范围内获得了广泛接纳。我国音乐校本课程也可以借鉴，但要注意的是，在对音乐校本课程实施过程中教学理论选用的评价上，要注意音乐校本课程是否与这些理论体系很好地融合在一起，选用这些理论后，是否结合了我国的教育教学状况与本校的教育教学状况，进而形成新的符合我国国情的新的教育理论。这一系列的思考都要首先采取科学性的策略，要慎重思考是否符合我国教育教学的实际情况，是否符合音乐学科的本质和内在逻辑，是否符合学生的认知水平。

二、可操作性策略

音乐校本课程开发要遵循操作便捷，简单易学，以实践学习为主，以知识灌输为辅的方法。音乐校本课程实施更要注重可操作性，避免出现纸上谈兵，在实践中无法应用的情况。音乐校本课程的评价方法要简单可行，不能一味地以短阶段的成绩来论证音乐校本课程的成功与否，而应该更重视学生在学习过程中收获的知识、技能、积极快乐的学习状态。总之，音乐校本课程的开发、实施、评价都要遵照简单、易实施的可操作性策略来进行。

可操作性策略的前提是，教师是否能利用教室或当地的可利用资源，为学生或带领学生制作乐器或积极参与、体验、完成音乐活动。要考虑学生当前的音乐水平，切勿拔苗助长，要做学生当前能做到的音乐实践活动和音乐审美体验，然后逐步提升难度与挑战。

三、素质培养策略

音乐课程是素质教育的一个重要板块，有利于学生提高音乐素养与音乐审美，在音乐课程中感受真善美，在音乐技能练习中培养勤劳的优秀品质，在音乐欣赏中感悟音乐的灵魂与思维，培养健康、积极、向上的人生态度。因此，音乐校本课程开发要遵循素质教育要求，致力于培养学生的核心素养，以音乐为载体，以实践为方法，促进素质教育的全面提高。

在素质培养方面，切记音乐的培养是徐缓的，是从聆听、体验开始。从基础的感受音乐逐渐加入实践活动，在实践与审美相结合下再加入人文知识元素，不断地满足学生的审美需求，提高实践能力，使学生主动地接触、体验音乐的美，从而能够启迪学生智慧，丰富审美体验，净化心灵，陶冶情操。

四、参与性策略

参与性策略要求实施者加入到对象的活动中去，是为了了解研究对象发生、发展的全过程和内在活动。这种策略的主要目的在于对未知领域进行方向探索。在音乐校本课程开发过程中听取学生意见、调研学生需求，做到"学生想学什么，教师就着重开发什么"，在音乐校本课程的实施过程中，让学生广泛地参与到课程中来，提高动手能力，避免出现教师灌输知识点的现象，让学生参与到音乐演绎、分析、欣赏等活动中。在音乐校本课程的评价过程中，把学生的参与程度作为评价的元素之一，而不是单纯地以考试成绩等方式来评价。

《普通高中音乐课程标准（2017年版）》对学生和教师参与音乐课程提出了要求："音乐课程各模块教学，通过聆听、歌唱、演奏、编创及综合艺术表演等多种实践活动得以实施。对音乐实践的突出强调，应贯穿全部音乐教学活动。学生参与各种音乐实践活动，获得音乐的直接经验和情感体验，学习和掌握必要的音乐知识和技能，增强审美感知和艺术表现能力。音乐是一门极富创造性的艺术。音乐课程中生动有趣的创造性活动内容、形式和情境，能够促进学生想象力的发展，丰富学生的形象思维，开发学生的创造性潜质。学生通过自主选择学习丰富多样的音乐课程，使个性化的发展需求得到切实满足，有利于释放创造性的能量。"[1]

五、全面性策略

全面性策略是立足于未来，通过对国家教育政策、文化及学校的环境进行深入分析，结合自身资源，站在课程系统管理高度，对校本课程远景发展进行全面的规划。音乐校本课程的开发，既要考虑到学校的特色情况、地区的文化资源、教师的专业水平、学生的需求等，进行音乐课程全面综合的开发，又要注重知识的积累与技能的练习，还要注重学生学习态度的变化。音乐校本课程的评价要综合教师对课程目标的完成情况，学生通过学习之后能力的提升、教材的实用性以及社区与家长的评价。

音乐校本课程在实施中，要考虑各种因素的变化而逐步改善课程内容与授课方式，以符合学生的接受与学习能力，课程内容要与时俱进，凸显时代特色，使音乐校本课程活灵活现并得到传承与创新。

---

[1] 中华人民共和国教育部．普通高中音乐课程标准（2017年版）[S]．北京：人民教育出版社，2018：3-4．

第三节 评价内容

音乐校本课程的实施评价是建立在以学生为本位的基础上,对音乐校本课程的多个元素进行的评价活动。评价内容包括对课程、教师和学生的评价,从不同的评价对象对音乐校本课程的实施情况进行评价与反馈,能够多层次、多角度地分析音乐校本课程存在的问题与努力的方向。以不同的评价原则为依据可实现客观性、真实性与全面性的评价结果,其价值在于改善音乐本土校本课程的实施情况,为音乐本土校本课程的建设提供建议与方向。

一、对课程的评价

对课程的评价分为对校本课程教材的评价,对课程实施效果的评价两个方面。

(一) 对校本课程教材的评价

课程教材是教学理念的集中体现。音乐校本课程是校园文化建设的重要手段之一,校本课程的开发与实施,极度依赖于学校的传统文化与办学特色,校本课程一定要符合学校的办学理念与特色,才能获得持久的生命力与创造力,利用学校的办学条件与师资力量,才能开发出优秀的音乐校本课程。考虑到地方经济、文化等元素,音乐校本课程应当贴近地域文化、传承地域文化、汲取地方传统文化的精髓并且通过教育方式传播出去。在传播中改进,在改进中发展,给地方文化新的生命力。因此,地域特色文化也要纳入音乐校本课程的教材中。

在教学过程中,教材内容对学生的吸引力是重要的评价方面之一,在充分引起学生兴趣并且激发学生对校本课程内容的学习热情过程中,教材起到了重要作用。同时,教材内容是否符合学校办学理念以及地方文化特色,是否能够既体现全面知识,又兼顾学生个性,是评价教材的又一重要标准。学校是校本课程传播的载体，为校本课程实施提供了重要平台，校长、教师与学生是组成学校的重要群体，他们也要为校本课程的教材建设提供建议和意见，补充完善音乐校本课程的内容。校本教材要充分体现地方文化特色，将地方的某一音乐现象学科化，以校本课程形式为载体传播到校园，传播给青少年学生。将地方文化的保护与传承纳入音乐校本课程的教材建设，要以全面的观点看待音乐校本课程的功能。

教材是音乐校本课程内容的集中体现，音乐校本课程的教材编写要符合地方特色与学校的办学理念，要关注教材在学校的应用性。对于城市初级中学，课程内容可以丰富一些，人文性知识多一些；对于农村初级中学，就要因地制宜选择课程内容。例如，城市的小学低年级学段以多参与活动为主，可利用唱游教学法使每个学生都参与进来，提高他们的注意力与兴趣，小学中高年级学段可以开展体态律动音乐活动；若是农村的小学，教材编写要贴近实际，符合农村的教育现状，要充分利用现有的教学条件进行音乐课程的设置。在设计科学的教材的同时，要关注音乐课程的活动状况，在有意义的音乐活动中完成音乐校本课程的开发与实施。

（二）对课程实施效果的评价

音乐校本课程本土化实施效果的评价分为课后反思与总结，学生对课程效果的反馈，同行对课程听评课的反馈。评价内容是，在每节课课后对课程的具体操作步骤与学生的反馈、同行对课程实施效果的反馈进行评价，以及在学期末的总结反思中进行评价。

每学期结束时，学校要召开音乐教师会议，听取任课教师对音乐课程建设的意见，及时修正不足，完善方案。同时，要对实施年级进行问卷调查或召开座谈会，关注学生喜好音乐课的程度，也听取学生乃至家长、社会人士的建议和意见。对课程的评价标准和要求主要包括：师生积极参与，主动活动，师生之间、学生之间广泛交往，考虑学生的个别差异来设置合适的活动目标，活动内容能与学科课程整合，活动与社会、家庭能有机联系起来，人尽其才，物尽其用，使活动气氛活跃、愉悦，学生乐于表现自己并且能够发表见解，在活动中教师起组织引导作用。

学生对课程实施效果的反馈，直接影响下一阶段教学内容的修订。学生反馈的方法是以调查问卷、访谈为主要形式，内容是调查学生对本课程的喜爱程度、了解程度，以及有何建议与意见，最后形成纸质版问卷与访谈分析和总结，作为本课程建设的参考资料。例如，通过某音乐校本课程的学习，学生对音乐课的喜爱程度是提升了还是下降了。在学生的反馈中，以百分比计，有多少学生喜欢并愿意坚持学习某音乐校本课程；有多少学生持不反对也不同意态度；有多少学生支持老师带领进行音乐活动，不想自己进行创编；有多少学生不喜欢学习某音乐校本课程。喜欢与不喜欢学习某音乐校本课程的学生提出了什么意见与建议，学生的意见与建议会补充本课程的教学内容。从反馈上看，有多少学生参与了课堂音乐实践，有无达到全员参与的课程目标。

同行评价的评价成员由教研组组长与同行教师组成。评价方法是运用听评课、教研小组开会讨论、查阅教师教案、课下随机访问学生对课程和教师的看法等。评价内容是评价课程的实施依据、内容、方法、计划、目标、效果，以及对是否符合和有益于学校音乐课程的计划安排。最后形成文字报告，成为建设本课程的参考资料。

对校本研究成果的鉴定的具体表现有："发现了教育过程中的新事实，从而提出了新观点和新见解，或对原有的事实做出了新的解释；在自己教育实践的基础上，对原有的教育理论提供了新的例证、补充或修正；提供了教育教学管理工作中新的方法，或者从实质上改进了原有方法；通过研究解决了自己在教育教学管理实践中存在的现实问题；通过研究提出了新的教育理论。"[1]

二、对学生的评价

音乐校本课程对学生的评价，要从学生的参与程度、学业成就、学习态度等多个维度进行分析。好的音乐校本课程一定是深受学生喜爱并且能

---

[1] 李春山. 中小学校本研究：管理与实践 [M]. 重庆：重庆大学出版社，2006：229.

够可持续开展的，要关注学生在长期学习中所收获的学习成果。

在音乐校本课程实施中，对学生的评价采用形成性评价与终结性评价相结合的方法。

形成性评价的方法有：①建立学生成长档案，让学生自己收集学习过程中反映自己成长的资料，如学习时收集到的故事、照片，办的剪贴报，写的采访日记、调查报告，家长、教师、社会人士的评价等。②教师根据教学内容设计相应的评价表，随时进行评价。形成性评价是对学生在学习过程中的情感、态度、方法、知识、技能发展变化的评价。在日常教学中可采用观察、谈话、提问、讨论、演唱、演奏等方式进行。对学生的评价以各教学领域的课程内容为基本依据，如学生对音乐的兴趣爱好与情感反应，学生在音乐实践活动中的参与态度、参与程度、合作愿望及协调能力，音乐学习的方法与成效，音乐的体验与感受能力，音乐的表现与编创能力，对音乐与相关文化的认识、理解，审美情趣的形成，以及掌握知识、技能的实际水平等。

终结性评价是对学生阶段性学习结果的评价，在学期、学年末进行，主要采用聆听、演唱、演奏、综合性艺术表演等方式。如运用"音乐成长记录册"形式记载对学生的评价，从不同阶段的回顾和比较中看到自己的进步。还可采用分组演唱演奏会、音乐才艺或创意展示等形式，在观摩交流中做点评。还可开展"班级音乐会"，展示学生的演唱、演奏、音乐作品、音乐小评论、演出照片、录音录像等，把学生在本课程中的收获与成长记录下来。最终形成音频、视频、文字报告，成为音乐校本课程的实施建议与参考。终结性评价的形式根据教学内容的不同也体现出多样性的特点。音乐校本课程不采用书面的考试或考查方式，但要作考勤评价记录，教师根据每个学生参加学习的态度进行评价。除此之外，还要体现学生在评价中的主体地位，因为这样有益于学生认识自我、树立自信，有助于学生反思和调控自己的学习过程。

对学生进行形成性评价与终结性评价，要对学生每一堂课上的表现、参与态度，以及所反映出的情感、态度、价值观等方面做出客观的评价，同时让学生同伴、教师和家长共同参与评价，注意评价的正面鼓励与激励作用。学生是音乐校本课程学习成就的呈现者。通过对学生的观察，归纳总结出学生感兴趣的学习内容并加以扩充，对学生不感兴趣的部分加以删减。同时，观察学生在学习过程中是否完成了教学目标的要求、是否充分掌握了某知识或技能的学习方法，是否提高了音乐素养以及音乐表演技能，这也是对音乐校本课程实施评价的重要方面。

在评价时，要重视评价方法的多样性和灵活性，教师应注意根据学生的年龄特征和学习风格的差异采取适当的评价方式。如学生对某一首民歌或戏曲唱段完成得不好，教师可暂不记录等级，允许其进行再次尝试。还需要强调的是，校本课程要将学生的情感培养放在首位，因此在确定学生的最终学习等级时一般不设定不合格，而是分"优秀、良好、合格"等级。关于学习的成果方面，学生成果通过实践创作、作品鉴定、竞赛、评比、汇报演出等形式展示，成绩优异者可将其成果记入学生学籍档案。

三、对教师的评价

音乐校本课程开发的主体是音乐教师。音乐教师既是课程的开发者，又是课程的执行者。对任课教师评价分为学生评价，同行评价和自我评价。

（一）学生对教师的评价

评价方法是以调查问卷、访谈为主要形式，内容是调查学生对本课程与教师的喜爱程度、了解程度，以及有何建议与意见。最后形成纸质版问卷与访谈分析及总结，作为本课程建设的参考资料。

（二）同行对任课教师的评价

评价成员由教研组组长与同行教师组成。对教学过程的评价方法是运用听评课、教研小组开会讨论、查阅教师教案、课下随机访问学生对课程和教师的看法等。对音乐校本课程规划与实施的评价方法是教师对某音乐校本课程教材的梳理，对整体课程实施的规划，对校本课程的课程思维，对自身的专业成长水平的认知，等等。评价内容是评价任课教师的教师专业技能程度、职业素养水平、仪容仪表是否得体、上课状态是否自然大方、遇到突发情况是否能有效处理等方面。最后形成文字报告，成为建设本课程的参考资料。在教研组教师的听评课与研讨会中，给任课教师提出建议，以促进任课教师的专业成长。同时学校要进行教学督察评价，重点检查教师备课、教师收集的资料及课堂教学，以掌握教师的工作状态。教师是校本课程开发的主体，作为校本课程开发的决策者、实施者、评价者，教师以多个维度呈现出不同的角色，因此，对教师的评价应该是多维的。

教师校本课程参与工作可作为教师业务考核的重要内容之一。在每学期期末，学校教务处负责考核，对认真开展教学和指导工作的教师发给一定的课时补贴。对教师工作考核的标准是：教师从教必须有计划、有进度、有教案、有考勤评价记录。教师应按学校整体教学计划的要求，达到规定课时与教学目标。教师应保存学生作品及在活动中、竞赛中取得成绩的资料。教务处通过听课、查阅资料、访问等形式对教师进行考核，记入业务档案。

（三）任课教师的自我评价

任课教师的自我评价是教师自行检查教学录像、微课、教案等，对自身的教学方式、教学手段、教学成效、教学状态（是否自然大方、是否仪表得体）等方面进行自我评价。教师在每一个主题内容的教学完成后，自我进行反思性评价，认真进行反思总结，并形成书面性文字，以备日后查阅。

自身评价与反思中，要从学生的反馈情况入手，分析课堂上的教学环节是否每一步都做到有效了，学生是否真的理解、运用和创新了。同时还要考虑每节课能否做得更好一些，一些问题的抛设是否可以精确到学生身上，是否可以做到针对每个班有不同的教学风格甚至教案。需要注意的还有：课程是否体现了跨学科的教学方式与教学手段；是否贴近学生的生活，是否"接地气"；实践时是否全员参与，实践方法是否高效有成果；是否在课程中引用了国际上使用的优秀的教学方法与教学手段；是否对每个学生、每个班级都做了分析与评估，并把学生的表演与进步进行记录与分析，做好学生的成长记录册。

第十一章 区域音乐校本课程本土实施案例

案例一 景县凤秧歌的学习与传承

一、课程信息

课程名称	景县凤秧歌的学习与传承
课程类型	人文素养类
授课教师	杨春霞
实施地点	河北景县龙华中学
教学教材	自编
学习对象	七八年级
规模预设	七八年级全体学生
学习时限	14 课时

二、课程设计

（一）课程目标

1. 课程总目标

本目标旨在以凤秧歌教学为载体，让学生了解凤秧歌的有关知识，掌握凤秧歌的特点、动作要领、唱词、道具等，亲身体验唱、跳凤秧歌的乐趣，让学生了解我国民间凤秧歌文化的内涵，并体验民间艺术的乐趣，弘扬民间艺术，从而丰富学生的课余生活，提高学生的艺术素养，激发学生热爱祖国、热爱民族的思想感情。

为落实上述目标，我校以新课改为载体，在景县凤秧歌校本课程开发、实施过程中，以学生发展为主体，关注学生创新能力的培养。积极发展学生个性，全面落实素质教育。根据本校实际，让学生在课程中了解河北民间歌舞艺术的相关知识，以学生个性发展为中心，以培养学生审美能力为主，以艺术编创活动为拓展，丰富学生的课余生活，提高学生艺术修养，激发学生热爱本地文化的自豪感。

2. 课程具体目标

（1）了解河北民间歌舞艺术的相关知识

了解秧歌的悠久历史，河北各地秧歌的不同特点及艺术特色，景县凤秧歌的历史及特点等知识，激发学生热爱本地民间艺术的思想情感。

（2）学习景县凤秧歌的基本步伐，在基本步伐基础上创造性加花

在景县凤秧歌学习中，学会秧歌舞的基本步伐，体验景县凤秧歌步伐的特点，学会在基本步伐基础上进行加花，感受民间歌舞艺术的魅力。

（3）学打秧歌鼓点，学会为景县凤秧歌伴奏

通过鼓点打击学习，让学生了解景县凤秧歌的鼓点特点，学会利用打击乐器为秧歌舞伴奏，体会参与和创造的乐趣。

（4）以秧歌舞为载体，传承河北民间艺术，激发创造性思维

在学生学会动作及伴奏的基础上，激发学生的创造能力，运用秧歌舞蹈动作，融入现代流行音乐，让学生体会到舞蹈编创的乐趣，并进一步体验民间艺术的魅力，促进学生综合素质的提高。

（二）课程内容

本教材使用了单元学习的编写方式，共四个单元，由了解历史、学跳凤秧歌舞步、学打秧歌鼓点、创意编创四个板块组成。教学时，教师可以根据自身教学特点和学生原有基础，进行教材重构。一般而言，每个单元安排 6~8 课时。

单元一：了解历史

我们在每个单元的开始安排了"了解历史"的板块，目的是让学生在这一板块的学习中，了解我国凤秧歌文化的悠久历史和丰富的文化内涵，为中国拥有这样的民间艺术而感到自豪，从而激发起学习兴趣。

单元二：学跳凤秧歌舞步

我们在每个单元的第二课安排了"学跳凤秧歌舞步"的板块，目的是让学生在这一板块的学习中，从基本的舞步学起，了解其艺术风格，提高学生协调能力和观察力、感受力。

单元三：学打秧歌鼓点

我们在每个单元的第三课安排了"学打秧歌鼓点"的板块，目的是让学生在这一板块的学习中，从聆听、击打鼓点中体验凤秧歌的节奏韵律。加上镲、锣伴奏练习，配乐表演凤秧歌舞实践活动，从而培养学生的音乐节奏感。

单元四：创意编创

我们在每个单元的最后安排了"创意编创"的板块，目的是让学生在这一板块的学习中，学习、体验、探索，从而根据所学舞蹈动作对《最炫民族风》等舞曲进行编创，从多方面培养学生的音乐技能。

课程内容要点

单元序列	单元基本模块	具体内容
第一单元	了解历史	秧歌的悠久历史
		河北各地秧歌特点赏析
		景县凤秧歌历史及特点
第二单元	学跳凤秧歌舞步	基本步伐学习
		道具（小锣、槌儿）运用加花练习一
		道具（小锣、槌儿）运用加花练习二
第三单元	学打秧歌鼓点	基本鼓点学习
		加上镲、锣伴奏练习
		配乐表演凤秧歌舞实践活动

续表

单元序列	单元基本模块	具体内容
第四单元	创意编创	《最炫民族风》前16小节动作编创
		《最炫民族风》17~53小节动作编创
		《最炫民族风》54~64小节加间奏动作编创
		《最炫民族风》最后16小节动作编创
		各组舞蹈表演秀

三、课程实施

（一）课程实施阶段

1. 准备阶段（2013年11月—2014年2月）

建立课程开发组织机构，包括学校凤秧歌的校本课程开发领导小组和学校凤秧歌课程审议委员会；进行教师校本课程知识培训和技能培训，内容包括校本课程解读，如何撰写校本课程文本和纲要，如何评价一堂好的校本课，如何评价学生等；初步厘清开发思路，拟定开发纲要，确定开发项目。

2. 实施阶段（2014年3月—2014年7月）

在实施阶段，学校进行如下行动：①根据学校凤秧歌校本课程开发方案和自身的特长，明确人员分工，拟定项目开发方案；②学校课程审议委员会和课程开发领导小组审议凤秧歌项目开发方案；③凤秧歌项目开发小组修改项目开发方案，分工协作，完成项目开发纲要的编制工作，并交学校课程审议委员会审议；④修改凤秧歌纲要，开始撰写课程计划、文本，设计学生活动材料等；⑤将凤秧歌课程文本、计划和自查表报学校校本课程审议委员会审议，通过后由学校报县市课程委员会审议。

3. 拓展阶段（2014年8月—2015年7月）

在拓展阶段，学校做出如下行动：①根据家长、学生、社会的需求，逐步开发凤秧歌学校校本课程项目新内容；②在使用凤秧歌校本课程文本的时候，根据实际情况不断调整文本内容，以满足学生和社会发展的需要；③构建学校凤秧歌课程评价体系，开展学校凤秧歌课程评价研究；④注重资料的收集与整理。

（二）课程实施要求

凤秧歌校本课程领导小组和开发小组，有计划有组织地开展教师培训，在实施中坚持立足于以下四点：一是教育的发展，二是学校的发展，三是教师的特长，四是学生的个性。课程做到三固定：固定时间学、固定教室跳、固定教师教。学校还充分组建专门督导人员（领导、学生骨干），以提升活动的重要性。从培养学生的兴趣爱好、发展学生个性特长出发，精心组织每次教学活动，并及时做好活动记录。

（三）课程实施原则

1. 内容的整合

将学校的主题教育活动等内容与校本课程《凤秧歌》活动整合，把学习凤秧歌教材作为一种课程资源，在此基础上增加新的教育学习资源，进而开发、形成、完善富有学校特色的课程主题和内容。

2. 时空的整合

在时间上，首先，确保七八年级每周有一节凤秧歌的学习拓展课；其次，学校每周开展一次凤秧歌社团活动，分七八年级两个组开展，旨在培养一批学校特长小组，表演凤秧歌舞蹈，参加各级各类的比赛和展示表演活动；在空间上既涉及校内又涉及校外，学生在社区的敬老院常用编排的凤秧歌舞蹈作为礼物送给孤老，还时常在寒暑假深入社区，为社区居民编排凤秧歌舞蹈。

（四）课程评价

为了有效地实施开展拓展型课程，在实施的过程中对音乐教师、学生、课程进行正确的综合评价，通过学生自评、生生互评、教师评价来了解学生在实施过程中所掌握舞步的情况以及积极参与的热情等；通过对教师评价来了解教师落实的情况、实施教学的情况、凤秧歌活动开展的情况；通过课程评价了解学生对课程的满意度。

评价量规（一）：学生评价表

方式		自我评价			同学互评			教师评价		
		10分	8分	5分	10分	8分	5分	10分	8分	5分
内容	了解知识程度									
	积极参与程度									
	舞步掌握程度									
	实践活动程度									
	审美感知程度									

评价量规（二）：教师评价表

方式		教师自我评价			领导小组评价		
		10分	8分	5分	10分	8分	5分
内容	教学目标达成情况						
	教学重难点突破情况						
	课堂教学组织的有效性						
	学生整套舞步完成情况						

评价量规（三）：课程评价表

满意度		满意（5分）	较满意（3分）	不满意（1分）
内容	课程的设置			
	教学的方法			
	活动课落实			
	竞赛的开展			

评价说明：龙华中学凤秧歌课程在实施过程中，采用三套评价表，从学生、教师、课程三个角度加以评价，取得了较好的效果。

评价量规（一）：采用自我评价、同学评价、教师评价三种方式对学生进行五个维度的综合评价，从而反映出学生在拓展型课程的活动中的情况。这五个维度分别是：①了解知识程度。了解我国河北景县"凤秧歌"文化的内涵，熟知"凤秧歌"的有关知识。②积极参与程度。学生在拓展型课程中表现出来的学习状态以及积极参与练习的热情程度。③舞步掌握程度。在拓展型课程的教学中，学生掌握凤秧歌全套舞步和根据凤秧歌编创舞蹈的情况。④实践活动程度。学生能积极有效地将学到的秧歌舞蹈拓展到其他舞蹈中。⑤审美感知程度。以音乐感觉为基础，通过听觉而获得的对音乐音响及其结构形式的完整映象和总体知觉，体现了音乐审美感知对音乐音响整体的艺术综合表现意义的特征。

评价量规（二）：采用教师自我评价、领导小组评价的方式对教师的"教学目标达成情况""教学重难点突破情况""课堂教学组织的有效性""学生整套舞步完成情况"四个方面进行评价，以反映教师在拓展型课程开发的实施过程中的情况。

评价量规（三）：让学生对凤秧歌活动的课程的设置、教学的方法、活动课落实、竞赛的开展四个方面进行满意度评价（满意4颗星及以上、较满意3颗星，不满意2颗星及以下）。如课程设置是否得到学生的喜爱；教学方法是否新颖，是否能培养自主、合作、创新的精神；活动课的落实情况如何；竞赛的开展情况如何；等等。

四、经验与反思

（一）凤秧歌课程开发与实施中的经验

凤秧歌课程的实施，应遵循一定的原则。其一，趣味性原则。"兴趣"是学生积极参与活动的动力和基础。本课程从培养学生的兴趣出发，选择学生喜欢的凤秧歌项目进行教学，使学生对凤秧歌产生兴趣，从而让学生积极主动地参与凤秧歌活动。其二，灵活性原则。本课程充分利用已有的音乐课程资源优势以及民族民间凤秧歌传统文化，根据七八年级学生的年龄特点和个性差异选择教材，为满足他们的要求制定教学目标，与教学有机结合。其三，可行性原则。民间凤秧歌内容丰富、形式多样、简单易学，对材料要求较低，而趣味性强、活动性强，舞蹈效果好，有利于培养学生的音乐感、动作协调能力和编创能力，从而提高学生的艺术综合素质。

（二）凤秧歌课程开发与实施的思考

我们将在几年的课程开发与实施过程中，对教材进行编写整理，特别是以课程建设为载体，我们将不断地进行探索，在凤秧歌活动中定会受益匪浅。在课程开发与实施中，我们应注意处理以下三种关系。

1. 凤秧歌校本课程的资源需求与音乐基础课程资源的关系

在本校规划凤秧歌校本课程时，课程资源相对匮乏。我们采用多管齐下的方法：①借助网络，收集相关资料；②关注音乐基础课程，在课程内容的基础上加以提升，达到舞蹈的完美性。在课程实施中及时补充各方面收集的资料将其融入"凤秧歌"教学内容，不断完善校本课程。

2. 凤秧歌校本课程的普及与提优的关系

通过凤秧歌校本课程的实施，让学生了解我国有着悠久的文化历史传统。优秀的民间传统凤秧歌活动，既有利于学生身心健康发展，又简便易学，深受学生们的喜爱。通过对课程的实施，我们发现学生对传统的民间凤秧歌非常喜爱，可是由于年龄、审美以及音乐的基本素养等方面的关系，让他们完成凤秧歌整套舞蹈动作，对绝大多数学生来讲是有一定困难的，有时教师的过高要求还会影响学生的学习兴趣。因此，我们在今后的课程实施中，要注意学习内容的趣味性、可行性，让大部分学生喜爱凤秧歌文化、了解凤秧歌文化，在普及的基础上，利用各种活动，以点带面，培养一支舞蹈能力强的学生，组成校级"凤秧歌表演队"，参加学校的各类活动。

3. 凤秧歌校本课程的教研需求与兼科教学的关系

凤秧歌教育的主要途径是七八年级拓展课的课堂教学，而对于兼教这门课程的教师而言，没有任何凤秧歌的教学经验，也没有可以借鉴的经验和案例，基于此，凤秧歌校本课程的教学研究就显得尤为重要。为此，学校成立了独立的凤秧歌教研组，聘请有经验的专家及当地文化馆的老师，定期指导、研究并解决教材编写中、课堂教学中、学生作品中出现的问题，并要求在常规教研组活动中、主题教育活动中，关注凤秧歌课程的渗透及研究。当前，根据国家颁布的加强"两纲"教育的要求，以及市教委下发的有关文件，也为开发凤秧歌拓展型课程提供了有利的条件，给凤秧歌校本教材的建设带来了机遇与挑战。

五、教学设计

第一单元

教学年级	七八年级
教学课时	2课时
教学目标	了解河北民间歌舞艺术的相关知识；了解秧歌的悠久历史，河北各地秧歌的不同特点及艺术特色；了解景县凤秧歌的历史及特点等知识，激发学生热爱本地民间艺术的思想情感
教学内容	了解河北民间歌舞艺术的相关知识；了解秧歌的悠久历史
教学重难点	景县凤秧歌历史及特点；河北各地秧歌特点赏析
教学用具	多媒体课件、道具（小锣、锤儿）

教学过程如下所述。

第一节课教学内容

（1）导入

师：老师出示一幅画面，同学们先看画面内容是什么？充分发挥想象。模仿一下动作。

（学生展示，教师给予评价，引出课题《凤秧歌》）

（说明：从生活入手，通过观看《凤秧歌》，让学生加深对凤秧歌的了解与兴趣；通过情景节奏模仿、想象，把学生带入愉快的学习中，同时也为以下学习体验做好铺垫。）

（2）主体部分

①简介。

凤秧歌，原是流传于安徽省凤阳一带的一种带有浓郁皖北风情的民间舞蹈，原名"凤阳歌"。19世纪末（清朝末年）传入景县孙镇，经过几十年的演变，融合了景县地方民间舞蹈、音乐特点，形成了一种具有粗犷、泼辣、风趣、欢腾等特点的舞蹈。这种舞蹈动作风趣、泼辣，身体动辄呈三道弯，能制造一种强烈的欢乐氛围，所以民间俗称"凤秧歌"，又称"凤秧歌"。此后，当地老百姓逢年过节就会舞起这种热情欢快的凤秧歌，来抒发他们热爱生活、向往幸福的情感，逐渐形成了一种独特的民俗景观。20世纪80年代，凤秧歌由景县文化馆工作人员挖掘整理，并被搬上舞台后，受到观众的青睐，并获得多项殊荣。

②荣誉奖项。

1986年，景县凤秧歌被收集在《国家舞蹈集成》中，并被河北省定为在全省普及推广的6个舞蹈节目之一。

1987年，河北省舞剧院以凤秧歌素材编排的舞蹈《闹春》在美国巡演，受到美国各界人士的好评。

1995年5月，由凤秧歌改编的舞蹈《疯娃》，在国际儿童节农村娃进京演出中，受到胡锦涛等国家领导人的亲切接见并合影留念。

1998年秋，在衡水市首届群众体育艺术节上，景县凤秧歌获得一等奖，随后在河北省首届群众体育艺术节上，获得二等奖。省歌舞剧院根据凤秧歌创作的舞蹈还去美国等国家演出。

2002年，在全国首届少儿舞蹈艺术节少儿舞蹈精品大赛上，由市新星少儿舞蹈艺术团以凤秧歌动作素材创作的舞蹈《枣乡妞妞》获得银奖。凤秧歌作为民族民间艺术的一个代表还被收录进《河北省民族民间舞蹈资料汇编》及《中国民族民间舞蹈集成——河北卷》中。

③历史渊源。

凤秧歌是景县地秧歌与皖北舞蹈《凤秧歌》融合而形成的。19世纪末（清朝末年），在景县孙镇一带，逢年过节或丰收时，勤劳的孙镇百姓就会高兴地扭起当地的秧歌，以表庆贺。当时，一位李姓在凤阳为官的人告老还乡，由凤阳的四名轿夫送回，四名轿夫与其一同落户景县孙镇。四名轿夫看到了孙镇百姓扭着秧歌，便想起了自己家乡的舞蹈《凤阳歌》，也高兴地扭起来。凤阳歌独特的舞蹈动作吸引了当地的老百姓，于是四名轿夫在孙镇一带将这种民间舞蹈口传身教，并逐渐与当地的地秧歌相融合，经过几十年的发展演变，逐渐成为一种融皖北与华北风情为一体、风格独特的民间舞蹈《凤秧歌》。

④艺术特色。

凤秧歌主要分布于景县孙镇一带，以其粗犷、泼辣、风趣、欢快的风格独具特色,刚健优美、刚柔相济,火热起来狂欢跳荡,近似"疯"的程度,从而得名"风秧歌"。舞蹈所体现的内容大多是一家人庆丰收或节日时的情景。

⑤传承保护。

20世纪80年代初,为进一步挖掘和保留这一文化遗产,景县文化馆工作人员胡桂新、刘志广等人多次来到景县孙镇一带,把会扭风秧歌或看过风秧歌表演的六七位老人组织在一起,请他们介绍风秧歌的特点、动作要领、唱词、道具等,并将其一一记录下来。他们经过认真整理、反复排演,风秧歌逐渐形成了规范并被搬上舞台。

21世纪初,随着人们观念的改变和现代流行文化的冲击,风秧歌已濒临失传。风秧歌在其发源地安徽凤阳已经失传。在景县孙镇,风秧歌的最后一位传承人王立泉于1983年去世,在当地已经没有会扭风秧歌的人了。而当初景县文化馆参与挖掘整理该舞蹈的两位老师,一位已经去世,一位也已身患绝症。如果不及时加以整理和保护,风秧歌这种民间舞蹈就将面临失传。

为拯救这一宝贵的民族文化遗产,景县县委、县政府先后投入专项资金10多万元,为风秧歌录音、录像、购置服装、道具、培训后备人才等,并成立了以政府主管副职为组长,主管部门负责人及专业人员为成员的相应机构,将发展保护风秧歌纳入了该县发展的整体规划和文化发展纲要,并制订了五年保护计划。2006年,建立健全了各种档案资料;2007年,用文字、录音、录像等多种手段对风秧歌进行系统记录保护;2008年,在全县推广和宣传风秧歌;2009年,培训风秧歌专业研究和推广人员;2010年,健全风秧歌各种保护性法规等切实可行的保护措施,让这一民族文化的瑰宝能够得以传承利用,发扬光大。

学生畅所欲言,分组讨论学习。再由各组畅谈心得,制订拜访老艺人活动小组方案。

(3) 课堂小结

这节课我们从五个方面精细介绍了风秧歌的悠久历史及特点,我们一定要好好学习本地方的这一民族文化的瑰宝并在你们这一代得以传承利用，发扬光大。

第二节课教学内容

（1）导入

师：同学们，我带来一段录像请大家欣赏，仔细听、认真看，看完后请同学谈一下你的所见、所闻、所感。

（2）主体部分

①欣赏：河北各地秧歌特点赏析。

②各活动小组相互交谈拜访老艺人的情景。

（3）课堂小结

这节课我们赏析并认识了河北各地的秧歌及特点，相信大家已深入了解了我们河北不同地方的秧歌。

（4）教学反思

学生通过课上观看、交流，课下参与拜访，初步能了解历史，基本能树立要使这一民族文化的瑰宝能够得以传承利用、发扬光大的意识，为后面的学习做好了铺垫。

第二单元

教学年级	七八年级
教学课时	3课时
教学目标	在景县凤秧歌学习中，学会秧歌舞的基本步伐，体验景县凤秧歌步伐的特点，学会在基本步伐基础上进行加花，感受民间歌舞艺术的魅力
教学内容	学跳凤秧歌舞步
教学重难点	基本步伐学习；道具（小锣、锤儿）运用加花练习
教学用具	多媒体课件、道具（小锣、锤儿）

教学过程如下所述。

第一节课教学内容

（1）导入

老师出示道具（小锣、锤儿），让同学们猜这是什么？动手拿起试着做一做动作。

(2) 主体部分

①学生讨论：

学生畅所欲言，纷纷发言，探究体验。

②多媒体课件图片介绍：

道具服饰：其伴舞乐器都是特制的，如腰鼓两头粗、中间细、长一尺左右；铜云锣大小不一，击打不同部位，能发出不同的声音。锣和鼓配合形成有节奏的韵律和鼓点，演到高潮时，观众感受最深的就是这种动人心魄的"鼓点"。其舞蹈角色老头身穿咖啡色绸料锦绣镶边对襟上衣、灯笼裤，头戴红绒式毡帽，身披红绸带。老婆身着黑丝绒镶边大襟上衣，头梳发髻带红绒花。姑娘身着玫瑰红绸料镶边大襟上衣、裤子，梳长辫，扎红头绳。

表演形式：整个舞蹈结构分三段，时间为六分钟。第一段，四个姑娘以欢快的形象出场，配上云锣动听的音韵，组成该舞的抒情部分。第二段，姑娘邀老头、老婆同舞，老人以他们风趣的舞姿，把舞蹈推向高潮。第三段，二老与姑娘热情欢快地同舞，使舞蹈进入高潮。三段舞蹈风趣、热烈，起伏跌宕，对比鲜明。主要动作有上步、退步、提打云锣、开胸、大跳、蹲跳、三道弯、射雁跳、盘腿跳、摆步、掏腿跳等。服装道具特色鲜明、独具匠心。

③师生共同探讨学习道具的用法及作用。

分组探究、讨论。

(3) 课堂小结

通过道具服饰、表演形式的学习，进一步认识道具的作用。

第二节课教学内容

(1) 导入

让我们付诸行动，来共同学习凤秧歌中道具（小锣、槌儿）在我们手中灵活的摆动展示吧。

(2) 主体部分

①道具（小锣、槌儿）运用加花练习一。

右手小锣左手槌儿，要做到手腕灵活。

具体做法，双手从胸前翻腕分别画圈至头顶后做槌儿敲击小锣的动作。同时摆胯左—右—左—右—左。

学生分组自由练习，老师巡回指导。

②道具（小锣、槌儿）运用加花练习二。

右手小锣左手槌儿，要做到手腕灵活。

具体做法：双手胸前弯曲同向，a 左—右—左 b 左—下—右—左（晃一圈）c 做锤儿敲击小锣的动作，同时左—右—左—右—左摆胯；或脚下迈步动作左—右—左—右—最后双脚大跳。

学生分组自由练习，老师巡回指导。

（3）课堂小结

在学习道具的用法加花中，体验感受到了秧歌的欢快气氛，更加强了我们学习秧歌的兴趣。

第三节课教学内容

（1）导入

在我们师生的共同配合下，由学生课外分组走访老艺人并收集资料，老师整理，并创作出凤秧歌主旋律。这节课我们共同学习凤秧歌主旋律。

（2）主体部分

凤秧歌主旋律谱例：

$$2/4 \quad 6 \quad 6|\underline{65}\ \underline{35}|6 \quad 6|\dot{2} \quad - \quad |6 \quad \dot{2}|\underline{65}\ \underline{35}|6 \quad 6|6 \quad - \quad |$$

$$6 \quad \underline{65}|3 \quad - \quad |6 \quad \underline{65}|6 \quad - \quad |6 \quad \underline{65}|\underline{35}\ \underline{61}|\underline{65}\ \underline{32}|3 \quad - \quad |$$

$$3 \quad 6|\dot{1}. \quad \underline{2}|\underline{65}\ \underline{35}|2 \quad - \quad |5 \quad 3|\underline{23}\ \underline{21}|\underline{21}\ \underline{61}|6 \quad - \quad \|$$

（3）课堂小结

在边学边跳边舞中，感受、体验、探究动作的完美性，用肢体语言交流，淋漓尽致地展现它。通过学跳凤秧歌舞步，学唱凤秧歌主旋律，基本上做到了对凤秧歌的了解、认识、体验，整体认知还需再提高。

（4）教学反思

安排"学跳凤秧歌舞步"的板块，目的是让学生在这一板块的学习中，从基本的舞步学起，了解其艺术风格，提高学生协调能力和观察力、感受力。

第三单元

教学年级	七八年级
教学课时	2课时
教学目标	通过鼓点打击学习，让学生了解景县凤秧歌的鼓点特点，学会利用打击乐器为秧歌舞伴奏，体会参与和创造的乐趣
教学内容	学打秧歌鼓点
教学重难点	聆听、击打鼓点中体验凤秧歌的节奏韵律；加上镲、锣伴奏练习，配乐表演凤秧歌舞实践活动，从而培养学生的音乐节奏感
教学用具	多媒体课件、镲、锣

教学过程如下所述。

第一节课教学内容

（1）导入

老师出示道具鼓、钹，让学生看、听，交流、体验导入。

（2）主体部分

学习简易鼓点，分小组合作交流。学会利用打击乐器为秧歌舞伴奏，体会参与和创造的乐趣。

(3) 课堂小结

本节课同学们积极性很高，参与性很强，兴趣极为高涨。

第二节课教学内容

(1) 导入

复习上一节的节奏型，学习本节课内容，进一步掌握对鼓点的学习。

(2) 主体部分

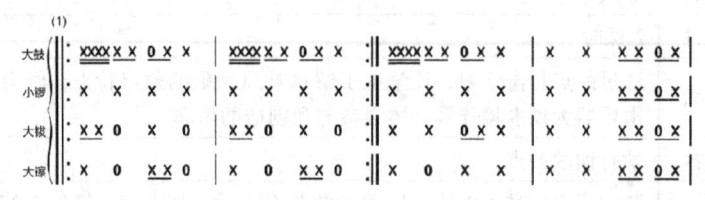

(3) 课堂小结

本节课同学们积极性很高，参与性很强，兴趣极为高涨。

(4) 教学反思

安排"学打秧歌鼓点"的板块，目的是让学生在这一板块的学习中，从聆听、击打鼓点中体验凤秧歌的节奏韵律。加上镲、锣伴奏练习，配乐表演凤秧歌舞实践活动，从而培养学生的音乐节奏感。

第四单元

教学年级	七八年级
教学课时	5课时
教学目标	在学生学会动作及伴奏的基础上，激发学生的创造能力，运用秧歌舞蹈动作，融入现代流行音乐，让学生体会到舞蹈编创的乐趣，并进一步体验到民间艺术的魅力，促进学生综合素质的提高
教学内容	凤秧歌创意编创
教学重难点	激发学生的创造能力；学以致用，创意编创
教学用具	多媒体课件、镲、锣等

第十一章 区域音乐校本课程本土实施案例

教学过程如下所述。

第一、第二节课教学内容

（1）导入

听赏《最炫民族风》；提出将凤秧歌舞蹈动作融入现代流行音乐，进行舞蹈编创的想法。

（2）主体部分

同学们积极性很高，以乐曲的乐句分工分小组编创，再由各小组分别展示表演成果。

最炫民族风

张 超 词曲

$1=♭D$ $\frac{4}{4}$

(3 6 6 1 3 | 2 2 3 2 1 2 1 6 | 3 6 6 1 3 |

5 2 3 2 1 2 1 7 5 | 3 6 6 1 3 | 2 2 3 2 1 2 1 6 5 |

3 6 6 1 3 | 5 3 5 - \0)‖ 6 6 5 6 6 1

（女）苍 茫 的 天 涯 是
（女）弯 弯 的 河 水 从

1 2 1 6 0 | 1 1 5 1 2 3 5 | 5 3 2 3 0 |

我 的 爱， 绵 绵 的 青 山 脚 下 花 正 开。
天 上 来， 流 向 那 万 紫 千 红 一 片 海。

6 6 6 5 3 3 0 1 | 6 6 6 6 2 3 2· | 3 3 5 3 2 3 2 1 |

什 么 样 的 节 奏 是 最 呀 最 摇 摆， 什 么 样 的 歌 声 才 是
火 辣 辣 的 歌 谣 是 我 们 的 期 待， 一 路 边 走 边 唱 才 是

6 5 6 0 ‖ 3 3 5 3 3 5 6 | 1 6 5 6 1 6· |

最 开 怀。 我 们 要 唱 就 要 唱 得 最 痛 快。
最 自 在。

（前1=后6）

6 6 5 6 1 | 2 3 2 1 2 3 - | 6 6 6 5 2 3 2 1 2 |

你 是 我 天 边 最 美 的 云 彩， 让 我 用 心 把 你 留 下

3 - (3 3 3 0) | 1 6 1 2 5 5 | 3 5 3 2 1 - |

来。（男）留 下 来，（齐）悠 悠 的 唱 着 最 炫 的 民 族 风，

舞蹈组合教学（过程中配音乐，由慢到快）：

前奏：[2×8拍] 右手小锣左手槌儿，迈步摆胯均左—右—左，第4下原地槌儿敲击小锣。于三、七点出场。

一段：[2×8拍] 双手从胸前翻腕分别画圈至头顶后做槌儿敲击小锣的动作。同时左—右—左—右—左摆胯。顿步摆胯右手小锣左手槌儿至胸前左右左摆动出场再转向一点。

[2×8拍] 颤步摆动变颤步槌儿击小锣。

[2×8拍] 顿步槌儿击小锣自转一圈。

(3) 课堂小结

这节课我们在学会动作及伴奏的基础上，将秧歌舞蹈动作融入现代流行音乐，大家纷纷体会到了舞蹈编创的乐趣，并体验到了民间艺术的魅力，更促进了大家综合素质的提高。

第三、第四节课教学内容

(1) 导入

接着将凤秧歌舞蹈动作融入现代流行音乐，为《最炫民族风》舞蹈编创。

(2) 主体部分

二段：[1×8拍] 变队形。

[1×8拍] 双手胸前弯曲同向，a 左—右—左 b 左—下—右—左（晃一圈）c 做槌儿敲击小锣的动作。同时左—右—左—右—左摆胯；或脚下迈步动作左—右—左—右—最后双脚大跳，向左跳步1×4拍—向右跳步1×4拍。

[1×8拍] 面向5点左跳步。

[1×8拍] 顿步扭身、双手叉腰。

[1×8拍] 踏步十字花。

集体配合音乐练习，老师看学生动作后再纠正不正确动作。

配音乐训练，教师领跳。

(3) 课堂小结

这节课我们通过感受、体验、合作、探究、编创活动，同学们积极性很高，参与学习的精神被老师所感动。

(4) 教学反思

给学生标题、音乐及主题，充分调动学生们的智慧和主动性。

第五节课教学内容

(1) 导入

下面由各组展示，比一比，赛一赛，并说出你们的计划。

(2) 主体部分

①整套舞蹈各组精彩演出汇报。

②选特长生、组队。

③做出计划：参加每年市县级艺术活动，让凤秧歌舞蹈队参加各级各类的比赛和展示表演活动；把凤秧歌舞蹈作为礼物送给孤老，或利用寒暑假深入社区，为社区居民编排凤秧歌舞蹈。

(3) 课堂小结

通过凤秧歌的学习，培养学生的艺术素养、传承中国传统文化、释放学生的创造能力、提高学生的舞蹈技巧、促进学生综合素质的提高。

(4) 教学反思

安排"创意编创"的板块，目的是让学生在这一板块的学习中，学习、体验、探索，从而根据所学舞蹈动作对《最炫民族风》等舞曲进行编创，从各方面培养学生的音乐技能。

案例二 《走近二人台》校本课程开发与实践

一、课程信息

课程名称	走近二人台
课程类型	人文素养类
授课教师	肖侠
实施地点	河北省张家口市第七中学
教学教材	自编
学习对象	七八年级
规模预设	七八年级全体学生
学习时限	16 课时

二、课程设计

（一）课程目标

1. 课程总目标

本课程旨在以二人台教学为载体，让学生了解民间戏曲二人台的相关知识，掌握二人台边歌边舞的艺术形式，亲身体验二人台的特点，让学生了解自己家乡民间艺术的内涵，并体验民间艺术的乐趣，弘扬民间艺术文化，从而丰富学生的校园生活，提高学生的艺术素养，激发学生热爱祖国、热爱家乡、做本土艺术传承人的热情。

为落实上述目标，在《走进二人台》校本课程开发、实施过程中，以师生为主体，以人文发展为核心，以兴趣爱好为动力，以培养创新精神与集体合作能力为目的，积极发展学生的个性创新能力，全面落实素质教育，让师生与课改同成长。第七中学根据学校实际，领学生走出去，请民间艺人进课堂，让学生身临其境去体验二人台这种民间艺术形式，在课程中了解二人台的相关知识，根据学生个性发展需要，掌握二人台的歌唱、舞蹈的要领和典型特点，以培养学生实践能力为主的边歌边舞能力，并结合学到的相关知识，进行以迎春、拜年为主题的创编集体舞的二人台拓展活动，从而丰富学生的课余生活。

2. 课程具体目标

(1) 了解张家口地方戏曲二人台的相关知识

了解民间艺术二人台的悠久历史，领学生走出去，请民间艺人进课堂，让学生身临其境去体验二人台这种民间艺术形式，通过学习能够说出二人台的起源、历史、分类等知识，做一个本土文化的传承者。

(2) 在模仿中掌握二人台的特点

在二人台的学习过程中，引导学生模仿作品的唱腔要领，学习各种演唱及说唱的表现方法，尝试演唱作品。

(3) 学习二人台的舞蹈

通过对二人台舞蹈部分的学习，让学生亲身体验二人台的特点，体会本土音乐的魅力。

(4) 以二人台课程为载体，传承家乡本土文化

以家乡地方戏曲"二人台"为载体，培养学生的艺术素养，传承民族民间艺术，释放学生的创造能力，让学生了解我国民间艺术的内涵，并体验民间艺术的乐趣，弘扬民间艺术，提高学生集体合作能力，促进学生综合素养的提高。

(二) 课程内容

本教材使用了单元学习的编写方式，共四个单元，每个单元均由"走近二人台""学唱家乡戏""浓浓秧歌情""舞动二人台"四个模块组成。

单元一：走近二人台

在每个单元的开始安排了"走近二人台"的板块，目的是让学生在这一板块的学习中，在走出去亲眼去看、亲耳去听之后，再请民间艺人进课堂，在身临其境欣赏二人台艺术作品的过程中，了解其艺术风格，发现二人台的独特韵味，增加学生对本土艺术的自豪感和学习本土艺术的热情。

单元二：学唱家乡戏

在每个单元的第二课安排了"学唱家乡戏"的板块，目的是让学生在这一板块的学习中，张嘴模仿，学唱二人台，亲身去体验二人台具有的表演幽默诙谐、朴实健美、人物化入化出，曲调悠扬高亢，如行云流水的说唱特点和唱腔的独特之处，提高学生的感受力和观察力。

单元三：浓浓秧歌情

在每个单元的第三课安排了"浓浓秧歌情"的板块，目的是让学生在这一板块的学习中，体验二人台边歌边舞的独特艺术形式，学习二人台的表现方法，并且感受二人台的舞蹈淳朴粗犷、节奏明快，以及短小活泼、花样繁多、情节紧凑等艺术特征。

单元四：舞动二人台

在每个单元的第四课安排了"舞动二人台"的板块，目的是让学生在这一板块的学习中，感受二人台是一种集化妆、说唱、舞蹈、表演为一体的民间艺术形式，是一朵散发着浓郁地域特色的艺术奇葩。学生能在传承的基础上，通过教师的引导，综合本单元的学习，编创自己的二人台作品片段。

单元序列	单元基本模块	具体内容
第一单元	走近二人台	二人台的起源、流传及发展
	学唱家乡戏	了解作品并学唱《五哥放羊》
	浓浓秧歌情	学跳《五哥放羊》秧歌部分
	舞动二人台	整合作品，完整表演《五哥放羊》
第二单元	走近二人台	二人台的人物分类及演唱形式
	学唱家乡戏	学唱《挂红灯》
	浓浓秧歌情	学跳《挂红灯》秧歌部分
	舞动二人台	整合作品，完整表演《挂红灯》

续表

单元序列	单元基本模块	具体内容
第三单元	走近二人台	张家口二人台的唱法特征
	学唱家乡戏	学唱《小放牛》
	浓浓秧歌情	学跳《小放牛》舞蹈部分
	舞动二人台	整合作品,完整表演《小放牛》
第四单元	走近二人台	介绍笛子演奏家及国家非物质文化遗产
	学唱家乡戏	创编以迎春、拜年为主题的唱腔部分
	浓浓秧歌情	以班为单位,编创迎春、拜年主题秧歌
	舞动二人台	团队合作,表演民族集体舞《魅力家园》

三、课程实施

(一)课程实施阶段

1. 准备阶段(2013年11月—2014年2月)

在准备阶段,学校成立了课程开发组织机构,包括学校《走近二人台》校本课程开发领导小组和学校《走近二人台》课程审议委员会;进行教师校本课程知识培训和技能培训,内容包括校本课程解读、请民间老艺人和教师一起交流,撰写校本课程文本和纲要,如何评价一堂好的校本课、如何评价学生等;初步厘清开发思路,拟订二人台校本开发纲要,确定开发项目。

2. 实施阶段

在实施阶段,我校进行了如下行动:

①根据学校《走近二人台》校本课程开发方案和教师自身的专业特长,明确人员分工,拟订项目开发方案。

②学校校本课程审议委员会和课程开发领导小组审议《走近二人台》

项目开发方案。

③《走近二人台》项目开发小组讨论修改项目开发方案，分工协作，完成项目开发纲要的编制工作，并交学校课程审议委员会审议。

④修改《走近二人台》纲要，开始撰写课程计划、文本，设计学生活动材料等。

⑤将《走近二人台》课程文本、计划和自查表报学校校本课程审议委员会审议，通过后由学校报区课程审议委员会审议。

3. 拓展阶段

在拓展阶段，我校做出如下行动：

①根据学生、社会的需求，逐步开发《走近二人台》学校校本课程项目新内容。

②在使用《走近二人台》校本课程文本的时候，根据实际情况不断调整文本内容，以满足学生的求知欲和社会发展的需要。

③构建学校校本课程评价体系，开展学校二人台课程评价研究。

④注重二人台资料的收集与整理。

通过对二人台校本课程的学习，给我校励志大课间——校园集体舞的编创提供丰富的素材，让学生的校园生活多姿多彩，增强学生集体合作意识。

（二）课程实施要求

二人台课程领导小组和开发小组，有计划、有组织地开展教师培训，在实施过程中注重教育的发展、学校的发展、教师的特长发挥、学生的个性发展。

音乐课程一学年36课时，20课时进行课本内容的教学，16课时进行二人台校本课程的教学。《走近二人台》课程坚持做到：固定的课时时间、固定的教室、固定的音乐教师。学校还为校本课程提供了大课间民族集体舞展示的平台，确保二人台课程的有效实施。培养学生对家乡本土艺术的热爱，发展学生的个性。在学习二人台的同时，还可以在作品里面创编不同的歌词及说唱形式，加入扇子、手绢、霸王鞭等道具，增加学生对二人台的兴趣爱好。

(三) 课程实施原则

1. 内容的整合

将学校"爱家乡"的主题教育活动与二人台活动整合，把二人台教材作为一种课程资源，在此基础上充实、丰富新的教育学习资源，进而开发、形成、完善家乡艺术浓郁并带有校园特色的二人台课程主题和内容。

2. 时空的整合

在时间上，首先保证七八年级每周有一节二人台拓展课；其次，学校每周开展一次二人台社团活动，分七年级段和八年级段两个组开展，旨在培养一批校园二人台表演者和传承人，参加比赛和展示表演活动；既涉及校内活动又涉及校外的各种活动，我们的学生在军民共建活动中，和军人一起边歌边舞，把家乡的二人台带进了军营；在彩色周末的社区演出中，我们的校园二人台集体舞受到市民的欢迎。

(四) 课程评价

为了有效地实施开展拓展型课程，在实施的过程中对课程、教师、学生进行正确的综合评价，通过学生自我评价、生生互评、师生互评来了解学生在实施过程中所掌握技术的情况以及积极参与的热情等；通过对教师评价来了解教师落实的情况、实施教学的情况、二人台活动开展的情况；通过课程评价来了解学生对课程的满意度。

评价量规（一）：学生评价表

方式		自我评价			同学互评			教师评价		
		10分	8分	5分	10分	8分	5分	10分	8分	5分
内容	了解知识程度									
	积极参与程度									
	掌握技术程度									
	实践活动程度									

评价量规（二）：教师评价表

方式	教师自我评价			领导小组评价		
	10分	8分	5分	10分	8分	5分
内容	教学目标达成情况					
	教学重难点突破情况					
	课堂教学组织的有效性					
	学生作品完成情况					

评价量规（三）：课程评价表

满意度	满意（5分）	较满意（3分）	不满意（1分）
内容	课程的设置			
	教学的方法			
	活动课落实			
	竞赛的开展			

评价说明：

《走近二人台》课程在实施过程中，采用三套评价表，从学生、教师、课程三个角度加以评价，取得了较好的效果。

评价量规（一）：采用学生自评、生生互评、教师评价三种方式对学生进行四个维度的综合评价，从而反映出学生在拓展型课程开发的活动中的情况。这四个维度分别是：①了解知识程度。学生了解家乡艺术"二人台"文化的内涵，熟悉"二人台"的相关知识。②积极参与程度。学生在课程学习中表现出来的学习态度以及积极参与模仿、练习的热情程度。③掌握技术程度。学生在拓展型课程的教学中掌握"二人台"演唱的风格和舞蹈的动作特点。④实践活动程度。学生能有效积极地将学到的"二人台"技术运用到各种活动中。

评价量规（二）：采用教师自我评价、领导小组评价的方式对教师的"教学目标的达成情况""教学重难点突破情况""课堂教学组织的有效性""学生作品完成情况"四个方面进行评价，以反映教师在拓展型课程开发实施过程中的真实情况。

评价量规（三）：让学生对"二人台"活动的课程设置、教学方法、活动课落实、竞赛的开展四个方面进行满意度评价（满意 4 个笑脸及以上、较满意 3 个笑脸、不满意 2 个笑脸及以下）。如课程的设置是否得到学生的喜爱；教学手段、方法是否激发学生的兴趣、是否培养了学生自主、合作、创新的精神；活动课的开展情况如何；各种演出、交流、比赛的开展情况如何，等等。

四、经验与反思

（一）《走近二人台》课程开发与实施的经验

《走近二人台》课程的实施，应遵循一定的原则。其一，趣味性原则。"兴趣"是学生主动学习、积极参与教学活动的动力和基础。本课程从培养学生的兴趣出发，选择学生乐于接受和喜爱学习的二人台项目进行教学，使学生对二人台产生兴趣，从而让学生积极主动地参与二人台的活动。其二，灵活性原则。本课程充分利用学生自己身边耳熟目染的二人台艺术作为课程资源优势，根据初中年级学生的年龄特点和个性差异来选择教材，为满足学生们的需求来制定教学目标，与教学有机结合。其三，可行性原则。二人台在民间有着深厚的群众基础，内容丰富、形式多样，对材料要求较低，而趣味性强、完成作品后效果好，有利于培养学生的边歌边舞的表演能力和集体合作能力，提高艺术综合素质。

（二）《走近二人台》课程开发与实施的思考

我们在几年的课程开发与实施过程中，已经进入了教材的修改编写阶段，特别是以课程为载体，我们不断地进行探索，在《走近二人台》活动中我们受益匪浅。在课程开发与实施中，我们注意处理了以下几种关系：

1. 《走近二人台》校本课程的资源需求与中国民间音乐课程资源的关系

在我校规划《走近二人台》校本课程时，课程资源相对匮乏。我们采用了多管齐下的方法：①借助网络，收集相关资料；②深入民间，和二人台艺人采集资料、学习二人台相关知识；③关注中国民间音乐基础课程，在课程内容的基础上加以提升，达到作品的精细化。在课程实施中，又及时补充各方面收集的音乐资料，将其融入《走近二人台》校本课程的教学内容中去，不断完善校本课程。

2. 《走近二人台》校本课程的普及与优化的关系

通过《走近二人台》校本课程的实施，让学生了解我国有着悠久的文化历史传统。优秀的民间传统二人台活动，即有利于青少年的身心健康发展，又简单易学，边歌边舞的形式深受广大学生的喜爱。但是，通过对课程的实施，我们发现学生对传统的民间二人台非常喜爱，可是由于年龄和审美以及音乐的基本素养等方面的关系，让学生完成大型"二人台"精品，对绝大多数学生来说有一定的困难，有时教师的过高要求和选择作品的不当，会影响学生的学习热情和兴趣，因此我们在今后的课程实施中，要注意"二人台"作品内容的趣味性、可行性和适合青少年年龄的特点，让大部分学生喜爱"二人台"，了解"二人台"艺术，在普及的基础上，利用兴趣小组和社团活动，以点带面，培养出一支艺术素养高的学生队伍，组成校级"二人台表演队"，为学校及社区的各类展示活动提供优质的张家口"二人台"作品。

3. 《走近二人台》校本课程的教研需求与兼科教学的关系

"二人台"教育的主要途径是初中七八年级的拓展课的课堂教学，而对于兼教这门课程的教师而言，没有任何"二人台"的教学经验，也没有可以借鉴的经验和案例。基于此，《走近二人台》校本课程的教学研究就显得尤为重要。为此，我们成立了独立的《走近二人台》教研组，聘请了有经验的二人台艺人定期指导，研究并解决教材编写中、课堂教学中、学生作品中出现的问题，并要求在常规教研组活动中、主题教育活动中，关注《走近二人台》课程的渗透及研究。当前，根据国家颁布的加强"两纲"教育的要求，学校下发的有关文件，也为我们开发《走近二人台》拓展型课程提供有利的条件，给《走近二人台》的校本教材的建设带来机遇与挑战。

五、教学设计

第一单元

教学年级	七八年级
教学课时	4课时
教学目标	让学生在这一单元的学习中，在走出去亲眼去看、亲耳去听身临其境欣赏二人台艺术作品的过程中，了解其艺术风格，通过学唱学打霸王鞭，初步感受二人台的独特韵味，增加学生对本土艺术的自豪感和学习本土艺术的热情
教学内容	二人台的起源、流传及发展； 了解作品并学唱《五哥放羊》； 学跳《五哥放羊》秧歌部分； 整合作品，完整表演《五哥放羊》
教学重难点	带领学生走出课堂去采风，了解张家口的乡土艺术，引发学生对我国乡土音乐的兴趣，增强学习二人台的热情；了解二人台的历史，初步体验二人台这种乡土艺术的魅力，鼓励学生大胆参与到乡土艺术的演唱和表演中去
教学用具	霸王鞭

教学过程如下所述。

第一节课教学内容

（1）导入

二人台是中国北方有影响的民间戏曲小剧种。张家口流布的二人台是北方二人台的一个流派，俗称"东路二人台"。张家口二人台有着广泛的群众基础和深厚的社会基础以及久远的历史文化积淀。当下，张家口坝上的老百姓几乎人人都能唱几口韵味浓郁的二人台。我们身边就有同学来自坝上，他们都是听着二人台长大的。今天，老师就带领大家去采风，让我们听听家乡的声音。

（2）主体部分

带领学生走入乡村采风，融入农村百姓中，身临其境初步接触原生态的二人台，了解二人台的起源、流传和发展，体验二人台这种艺术形式在人民生活中的重要作用。

学生分组深入民间艺人中，主动向民间艺人提问、学习，归纳总结出"东路二人台"的起源、流传和发展的相关内容和知识。艺人们用讲故事的方式给学生们传授了二人台的知识，教师再引导、帮助同学们归纳总结。

张家口二人台形成在清光绪到民国年间，但它的许多音乐，源于元代南北曲，有的最早可追溯到唐宋大曲。它的小戏及唱腔有相当数量来源于元人小令及明代民歌。因此，可以说张家口二人台历史悠久、源远流长。

张家口作为察哈尔的首府，在军事和商业上都占有重要的位置。张家口是察哈尔军台的起点，路驿传道的起点，张家口的上东营、下东营是当年满旗兵的营房；蒙古营是蒙旗兵的营房；南营坊是汉旗绿营兵的营房。（这些地名同学们都很熟悉，有的同学就住在这些地方）这三处营地的驻军向察哈尔等相关地区派兵出征、驻防、换防，都走这些军台路驿传道，这给客商营造了种种方便和安全，最终成为一条条商道、人行大道，形成了由张家口出发的四条物流、人流主干道，也同时是二人台内外交流的主干道。这四条路，尤其北路张库大道，是察哈尔张家口的军事、政治、经济、人文大动脉。四条路上，老倌车队、骆驼商队、物流人流，络绎不绝、日夜繁忙进出张家口，绰绰辉煌了二百多年。繁荣的交通向周边辐射、延伸发展的同时，文化交流也在频繁地进行着。内地的秧歌、道情、民歌、采茶调、说唱、落子等诸多演唱形式，沿着察哈尔四条主干线向察哈尔的边远地方旗、县、小村、山乡流动着，在定居的民众中扎根，一种新的艺术品种二人台，在这里暗暗生根、发芽，成长着，萌发着。

（3）课堂小结

同学们，我们家乡的二人台有着这么辉煌的历史，作为张家口人，我们是不是更应该把家乡的二人台传承和发扬光大啊！

（4）教学反思

现代社会的学生，满耳充斥的是流行音乐，崇拜的是某某歌星、影星。要想让学生接纳并且喜欢上家乡的艺术，课堂中单纯的讲解和聆听是不够的，必须让学生走出去，融入二人台演出的现场环境中，变被动学习为自然接受。这次采风，让学生们体会到了学习本土艺术的快乐。

第二节课教学内容

（1）导入

请二人台艺人走进课堂，亲自给学生演唱二人台《五哥放羊》，让学生近距离去聆听、感受家乡的本土艺术，再一次激发学生学习二人台的热情。

（2）主体部分

今天，大家学习歌表演形态的二人台《五哥放羊》，《五哥放羊》在张家口非常流行，这是因为放羊的社会生活在张家口历史上很普遍。那个时候的察哈尔到处是羊群，从官办到民间放养。被雇用的羊倌成千上万，这其中有太多太多的五哥生活及太多太多的五哥其人，所以张家口有那么多的《五哥放羊》版本。

不同旋律、不同节奏、不同节拍、不同调性的《五哥放羊》，慢板、中板、快板各具特色。其中一首四三拍 C 高调的《五哥放羊》，新颖别致，格调深沉，塑造了低头思念、魂不守舍、口中念念有词的音乐形象和艺术意境。三拍子的音乐在中国民族、民间音乐中是不多见的，张家口二人台这个典型，在北方《五哥放羊》的众多唱法中也属首例。

请老艺人表演几个不同版本的《五哥放羊》。

出示《五哥放羊》谱例：

学生学习其中一首《五哥放羊》，老师和学生一起反复向民间艺人学习。

（3）课堂小结

初学二人台，学生们在地方方言的运用上面出现了很多小笑话，孩子们在笑声中完成了对二人台的初步体验。

（4）教学反思

教师上课必须用普通话，但在二人台的学习上面，农村的孩子们因为会说方言，占尽了优势。艺人教唱起来，孩子们反而比教师唱得还要地道、上口。

第三节课教学内容

（1）导入

播放《五哥放羊》的音频文件，学生因上节课已经学习了《五哥放羊》的演唱部分，在播放音频文件时，孩子们会自然而然跟唱起来。老师再随着音乐把舞蹈部分添加进去，进行表演，吸引学生眼球。

（2）主体部分

老师先介绍二人台表演特点。

二人台表演可分为歌舞和小戏两种形式，舞蹈幅度大、跳跃性强，给人以粗犷憨厚之感。歌舞的表演来自"社火"的高跷，现在不再踩高跷，但仍保留着高跷颠颤步的遗风，穿插过场仍用高跷的剪子股、编蒜瓣以及秧歌的大小八字、大小圆场、二龙出水等套数。

今天，我们来学习霸王鞭的打法。

先介绍"霸王鞭"。霸王鞭是一米多长的木棒，上面彩画各种条型花纹，两头扎彩色布条、铜钱或铜铃等。最初霸王鞭表演时只有几人，后来发展到几十人集体表演。表演者手执霸王鞭，排列成行对打或进行跳打，故亦称"打霸王鞭"。最初霸王鞭两端系上小铁环、铜环，后改为铜铃，并系红绸布条或金色穗条。这样，舞动起来，叮当作响，彩绸飞转飘扬，格外醒目好看。

教师分解示范动作，教授学生如何打霸王鞭。

打霸王鞭时，先打地三下谓之"三点头"，教师示范，学生做动作。

然后随节奏分打上中下三路：

上打肩背手臂；

中打腰围；

下打双脚或用脚踢；

打法无固定套数，"整学乱使唤"。

（3）课堂小结

这节课上，大家通过练习霸王鞭的打法，感受到了二人台舞蹈的特点。

第四节课教学内容

（1）导入

播放《五哥放羊》的视频文件。

同学们，我们通过两节课的学习，唱熟了《五哥放羊》的歌唱部分，学会了霸王鞭，现在我们要整合整个作品，把《五哥放羊》完整表演出来。

（2）主体部分

先把学生分成几个组，每组20人，10人演唱10人打霸王鞭，分组练习，教师深入各组指导，及时对学生给予鼓励和表扬。

把全班同学分成两组，一组演出一组表演，练习后两组互换角色进行练习。

最后全班同学进行整合表演，边歌边舞。

（3）课堂小结

这节课是前几节课的成果展示，同学们在演唱和舞动中体会二人台的美。

（4）教学反思

学生正是活泼好动的年龄，打霸王鞭让学生们的兴致提到了最高处，有的孩子素质好学得快，成了老师的小助教，打不好学得慢的学生着急让这些小帮手教，一遍一遍进行练习，大家学得不亦乐乎，课堂气氛活跃，达到了学生自主学习的目的。

第二单元

教学年级	七八年级
教学课时	4课时
教学目标	让学生在这一单元的学习中，请民间艺人进课堂，让学生张嘴模仿，学唱二人台，亲身去体验二人台具有表演幽默诙谐、朴实健美、人物化入化出；曲调悠扬高亢，如行云流水的说唱特点和唱腔的独特之处，提高学生的感受力和观察力

续表

教学内容	介绍二人台的人物分类和唱腔形式； 学唱《挂红灯》； 学跳《挂红灯》舞蹈部分； 整合作品，完整表演作品《挂红灯》
教学重难点	进一步了解二人台的特征和演唱特点，体会秧歌形态的二人台；通过学习二人台《挂红灯》，感受人物的不同性格和二人台的艺术特征
教学用具	扇子、手绢

教学过程如下所述。

第一节课教学内容

（1）导入

上一单元我们了解了二人台的起源、流派及发展，大家通过采风，一定从民间艺人那里得到了更多关于二人台的知识，今天，让我们共享和交流一下吧。

（2）主体部分

由老师提问，同学们通过知识共享的方法，介绍二人台的人物：

旦角——穿红袄绿裤，拿花扇或彩绸；

丑角——戴尖毡帽，八字胡，鼻梁画蛤蟆图，穿长襟白边黑袄，红裤白腰带，手拿霸王鞭或扇子，边歌边舞，又说又唱。

生角——戏剧角色之一，今通常指老生。生角是中国戏曲表演主要行当之一，泛指净、丑之外的男角色。生的名目最早见于宋元南戏，指剧中男主角。

介绍二人台的唱腔。

二人台唱腔分成六大类：

①原始形态的张家口二人台；

②张家口二人台的上场对子与开门对子（烂席片、干嗑）；

③戏曲形态的张家口二人台（二人台大戏、二人台小戏）；

④秧歌形态的张家口二人台（秧歌舞、秧歌戏）；

⑤说唱形态的张家口二人台（坐腔、抓口曲）；

⑥歌表演形态的张家口二人台。

请艺人们为同学们现场表演二人台的人物，进一步增加学生对二人台人物刻画的认识。

请艺人们用边唱边讲解的方法，直观讲授张家口二人台的戏文特征。

①词语词义的错位搭配——张家口二人台的唱词和念白，用方言土语表达，地方性很强，听起来有味儿，语言简练、生动、形象、诙谐、幽默、朴实、无华。

②三条腿结构唱词——一种常用的句式结构，一个三条腿的、两句半式结构，一个稳定的句式结构，在音乐进行上也属于不稳定的进行和结束。

③唱词口语化大白话——如《走西口》"哥哥走西口，妹妹也难留，止不住伤心泪，一道一道往下流。"这"一道一道"形象描写，让人身临其境，几乎可以看到妹妹送哥哥走西口时的伤心情景。

④比兴手法——用自然景物或某种事物来做开头比喻，细腻、感人，如《小放牛》。

⑤说白的节奏性、音乐性、韵律感是张家口二人台的一大特色——《借钱》戏中，姐姐夸妹妹"头发黑锭锭，脸蛋白生生，腰板直棍棍"。这样的修辞手法，有情趣、有效果、含蓄、耐人寻味、俗语不俗气。这就是二人台的戏文语言，一种有自身美学特征的说唱修辞手法。

⑥衬词衬字的运用——张家口二人台唱腔多用衬词衬字，但绝不多余、绝不虚设。

⑦韵律化的方言道白——民间称串话、俏皮话。念起来上口，听起来明白易懂，也方便记忆，风趣幽默。

⑧重叠字的运用——重叠字是二人台突出的语言特征。重叠字的运用，念起来上口，听起来亲切。如《打樱桃》"红圪丹丹的阳婆婆满山山照，手提上竹篮篮抿嘴嘴笑"。

⑨对歌式的唱词——如《十样景》"有颜有色的是什么门？无颜无色的是什么门？楼上高桥是什么门？色伶伶色拉拉是什么门？"

（3）课堂小结

同学们，我们家乡的本土音乐有着这么优秀的内涵，大家应该学好二人台,把我们家乡的艺术传承、发扬下去。

第二节课教学内容

(1) 导入

播放民歌《挂红灯》音频文件,请同学们说出歌曲的名字。

(2) 主体部分

请艺人演唱二人台《挂红灯》,与民歌《挂红灯》做对比,分析异同。

介绍秧歌类的张家口二人台。

所谓秧歌戏就是在街头逢年过节走街的秧歌表演节目。秧歌类的张家口二人台,是舞台上经常上演的剧目,有广泛的社会基础与群众基础。

出示《挂红灯》谱例。

出示歌词,用地方方言来练习,教师随时纠正。

正月里来是新年,纸糊的那纱灯纱灯(纱灯纱灯)挂在大门前。风刮灯笼(哎嗨嗨嗨)突噜哎突噜噜噜地转,越刮越转越好(哎)看。

老师唱歌词,学生唱衬词衬字。

女生唱歌词,男生唱衬词衬字。

分生、旦演唱《挂红灯》。

(3) 课堂小结

同学们进入第二首二人台歌曲的学习,歌曲风格发生了变化,演唱时的力度、速度、情绪也发生了变换,使学生直观感受到不同的作品有着个性鲜明的表现手法。

(4) 教学反思

分声部学习歌曲,使学生在不断变换的歌词和衬词衬字中、角色中进行集体合作训练,课堂充满快乐的气氛。学生反复练习地方方言,使歌曲的演唱更地道。

第三节课教学内容

(1) 导入

出示道具:扇子、手绢,先请学生拿上扇子、手绢来为《挂红灯》配几个舞蹈动作,感受一下。

（2）主体部分

直接显示出本节课的目标，学会撇扇和手绢花。

秧歌戏形态的二人台有两种类型：一是秧歌舞表演，如《挂红灯》等；二是秧歌戏，如《小放牛》等。

二人台最初是由二人表演唱形成的。随着历史的沿革，按照剧情的需要，演变为多人演唱的小戏、小剧。道具一般是手持扇、绢、鞭（特定情境除外）。道白是方言，话语直白简单，表演细腻，具有浓郁的地方色彩。因为它直接使用现实的口语话表述，所以深受当地群众的喜爱。

老师分解动作教授扇子，学生集体进行动作学习，再由艺人教授手绢的动作，学生集体学习。

学生分组进行扇子和手绢的练习，艺人和老师分别辅导扇子和手绢的动作。

最后做一个小组对抗赛，教师及时表扬、评价。

（3）课堂小结

这节课同学们用扇子和手绢扭起了秧歌，跳出了热情，是不是再加上音乐会更加热闹？第四节课我们边歌边舞，抒发自己对二人台的热爱之情。

第四节课教学内容

（1）导入

播放张家口二人台《挂红灯》的视频文件，激发学生的学习热情。

（2）主体部分

教师讲解关于二人台的知识及《挂红灯》的作品分析。

秧歌舞最具代表性的是《挂红灯》，它是张家口秧歌舞蹈的经典、代表性剧目。

二人台中的秧歌舞就是秧歌式的舞蹈表演二人台的身段戏，八角巾、手绢、扇子、彩绸、霸王鞭等道具在戏中的综合运用。

二人台的演出火爆、热烈、喜庆、张扬，看的人眼花缭乱、目不暇接，精神为之振奋；满台五彩缤纷、金光灿烂。这是二人台的一绝。

学生演唱《挂红灯》歌曲部分，老师用扇子或手绢加入舞蹈秧歌。

同学们早就盼着边歌边舞了吧？那我们今天就来感受《挂红灯》的热闹和喜庆。

把学生分成歌唱组、扇子组、手绢组进行练习。

各组转换，进行练习。

最后整合，集体边歌边舞，感受《挂红灯》。

（3）课堂小结

同学们，我们家乡的二人台美不美？现在，张家口在申奥，我们大家有机会也要给你的朋友表演一下我们张家口二人台，为张家口贡献一份热情和力量。

（4）教学反思

通过这个单元的学习，学生参与和体验到学习民间艺术的乐趣，加强了学生对二人台的热爱。

第三单元

教学年级	七八年级
教学课时	4课时
教学目标	让学生在这一单元的学习中，体验二人台边歌边舞的独特艺术形式，学习二人台的表现方法，并且感受二人台的舞蹈淳朴粗犷、节奏明快以及短小活泼、花样繁多，情节紧凑等艺术特征
教学内容	张家口二人台的唱法特征； 学唱《小放牛》； 学跳《小放牛》舞蹈部分； 整合作品，完整表演《小放牛》
教学重难点	了解二人台秧歌戏及二人台的唱法特征；地方方言在作品中的运用及歌曲风格的把握
教学用具	霸王鞭

教学过程表述如下：

第一节课教学内容

（1）导入

播放张家口二人台视频文件，讨论张家口二人台的唱腔特征有哪些。

第十一章 区域音乐校本课程本土实施案例

（2）主体部分

请艺人用演唱的方式讲解张家口二人台的演唱技巧。

张家口二人台的演唱技巧可以概括为"满、花、闪、掐、口、翻"六法，单独使用各显其长、各具风韵，几种唱法混合使用，使唱腔丰满，更富表现力，效果更佳，韵味更浓。

"满"就是牢牢把握主旋律，一字一音一板一腔，一丝不苟地唱足唱满。如《扇子记》《海莲花》。"满"的这种演唱技巧效果是沉稳、庄重、扎实、老诚，多在严肃、正面的剧情中使用。

"花"就是在保证主旋律不变的基础上为唱腔加花，如《报花名》。

"闪"是在曲调情感发展的转折处，需要加重表现力度和增强情绪分量时，自然的运用，打破节奏强弱关系的唱法技巧，如《走西口》。

"掐"就是掐头留尾。演唱二人台高音较多的唱腔时，常常把旋律简化，省略唱不上去的某一高音，把后边的旋律圆满唱足。尤其是唱快速的曲调时，常常使用"掐"的技法，以此营造紧迫急切之情。

"口"就是演唱技法口语化，把该"唱"的音符简化成近似"说"的音，但有曲谱音高的影子，整体效果是唱也是说，是说也是唱，营造一种风趣搞笑的特殊效果。

"翻"也叫翻唱，把中低音翻到高音或把高音翻到中低音去唱，形成起伏跌宕、骤起猛降的旋律变化走向，营造一种气势，塑造不同凡响的艺术形象。

张家口二人台的六种演唱技巧，是历代二人台艺人艺术实践的总结。

（3）课堂小结

艺人的各种唱腔技法的演绎，让学生们感叹二人台艺术的内涵及魅力，更加深了学生对家乡艺术的热爱。

第二节课教学内容

（1）导入

播放河北民歌《小放牛》，引出二人台秧歌戏《小放牛》。

(2) 主体部分

介绍张家口二人台的秧歌戏。

秧歌戏是在唱秧歌活动中，配合高跷、花灯、旱船、骑驴、秧歌舞等一系列闹红火的街头小戏演出。这种演出人物就是秧歌舞队伍中的化妆人物，由舞队打开场面，围成一个圈，即可进行小戏演出，故称秧歌戏。

秧歌戏最具代表性的曲目是《小放牛》，四大声腔中三个声腔所属的各剧种均有这个小戏。现在各剧种很少再上演《小放牛》了，但二人台还在演。《小放牛》是张家口的产物。

初听，了解人物（牧童和村姑）及歌曲大意。

出示《小放牛》谱例。

看歌词，聆听，进一步明确歌曲描绘的意境。

复听，随音响轻声哼唱。

教师引领学生反复练习。

对唱，随音响，男女对唱。

(3) 课堂小结

同学们，这节课通过学唱《小放牛》让大家体会到家乡二人台秧歌戏的魅力。

(4) 教学反思

《小放牛》是张家口二人台秧歌戏的代表性剧目，通过朗朗上口的唱词让学生来感受二人台秧歌形态。

第三节课教学内容

(1) 导入

请几位学生来表演已经在第一单元学习过的霸王鞭，老师再打出霸王鞭新的花样，吸引学生的学习兴趣。

(2) 主体部分

教师分解动作讲解和教授霸王鞭。

学生先集体慢动作练习。

稍后10人一组进行分组练习，每一组选出一二位跳得好的同学做组长，对学生进行巩固练习，教师深入各组帮助组长进行动作示范及辅导。

霸王鞭的新技巧：用鞭端磕打四肢为其基本动作。传说的打法为"八点法"，即：一点磕左手，二点磕右肩，三点磕左肩，四点磕大腿（平抬），五点磕左小臂，六点磕右大腿（平抬），七点磕右腿（平抬），八点磕左脚掌（由身后跳起）。

"四十点法"，即在原"八点法"的基础上，又加了三个"八点"，两个"四点"。磕打的位置不只限于四肢，还可磕打手腕、腰、腿外侧、后肩等部位，还有双鞭互磕、触打地面。

霸王鞭的动作有磕、打、推、转、挑、翻、荡、摇、摆、甩等十个花样，进一步丰富了表演队伍的造形变化。

熟悉动作后，把学生分成几组进行比赛。

最后排出队形，集体配合进行霸王鞭的练习。

（3）课堂小结

同学们，我们已经学到了霸王鞭的好多花样，咱们家乡的二人台表演中，还有很多更好看更好玩的道具运用，期待大家学到更多的二人台作品。

（4）教学反思

学生正是好奇好动的年龄，让他们亲身去感受、体验，比单纯地课堂欣赏作品更直观，学生们对霸王鞭表现出了极大的热情。而且集体活动更锻炼了学生们的集体合作、配合的能力。

第四节课教学内容

（1）导入

请艺人在课堂上表演《小放牛》，边歌边舞的形式激发学生的学习热情。

（2）主体部分

请一组同学先来演唱《小放牛》歌曲部分。

一组和着歌曲打起霸王鞭。

两组同学对换练习。

请艺人再次演唱《小放牛》，老师来表演。

最后集体进行二人台《小放牛》作品整合，边歌边舞地表演。

（3）课堂小结

同学们，二人台的舞蹈淳朴粗犷、节奏明快、短小活泼、花样繁多、情节紧凑。通过我们亲自去演唱和舞蹈，大家说我们家乡的二人台美不美？美！让我们做家乡文化的传承人，共同把二人台艺术发扬光大！

（4）教学反思

把学生认为土得掉渣、不流行、不时尚的乡土艺术搬进课堂，需要教师花心思去引导，把自己当成是学习二人台的一分子，融入学生中，去和学生一起学唱、一起舞蹈，而不能高高站在讲台上。

第四单元

教学年级	七八年级
教学课时	4课时
教学目标	让学生在这一单元的学习中，感受二人台是一种集化妆、说唱、舞蹈、表演为一体的民间艺术形式，是一朵散发着浓郁地域特色的艺术奇葩。学生能在传承的基础上，通过教师的引导，综合前几单元的学习，编创出自己的二人台作品片段
教学内容	介绍笛子演奏家冯子存，以及张家口二人台属于国家非物质文化遗产的常识； 创编以迎春、拜年为主题的唱腔部分； 以班为单位，编创迎春、拜年主题秧歌； 团队合作，表演民族集体舞《魅力家园》
教学重难点	学生的创编难免会考虑不周到，老师要启发、帮助学生
教学用具	彩绸、霸王鞭、扇子、手绢等

教学过程如下所述。

第一节课教学内容

（1）导入

播放张家口二人台的视频文件。

（2）主体部分

介绍中国著名笛子演奏家冯子存。

张家口二人台养育了一位著名笛子演奏家，北派笛子艺术创始人冯子存。冯子存在音乐界的影响，在竹笛教学和竹笛演奏、笛子曲创作诸多方面的成就，为中国最高民族音乐学府所敬仰。

二人台音乐的热烈、轻快、飘逸、洒脱、豪放的风格，是二人台的特色。二人台笛子形成"二人台化"的特性音型。它的花舌、滑音和飞指的演奏技巧，使乐曲轻快、热烈，形成了二人台音乐的代表风格。

欣赏冯子存的演奏，播放音频文件。

观看介绍张家口东路二人台的视频文件。

观看张家口电视台举办的风情张家口大型音舞诗画《大好河山》中二人台片段。

总结张家口二人台的艺术价值。

张家口二人台音乐孕育了中国北派笛子艺术，成为中国民族音乐发展中的光辉乐章。张家口二人台音乐是中国民族音乐宝贵的文化资源。张家口二人台无愧于国家非物质文化遗产的响亮名号。

（3）课堂小结

同学们，我们家乡的二人台音乐资源丰富，内涵深广，历史渊源很深。我们要在生活中去学习和传承家乡的艺术。

第二节课教学内容

（1）导入

同学们，经过几个单元对家乡二人台的学习，我们感受到了二人台的内涵和魅力。只学习旧作品是不够的，我们还要去创新，今天，我们做一回二人台的创作者，进行一次创编活动。

出示主题《魅力家园》。

（2）主体部分

创编以迎春、拜年为主题的唱腔部分。

先按小组为单位进行歌词的创编，教师深入各组，进行辅导；综合各小组创编成果，选出优秀歌词，以班为单位，进行修改，定稿；加入适当的衬词衬字；用地方方言来进行演唱；配合音乐，加入创编歌词。

(3) 课堂小结

同学们,你们的创编太好了,从大家创编的歌词里,老师看出了大家对二人台的热爱。加油,让我们继续努力。

(4) 教学反思

给学生标题、音乐及主题,充分调动学生们的智慧和主动性。

第三节课教学内容

(1) 导入

播放同学们创编好的歌词,明确本课目标是为作品创编舞蹈。

(2) 主体部分

先引导学生选定道具。

再分组,请各组按照歌词乐句或段落创编出几个舞蹈动作,教师深入各组帮助创编。

各组选出代表,表演创编的舞蹈动作。

把各组创编的舞蹈动作按照歌词乐句或段落进行串联。

形成整体舞蹈动作后进行修改。

最后集体练习创编的整体舞蹈动作。

(3) 课堂小结

同学们,经过大家的努力,我们完成了舞蹈的创编。通过这节课,让老师感受到了大家的聪明和才艺。你们是最棒的。

(4) 教学反思

喜欢跳舞的学生对于创编舞蹈是主动积极的,教师要花心思去鼓励和引导那些被动的、不自信的学生也能投入到创编和练习中去。

第四节课教学内容

(1) 导入

同学们,让我们唱起来跳起来,歌颂我们的祖国,歌颂我们的家乡,歌颂我们的《魅力家园》。

(2) 主体部分

各班在这节课中要把学习家乡二人台的成果展示出来,把创编的节目做一个汇报演出。

老师组织七年级各班以班为单位,进行《魅力家园》二人台创编作品汇报演出。

(3) 课堂小结

同学们,今天的演出非常成功。让二人台走出国门,让二人台展现在世界面前。

(4) 教学反思

这一节课是整个校本课程研发的最后一课,是对学生学习二人台的成果检验。在整体教学中,运用培养学生实践能力为主的边歌边舞活动,并结合学到的相关知识,进行以迎春、拜年为主题的创编集体舞的二人台拓展活动,丰富学生的课余生活,提升学生的艺术素养,激发了学生热爱祖国、热爱家乡、做本土艺术传承人的热情。

案例三 衡水地秧歌的学习与传承

一、课程信息

课程名称	衡水地秧歌
课程类型	人文素养类
授课教师	郑晓杰
实施地点	衡水市故城县衡德中学
教学教材	自编
学习对象	七年级
规模预设	七年级全体学生
学习时限	13 个课时

二、课程设计

（一）课程目标

1. 课程总目标

本课程旨在以衡水地秧歌教学为载体，让学生了解民间歌舞艺术的有关知识，掌握衡水地秧歌的基本动作，学会运用打击乐器为秧歌舞伴奏，亲身体验民间歌舞艺术的魅力，让学生了解我国民间艺术的内涵，并体验民间艺术的乐趣，弘扬民间艺术，丰富学生的课余生活，提高学生的艺术修养，传承本地文化，挖掘本地资源，从而激发学生热爱本地民间文化，热爱河北的思想感情。

为落实上述目标，衡德中学以新课改为载体，在衡水地秧歌校本课程开发、实施过程中，以学生发展为主体，关注学生的创新能力的培养。积极发展学生个性，全面落实素质教育。根据衡德中学实际，让学生在课程中了解河北民间歌舞艺术的相关知识，以学生个性发展为中心，以培养学生审美能力为主，以艺术创编活动为拓展，丰富学生的课余生活，提高学生艺术修养，激发学生热爱本地文化的自豪感。

2. 课程具体目标

（1）了解秧歌艺术的相关知识

了解秧歌的悠久历史，各地秧歌的不同特点及艺术特色，了解衡水地秧歌的历史及特点等知识，激发学生热爱本地民间艺术的思想感情。

（2）学习衡水地秧歌的基本动作

在衡水地秧歌学习中，学会秧歌舞的基本步伐，体验衡水地秧歌十字步的特点，学会在基本步伐基础上进行加花，感受民间歌舞艺术的魅力。

（3）学打秧歌鼓点，学会为衡水地秧歌伴奏

通过鼓点打击学习，让学生了解衡水地秧歌的鼓点特点，学会利用打击乐器为秧歌舞伴奏，体会参与和创造的乐趣。

（4）以秧歌舞为载体，传承河北民间艺术，激发创造型思维

在学生学会动作及伴奏的基础上，激发学生的创造能力，将秧歌舞蹈

动作，融入现代流行音乐，让学生体会到舞蹈创编的乐趣，并进一步体验到民间艺术的魅力，促进学生综合素质的提高。

（二）课程内容

本教材使用了单元学习的编写方式，共四个单元，由了解历史、基本动作学习、学打秧歌鼓点、创意编创四个板块组成。教学时，教师可以根据自身教学特点和学生原有基础，进行教材重构。

单元一：了解历史

在本单元安排了"了解历史"这个板块，目的是让学生在本单元学习中，了解我们国家秧歌悠久历史和丰富的文化内涵，了解河北各个地方秧歌的特点，了解其差异。加深学生对衡水地区地秧歌的了解，激发自豪感和学习的兴趣。

单元二：基本动作学习

在本单元安排了"学跳秧歌舞步"板块，目的是让学生在这一板块学习中，学会衡水地秧歌基本舞步，并熟练运用各种道具在基本舞步基础上"加花"，从而发现"衡水地秧歌"独特的美，学习地秧歌的表现方法，提高学生的感受能力。

单元三：学打秧歌鼓点

在本单元安排了"学打秧歌鼓点"板块，目的是让学生在这一板块学习中学会敲打出"衡水地秧歌"的鼓点，并试着为秧歌舞伴奏，体验衡水地秧歌的鼓点特点。

单元四：创意编创

在本单元安排了"创意编创"板块，目的是让学生在这一板块的学习中，以熟悉的流行歌曲为曲目，以衡水地秧歌的舞蹈动作为素材，亲身实践编创活动，综合学到的舞蹈动作和技能，加上自己的创意完成编创活动。

单元序列	单元基本模块	具体内容
第一单元	了解历史	认识秧歌表演艺术
		各地秧歌特点赏析
		了解衡水地秧歌相关知识
第二单元	基本动作学习	手位与手臂动作
		步位与步法一
		步位与步法二
		摆绸
		执扇
第三单元	学打秧歌鼓点	基本鼓点学习
		加上镲、锣、钹伴奏练习
第四单元	创意编创	《最炫民族风》前奏及1~8小节动作编创
		《最炫民族风》9~18小节动作编创
		《最炫民族风》最后几小节加间奏动作编创

三、课程实施

（一）课程实施阶段

1. 准备阶段

在准备阶段，学校成立了课程开发组织结构，包括学校衡水地秧歌校本课程开发领导小组和学校衡水地秧歌课程审议委员会；进行了教师校本课程知识培训和技能培训。其内容包括：校本课程解读，如何撰写校本课程文本和纲要、如何评价一堂校本课的好坏、如何评价学生；初步厘清开发思路，拟定开发纲要，确定开发项目。

2. 实施阶段

在此阶段，学校进行了以下工作：①根据学校"衡水地秧歌"校本课程开发方案和音乐教师自身特点，明确人员分工，拟订项目开发方案；②学校课程审议委员会和课程开发领导小组审议"衡水地秧歌"项目开发方案；③"衡水地秧歌"项目开发小组修改项目开发方案，分工协作，完成项目开发纲要的编制工作,并交学校课程审议委员会审议;④修改"衡水地秧歌"纲要,开始撰写课程计划、文本,设计学生活动材料等;⑤将"衡水地秧歌"课程文本、计划和自查表报学校课程审议委员会审议,通过后由学校报文教局课程审议委员会审议。

3. 提高阶段

在此阶段,学校进行了以下工作:①根据学生、家长、社会的需求,逐步开发"衡水地秧歌"学校校本课程项目新内容;②在使用"衡水地秧歌"校本课程文本的时候,根据实际情况调整文本内容,以满足学生和社会发展的需要;③构建学校"衡水地秧歌"课程评价体系,开展"衡水地秧歌"课程评价研究;④注重提升学生能力的实践。

(二)课程实施要求

衡水地秧歌课程领导小组和开发小组,有计划、有目的、有组织地开展教师培训,加强校本培训,强化教师课程的意识。在实施过程中坚持立足于以下四点:一是教育的发展;二是学校的发展;三是教师的特长;四是学生的个性。学校为广大教师提供制度支持和资源保障。多渠道、多形式开展师资培训,提高教师课程意识和课程实践能力。营造良好的校园环境氛围,凸显课程特色效果。通过宣传、展示活动,各类教育活动的渗透,实现学校课程的创新,进一步形成办学特色。学校充分发挥周边地秧歌活动的文化氛围,确保地秧歌课程的有效实施。培养学生兴趣爱好,发展学生个性特长,精心组织每次教学活动,并及时做好记录。

(三)课程实施原则

1. 以生为本的原则

课程的开发要充分尊重和满足学生需要,以学生素质发展、个性和人格得到更充分自由发展和健全为目的,在具体的实践过程中,要始终坚持以学生需求为本。

2. 趣味性原则

课程的开发要照顾到学生的心理特点,课程的内容要丰富多彩,富有吸引力，使学生产生浓厚的兴趣。课程的实施过程中，要时刻关注学生的学习感受、兴趣、乐趣，真正让学生学有所乐、学有所得。

3. 教育性原则

这门课程的开设要能够起到净化学生的心灵，陶冶学生的情操，培养学生的舞蹈修养，提高学生的审美情趣的作用。

4. 差异性原则

在实施校本课程的过程中，必须考虑实际的学生层次性、差异性。对学生，既强调面向全体，但也不能忽视由于受个人修养、禀赋、爱好制约而呈现的水平参差不齐的状况，给予不同的学生以不同的要求和切合实际的指导。

5. 可操作性原则

评价的指标和方法要简便、明晰，易于操作和推广。

（四）课程评价

评价量规（一）：学生评价表

评价方式		自我评价			同学互评			教师评价		
		10分	8分	5分	10分	8分	5分	10分	8分	5分
评价内容	了解知识程度									
	积极参与课堂表演环节并有自己想法									
	对于学习音乐具有浓厚的兴趣，能够感受美和鉴赏美									
	学生积极参与表现，创新思维得到培养									

评价量规（二）：教师评价表

评价方式	教师自我评价			领导小组评价		
	10分	8分	5分	10分	8分	5分
评价内容	教学中需要的音箱资源、教学用具准备充分并恰当运用					
	专业技巧熟练规范、教学基本功扎实					
	课堂教学组织有实效					
	恰当运用评价、关注学生的人格发展					

评价量规（三）：课程评价表

满意度	满意（5分）	较满意（3分）	不满意（1分）
评价内容	课程的设置合理，突出重点、突破难点		
	教学的方法灵活、可操作性强		
	突出音乐学科特点、教学设计合理		
	教学内容符合学生实际、渗透美育		

评价说明：衡德中学衡水地秧歌的学习与传承校本课程在实施过程中，采用三套评价表。从学生、教师、课程三个角度加以评价。

评价量规（一）：采用自我评价、同学互评、教师评价三种方式，对学生进行四个方面的综合评价，从而反映在音乐校本课程开发过程中的情况，这四个维度是：①了解知识程度。了解衡水地秧歌文化的特点，熟知有关的知识。②积极参与课堂表演环节并有自己想法，学生在学习过程中表现出积极参与的热情。③对学习音乐具有浓厚的兴趣，能够感受美和鉴赏美。在课堂教学中学生对衡水地秧歌这种民间艺术的热爱，肢体动作掌握，感受其魅力的情况。④学生积极参与表现，创新思维得到培养。能积极有效地参与表演,并激发学生创造性思维。

评价量规(二):采用教师自我评价、领导小组评价的方式对"教学中需要的音响资源、教学用具准备充分并恰当运用""专业技巧熟练规范、教学基本功扎实""课堂教学组织有实效""恰当运用评价、关注学生的人格发展"四个方面进行评价,以反映教师在校本课程开发实施过程中的情况。

评价量规(三):让学生从以下四个方面对秧歌舞学习进行满意度评价:"课程的设置合理,突出重点、突破难点""教学的方法灵活、可操作性强""突出音乐学科特点、教学设计合理""教学内容符合学生实际、渗透美育"。如课程的设置是否受学生的喜爱;教学方法是否新颖有效;教学环节的设计是否合理;能否渗透美育教学,激发学生对家乡民间艺术的喜爱,等等。

四、经验与反思

(一)衡水地秧歌校本课程开发与实施的经验

衡水地秧歌校本课程在内容的选择上体现学校的特色,是从学校和学生的实际情况出发设计开发校本课程,是学校在对本校学生的需求进行科学的评估,并充分考虑当地和学校课程资源的基础上,以学校和教师为主体,开发旨在发展学生个性特长的、多样的、可供学生选择的课程。选择学生喜欢的项目进行教学,使学生对衡水地秧歌产生浓厚的兴趣,愿意积极参与其中。把校本课程开发落到实处,让校本课程显示成效与活力。在校本课程开发的过程中,学校始终抱着这样一个信念,即让校本课程发挥其巨大的价值。以学校为主体,自主开发和发展课程;以教师为主体,充分尊重教师的意见,开发和实施课程;以学生的实际需要为主体,开发和利用课程。在别人还在观望新生的校本课程是不是能在农村中学发展起来时,衡德中学就已经在努力地做这项工作了。这门校本课程开发以来,已经成为学生们喜欢的一门课程,他们已经把校本课作为获取技能、开阔视野、提高学习兴趣的一个渠道。

（二）衡水地秧歌校本课程开发与实施的思考

在校本课程研发与实施过程中，我们不断探索，在探索过程中受益匪浅，在课程开发与实施的过程中，我们有以下的反思。

首先，校本课程开发是课程的开发，而课程的开发离不开教师的参与，这已经成为一种普遍的共识。教师是校本课程开发的主体，只有开展以校为本、有的放矢、优质高效的师资培训，才可能真正发挥教师在校本课程开发中的主体作用。学校的校本培训以教师自主学习、民间考察讨论交流为基础，采取了向老艺人求教、集体研讨、自主反思等灵活多样的培训方式，对教师分别进行了校本课程相关知识及技能的培训，使教师明确了校本课程开发的重大意义，了解了校本课程的含义和特点，领会了校本课程设计的基本理论和基本方法，强化了课程意识。

其次，校本课程的开发要能够培养学生的兴趣爱好，让学生愿意主动学习，培养音乐素养，激发创新精神，激励和促进学生正确认识自我，选择个性潜能发展，在全面发展的基础上，培养和发展学生的个性特长。同时，校本课程开发应调动教师的积极性和创造性，促进教师更新教育观念，提高课程开发能力，发挥个性特长。音乐校本课程是国家课程与地方课程的补充、延伸和完善。音乐校本课程的开发为学生提供了更多地接触音乐、学习音乐的平台，它能很好地发展学生对音乐的兴趣和爱好，扩大学生音乐视野，充分挖掘学生的音乐潜能，提高他们的音乐能力和音乐修养。同时，它对促进音乐教师素质的提高也具有重大意义。

最后，校本课程开发要从学校、教师特色出发。校本课程必须依附在学校某方面的特长之上，校本课程开发也不是凭空产生的，必须一切从学校实际出发。音乐校本课程的开发实际上就是在构建学校自身的特色，而课程的编制反过来也应根据学校自己的性质、需要、特点和条件进行。而作为校本课程的直接参与者与开发主体的音乐教师，课程也应根据教师自身的特长进行编写，在校本课程开发的重建过程中要体现教师的个性特征，凸显自己的个性。

五、教学设计

第一单元

教学年级	七年级
教学课时	3课时
教学目标	学生了解我国秧歌悠久的历史和丰富的文化内涵，了解河北各个地方秧歌的特点，了解其差异。加深学生对衡水地区地秧歌的了解，激发其自豪感和学习的兴趣
教学内容	①认识秧歌艺术；②了解各地秧歌特点；③衡水地秧歌的特点
教学重难点	衡水地区地秧歌特点
教学用具	多媒体

教学过程如下所述。

第一节课教学内容：认识秧歌

（1）导入

教师提问：在我们农村有一种民间艺术形式，深受老百姓喜爱，你们知道是什么吗？

学生回答后明确：是秧歌。

（2）主体部分

学生欣赏秧歌表演视频，激发学习兴趣。

教师向学生介绍秧歌起源、发展、特点、现状。

①教师总述：秧歌舞，又称扭秧歌，历史悠久，是我国最具代表性的一种民间舞蹈形式，也是一种民间广场舞中独具一格的集体歌舞艺术，也因扭秧歌舞姿丰富多彩，深受农民欢迎而热闹非凡。秧歌舞具有自己的风格特色，一般舞队由十多人至百人组成，演员扮成历史故事、神话传说和现实生活中的人物边舞边走，随着鼓声节奏，随时变换各种队形，再加上舞姿丰富多彩，深受广大观众的欢迎。

②秧歌起源：秧歌，起源于插秧耕田的劳动生活，是劳动人民庆丰收的一种自我欢跳的舞蹈形式。它又和古代祭祀农神祈求丰年、祈福禳灾时

所唱的颂歌、禳歌有关，还源于汉民族元宵节庆时的集会表演。宋代已有农事中唱秧歌的记载，至今已有千年历史。

多媒体展示有关图片，让学生在接受知识时有直观的感受。

③秧歌发展：秧歌，是我国人民喜闻乐见、具有代表性的一种民间舞蹈，主要流行于我国北方广大地区。清代屈大均《广东新语》记述：每年春耕时，农家的妇女儿童数以十计，一起到田里插秧，一人敲起了大鼓，鼓声一响，"群歌竞作，弥日不绝"，称之为"秧歌"。它最早是以唱歌的形式出现，后来发展成舞蹈和戏剧表演的形式，并流行于我国南北各地，后逐步演变成灯会、年节中必须表演的习俗。清初，北京正月到处都有"秧歌小队闹春阳"，围观的人摩肩接踵，妇女们连头上的插金钗都被挤掉了，达到盛况空前的程度。湖州的灯节，每夕各坊市都必须伴唱秧歌。《柳边纪略》中记载了当时黑龙江边缘地区的元宵节，人们组织起秧歌队，伴以锣鼓，"舞毕乃歌，歌毕乃舞"，通宵达旦。然而，嘉陵区地处浅丘，农民插秧时节的农活十分繁重，人们不可能在栽秧现场扭秧歌。所以，这种男女老少都喜爱的活动，只有在逢年过节等喜庆的日子里，由组织起的秧歌队来进行。

④秧歌特点：秧歌队的表演，有以下几个特点：一是扭，表演者手持扇子、手帕、彩绸等道具，踩着锣鼓点，口中唱着当地文人编创的秧歌词，步履轻盈，边扭边舞。二是走场，一般开始和结束时为大场，中间穿插为小场。大场是边走边舞的各种队形组合的大型集体舞，表演出"龙摆尾""双过街""九连环"等各种图案的舞蹈。小场是由两三人表演带有简单情节的舞蹈或歌舞小戏，如"刘海英戏金蟾""车幺妹""跑旱船""傻子接媳妇"等。三是扮，舞者扮成民间传说、历史故事中的各种人物，类型有文武公子、少妇、丑婆、货郎、渔翁和小孩等。四是唱，伴随着唢呐、锣鼓声，由歌手演唱当地的民间歌谣。秧歌队的人数可多可少，少则几人，多则八九十人，既可以统一表演一个大型节目，也可以分别表演各自准备的小节目。秧歌队的领头叫"伞头"，是这支秧歌队的总指挥。他手持一把伞边舞边唱，象征着风调雨顺。他唱的内容基本上是即兴发挥，也有当地民间小调。他后面跟着装扮成男女老幼和丑角类的各种人物，走

出各种队形。在锣鼓、唢呐的伴奏下，边扭边舞。那些动作诙谐有趣、朴实可爱，具有广泛的娱乐性和群众性，很受人民大众的欢迎。

⑤秧歌现状：扭秧歌的类型可划分为"地秧歌"和"高跷秧歌"。踩着高跷表演的叫"高跷秧歌"。由于地域条件影响，现在大都以表演"地秧歌"为主。"地秧歌"的难度不大，动作简单，诙谐有趣，既不需要多大的体力，还可以通过这种娱乐活动舒松筋骨。所以，扭秧歌很适合不同年龄的人参与。现在，扭秧歌这一民间舞蹈，已成为节日游行的必演节目。它不但给人们带来了无穷的欢乐，也给人们带来了幸福和吉祥。在农村经济快速发展、文化环境随之发生变化的今天，能够掌握传统秧歌技艺和纯正舞蹈风格的民间艺人已寥若晨星，保护和传承工作亟待进行。

讲解过程中，适时插播有关视频资料，便于学生直观认识。

（3）课堂小结

在这节课我们认识了秧歌这种古老的民间艺术，这种艺术具有独特的魅力，现在秧歌已经形成了一种文化，需要我们很好地传承下去，我们将会是传承者。

第二节课教学内容：各地秧歌特点

（1）导入

多媒体展示几张图片资料，引入新课教学。

（2）主体部分

向学生介绍各地秧歌特点。

①昌黎地秧歌是河北省最具代表性的民间舞种之一，分布在河北省昌黎、卢龙、抚宁、乐亭、滦县等地。它最早产生于元代，一直流传至今。

播放昌黎地秧歌视频资料，学生欣赏。

②鼓子秧歌分布在今山东鲁北平原的商河地区，是山东三大秧歌之一。鼓子秧歌源于北宋，成于明，盛于清。据当地著名老艺人说，北宋年间，商河一带连年受灾，包公从河南到此放粮，赈济灾民，并由他的属下把鼓子秧歌传授给当地百姓。后来每逢新春佳节人们就跳起秧歌，以示对包公的感激之情，流传至今，相沿成俗。

播放相关视频资料,让学生欣赏。

③胶州秧歌,山东三大秧歌之一,又称"地秧歌""耍秧歌""跷秧歌""扭断腰""三道弯"等,流行于山东省胶州市东小屯村一带。胶州秧歌起源于清咸丰年间,据清代宋观炜所作《秧歌词》的描述推测,当时的胶州秧歌舞蹈动作、行当名称、服装道具等与现在基本相同。

播放相关视频资料,让学生欣赏。

④海阳大秧歌,山东三大秧歌之一,系民间社火中的舞蹈部分,流行于山东半岛南翼、黄海之滨的海阳市一带。海阳大秧歌是一种集歌、舞、戏于一体的民间艺术形式,它遍布海阳的十余处乡镇,并辐射至周边地区。

播放相关视频资料,让学生欣赏。

⑤陕北秧歌是流传于陕北高原的一种具有广泛群众性和代表性的传统舞蹈,又称"闹红火""闹秧歌""闹社火""闹阳歌"等。它主要分布在陕西榆林、延安、绥德、米脂等地,历史悠久,内容丰富,形式多样。其中绥德秧歌最具代表性。

播放一段绥德秧歌视频资料,让学生欣赏。

⑥抚顺地秧歌,有时也被称为"鞑子秧歌",是一种形成年代久远,民族性、民间性及地域特色都极为浓厚的民间舞蹈形式,主要流传在今辽宁省抚顺满族发祥地一带。抚顺地秧歌形成于清初,一直流传至今。它与满族先世的民间舞蹈有着直接的渊源关系。据史书记载,唐代已有名为"踏锤"的舞蹈,明代有被称为"莽式"的歌舞,它们对抚顺地秧歌的形成有一定的影响作用。

播放相关视频资料,让学生欣赏。

(3) 课堂小结

各地秧歌虽然有各自不同特点,但在主要的表演形式上是一致的。一是扭动的姿势相似,大多是踩着鼓点,左手执绸,右手执扇,左右扭动身体。二是边扭边唱,内容有地方小调,传统戏曲,或自编内容。三是会扮成历史故事、神话传说和现实生活中的人物。四是都采用大场和小场相结合的表演方式。大场是多人一起表演的集体秧歌,一般由十多人至百人组成,规模宏大,善于变换各种队形。小场是由两三个人表演的带有一定情节的秧歌。通常开始和结尾是大场,小场穿插在其中。通过本课的学习,相信同学们对各地的秧歌特点有所了解,希望同学们喜欢这种表演艺术。

第三节课教学内容:衡水地秧歌特点

(1)导入

多媒体展示几张衡水本地秧歌表演图片资料,引入新课教学。

(2)主体部分

向学生介绍河北地秧歌特点。

河北地域辽阔,历史悠久,是中华历史文化发祥地之一。古往今来,悠久的历史,富饶的社会土壤,使得燕赵大地不仅涌现了"慷慨悲歌之士",也孕育了绚丽多姿的河北民间舞蹈文化。河北秧歌流行于唐山、昌黎、滦县一带,是该地区每逢年节举行的"出会"(一种包括各种民间技艺表演的大型群众文娱活动)中的主要表演形式。其特色是有一些十分精彩、诙谐生动的小场,这些小场有鲜明的人物性格和生动的故事情节,而且主要通过舞蹈的动作加以表现,可以说是一种民间小型舞剧。其代表性作品有《王二小赶脚》《傻柱子接媳妇》《锯缸》等。中华人民共和国建立初期风靡一时的《跑驴》,就是河北秧歌中一个具有代表性的作品。河北秧歌表演风格形式较为古朴、完整,表演严谨规范,并有一套出会的礼仪程式。再有河北秧歌技艺全面,塑造人物上有独到之处。

多媒体播放《跑驴》,让学生深切感受作品特点。

①冀东地秧歌作为一种传统的民间艺术,流传至今,已有千余年的历史,是河北省最具有代表性的民间舞种之一,分布在河北省东部昌黎、卢龙、抚宁、乐亭、滦县等地,故称冀东地秧歌。

冀东地秧歌活泼、诙谐、朴实、欢快、红火,地方风格和民间色彩浓郁,具有表演性和自娱性相结合的特点。冀东地秧歌发展到今天,已经形成了一整套独特的舞蹈语汇,也有了细致、明确的角色分工。这使得今天的舞蹈专业人员和爱好者在学习这一舞种时,有章可循,有据可依。但实际上,冀东地秧歌极为特殊,她是一种依靠情感的大开大合、激烈起伏而支撑的舞蹈。因此，学习冀东地秧歌要重视一个环节——"情"。身心并用，寓情于形，唯有此，才能准确地用肢体体现其舞蹈风格特征，展现其独特的舞蹈神韵。

②衡水本地也有很具特色的景县的凤秧歌。景县的凤秧歌是很多年前县文化馆的人在孙镇、阜城砖门一带从扭过秧歌的老人那里整理出来的，起名为凤秧歌（其实就是阜城崔庙的秧歌，可阜城人没人整理），并且成了衡水的文化遗产。

凤秧歌，原是流传于安徽省凤阳一带的一种带有浓郁皖北风情的民间舞蹈，原名"凤阳歌"。19世纪末（清朝末年）传入景县孙镇，经过几十年的演变，融合了景县地方民间舞蹈、音乐特点，形成了一种具有粗犷、泼辣、风趣、欢快等特点的舞蹈。这种舞蹈动作风趣、泼辣，身体动辄呈三道弯，能制造一种强烈的欢乐氛围，所以民间俗称"凤秧歌"，又称"疯秧歌"。此后，当地老百姓逢年过节就会舞起这种热情欢快的《凤秧歌》，来抒发他们热爱生活、向往幸福的情感，逐渐形成了一种独特的民俗景观。20世纪80年代，由景县文化馆工作人员挖掘整理，并被搬上舞台，受到观众的青睐，并获得多项殊荣。

播放《凤秧歌》视频，让学生谈谈其风格特点。

学生发言后教师总结：

①艺术特色：《凤秧歌》主要分布于景县孙镇一带，以其粗犷、泼辣、风趣、欢快的风格独具特色，刚健优美、刚柔相济，火热起来狂欢跳荡，近似"疯"的程度，从而得名"疯秧歌"。舞蹈所体现的内容大多是一家人庆丰收或节日时的情景。

②表演形式：整个舞蹈结构分三段，时间为6分钟。第一段，四个姑娘以欢快的形象出场，配上云锣动听的音韵，组成该舞的抒情部分。第二段，姑娘邀老头、老婆同舞，老人以他们风趣的舞姿，把舞蹈推向高潮。第三段，二老与姑娘热情欢腾地同舞，使舞蹈进入高潮。三段舞蹈风趣、热烈，跌宕起伏，对比鲜明。主要动作有上步、退步、提打云锣、开胸、大跳、蹲跳、三道弯、射雁跳、盘腿跳、摆步、掏腿跳等。服装道具特色鲜明、独具匠心。

（3）课堂小结

同学们，我们河北的秧歌也是历史悠久的，我们衡水的秧歌更是有我们自己的特色，让我们行动起来，为弘扬这种民间艺术而做出自己的努力吧！

第二单元

教学年级	七年级
教学课时	5课时
教学目标	学习衡水地秧歌基本动作，发现"衡水地秧歌"独特的美，学习地秧歌的表现方法，提高学生的感受能力
教学内容	基本动作教学：1. 手位与手臂动作；2. 步位与步法一：双碾步、十字步、行进十字步；3. 步位与步法二：跑跳步和后踢步；4. 摆绸动作；5. 掷扇、转扇动作
教学重难点	步位与步法；掷扇、转扇动作
教学用具	绸子、扇子、手绢

教学过程如下所述。

第一节课教学内容：手位与手臂动作

（1）导入

教师表演，直接导入。

（2）主体部分

手位与手臂动作在秧歌中是表演应用的基础动作。手位与手臂动作是否规范，直接影响着整个姿势的美观，它不仅在空手扭动中很重要，特别是掷道具时，如拿伞、扇、绸、巾时，就显得更重要，如果使用不当，就很别扭。以下就介绍几个基础动作。

①山膀：

身体站直，双脚并跟呈"八"字，左臂弯回，手心向外托于腰（带）间，右臂伸直，略向下，手呈"掌"形，脸微向左（见图1）。

教师示范，学生练习。

②按掌：

身体站直，双腿靠拢，双脚并齐，左臂弯回手心向外托于腰（带）间，右臂向腰前弯曲呈60度左右，手掌心向下开掌形，脸微向左（见图2）。

教师示范，学生练习。

③托掌：

身体站直，双腿并拢双脚略分，左臂弯曲，手心向外托于身侧腰（带）下方，右手上伸微弯举上头顶，手呈"掌"形，脸向前平展（见图3）。

教师示范，学生练习。

④顺风旗：

身体站直，左臂向左伸直，手呈"男掌"形，右臂向上伸，微弯举上头顶，下臂直上，手呈"掌"形（见图4）。

"顺风旗"在秧歌扭动中应用较多，它可握道具舞摆，前后连接手臂环绕。

本节重点是手位与手臂动作，难点在于手臂、手腕、肘的弯曲上。

教师示范，学生练习。

课堂练习：指掌动作，手位与手臂动作。

图1　　　图2　　　图3　　　图4

(3) 课堂小结

本节课同学们学习了秧歌的基本手位，也做了练习，课下请同学们反复练习，达到熟练应用的程度。

第二节课教学内容：步位与步法一

双碾步，十字步，行进十字步。

(1) 导入

复习上节课所学，点明本节课所学内容。

(2) 主体部分

教师讲述：步位与步法是扭秧歌时腿与脚部的动作，这些动作有的是单一表演的，但大多则是与上身手位、臂位、头、肩部动作相配合的，也是秧歌中最基本的动作。常见的步位与步法有23种，本节课我们学习以下3种动作。

①双碾步：

双碾步主要用于小场子和小剧目（或戏剧）中，向左向右的平行移动，主要的功夫是在脚上。

教法：预备动作，双脚原地平行站立。

第一步：双脚前掌部用劲作为撑点，后掌部略离地面，双脚同时向左（右）移动。

第二步：双脚后掌部用劲作为撑点，前掌部略离地面，双脚同时再向左（右）移动。

往后连续移动，见右图。

学生课堂练习。

②十字步：

十字步是秧歌中最基本最常用的步法，有原地扭法，有行进中扭法。

教法：在预备动作站好后，讲清秧歌中无论何种步态，一般都是从左脚开始行进，特殊情况也有从右脚起步，起步与最终的步伐相同。分四拍教学。见右图。

第一拍：左脚向右前上步（脚跟先着地）为重心，右脚跐起，双手向左摆，头左、右微晃，眼看前方。

第二拍：右脚向左前上步，划弧线到右脚后上方，右脚跐起，双手向右摆，头左右微晃，眼看前方。

第三拍：左脚平衡右后，前脚掌先着地，同时上身向右微倾，双手顺势摆向右后，头向左扭。

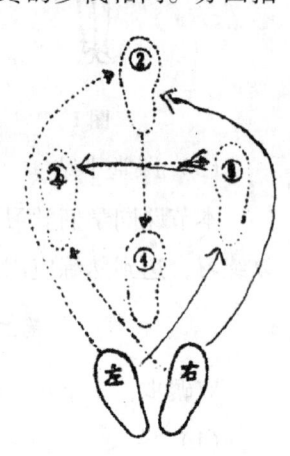

第四拍：右脚向后撤回，腿微屈，脚尖先着地，撤至左脚后半步处，上身朝左前微倾，双手经腹前向右摆，头微晃，眼看前方。

教学步骤：先不动臂教十字步；加摆臂教十字步；摆臂加晃头教十字步。

注：步子不要跨大。

学生课堂练习。

③行进十字步：

在原地十字步的基础上，教学前进，重点强调十字步的每一个步态中不是跨大步，只有在前进时，在右脚落地后脚尖蹉起，左脚向前迈步稍大（半步左右）便是前进。

教法：在十字步完成后，左脚向右前跨，右脚先蹉起，后紧跟越左脚，跨向右脚右前方，左脚平移右方，右脚撤回，左脚再向前迈，循序渐进。

学生课堂练习。

（3）课堂小结

本节课同学们学习很认真，学会了常见的地秧歌步法，希望同学们认真练习，达到熟练应用。

第三节课教学内容：步位与步法中的跑跳步和后踢步

（1）导入

复习上节课三种步法，教师示范本节课要学的两种步法，激发学生兴趣。

（2）主体部分

跑跳步是秧歌表演时的进场，表演中的动作，后踢步大多用在踢场子时男角（挂鼓子）所用动作，有时也在大场演出中用，主要是腿脚部位动作。

①跑跳步：

第一拍：左脚迈出，脚尖蹉起着地，右腿提起，右大腿与左大腿平行，右小腿弯曲，脚尖向下，上身直立，面视前方带微笑，手臂作"右顺风旗"。

第二拍：右腿向前跨直，脚尖落地，左腿提起，左大腿与右大腿平行，左小腿向后弯曲，脚尖向下，上身直立，脸向前方带微笑，手臂作"左顺风旗"。

以此交替向前跑跳。见左下图。

教法：跑跳动作；加"顺风旗"教跑跳步。

② 后踢步：

第一拍：左腿微弯，左脚尖跷起，左臂摆后，右臂向前弯起 100 度左右。

第二拍：左脚尖用力，右向后弯曲屈 60 度~80 度，右脚伸直。见右下图。

跑跳步　　　　　　后踢步

学生课堂练习。

（3）课堂小结

本节课同学们学会了跑跳步和后踢步，到此为止，我们常用的秧歌步法就学完了，同学们要认真练习，熟练运用。

第四节课教学内容：摆绸

（1）导入

拿出道具请学生观看，教师示范。

（2）主体部分

摆绸经常用于秧歌的场地和舞表演，用法是绸缠腰间，双手齐两头舞动，农村秧歌用得较多，有左右摆绸，前后摆绸，胸前摆绸，高扬绸等。

①左右摆绸：

教法：

腰间系绸。

双手握腰绸两端，在腹前同向左右摆动。

加"十字步"左右摆动。

教师当堂示范，学生课堂练习。

②前后摆绸：

教法：

双手握腰绸两端，在身两侧前后交错握腰绸摆动，手臂先弯后直。

加"平步"前后摆绸。

教师当堂示范，学生课堂练习。

③胸前摆绸：

教法：

双手握腰绸，屈肘抬至胸，同时向左右摆动，同时手腕连续左、右横着绕小"∞"形。

原地双手握腰绸，踏步胸前摆绸。

走"十字步"胸前摆绸。

教师当堂示范，学生课堂练习。

左右、前后、胸前摆绸教学要点：

捏绸不在绸两头最端点，而是要缩回 5~8 公分。

摆绸时腰部扭动适当、优美。

两臂活而不乱、屈而不僵。

要随节奏，与脚下配合，表情带微笑。

教师当堂示范，学生课堂练习。

④高扬绸：

高扬绸动作在表演到高潮时、节奏加快时用得较多，也有在舞台上配合音乐与对角色时用。

教法：

双手"握腰绸"于身两侧下方。

左脚前迈，右手将绸扬至右上方，左手向左平甩；右脚前迈时，双手做对称动作。

平步"高扬绸"、跑跳步"高扬绸"。

教学要点：

扬绸时扬臂须超过头顶。

对称动作须同时进行，双臂屈伸向上向前，若向上扬绸，须将绸在上下高扬。

教师当堂示范，学生课堂练习。

（3）课堂小结

本节课同学们学会了运用绸子跳秧歌舞，同学们学得很认真，课下多练习吧，争取动作到位、优美。

第五节课教学内容：执扇

（1）导入

拿出道具示范。

（2）主体部分

教师讲述：彩扇是秧歌表演中的主要道具之一，男、女演员都用，在执扇方式上常用的有七种，即握合扇、竖拿扇、反握合扇、背合扇、夹扇、握扇、抱扇。用扇方式常用的有四种：即里转扇、外转扇、劈扇、翻扇。本节教学其中常用的六种执扇与用扇方式。

①夹扇：

教学：右手握扇，扇轴在手心，拇指、小指在扇轴前，食指、中指、无名指在扇轴背后，前二后三形成夹扇状。见右图。

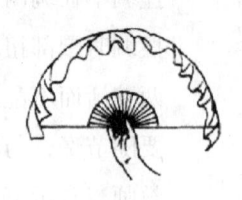

教师示范，学生当堂练习。

夹扇

②握扇：

教法：扇轴放手心，拇指在扇轴背后，其余四指并拢放扇轴前面握起来,成握扇。见左下图。

教师示范,学生当堂练习。

③抱扇:

教法:扇轴放手心上方,五指握,反向,将扇面放右胸前,臂掌背外露,成抱扇。见右下图。

握扇 　　　　　　　　抱扇

教师示范,学生当堂练习。

课堂集中练习:夹扇、握扇、抱扇。

④里转扇:

教法:右手"握扇";向里挽腕绕一个扇花;加"十字步"里转扇。

教学要点:手腕放活,不能僵硬,加"十字步"后要注意迈步腿和左手的协调,注意力在右手。

课堂练习。

⑤外转扇:

教法:右手"握扇";做"里转扇"的相反动作,即手心向外翻,向外挽腕绕扇花。

加"十字步"外转扇。

教学要点:手腕放活,不能僵硬;做"里转扇"的相反动作时臂、肘不动,与臂摆动和腿迈"十字步"协调。

⑥翻扇:

教法:右手"夹扇";来回翻动;加"十字步"翻扇。

教学要点:与"外转扇"区别,一个是"握扇",一个是"夹扇";

翻扇时带有转腕，扇面正反两面在翻动中交替出现。

课堂练习：转扇、翻扇。在此基础上加上手绢，练习右手拿扇，左手拿手绢。

（3）课堂小结

扇子在我们衡水地秧歌中运用的比较广泛，同学们在表演中见得不少，现在我们也学会了，那我们就熟练运用吧！

第三单元

教学年级	七年级
教学课时	2课时
教学目标	通过鼓点打击学习，让学生了解衡水地秧歌的鼓点特点，学会利用打击乐器为秧歌舞伴奏，体会参与和创造的乐趣
教学内容	学习秧歌舞基本鼓点；学习用鼓、钹、锣、小镲打击秧歌舞的伴奏
教学重难点	鼓点基本节奏；鼓、钹、锣、小镲的配合练习
教学用具	鼓、钹、锣、小镲

教学过程如下所述。

第一节课教学内容：学习秧歌舞基本鼓点

（1）导入

引导学生看视频，体会秧歌舞的鼓点特点。

（2）主体部分

教师讲述："一支秧歌队里必须有一面大鼓，而且鼓越大越有气派。它是秧歌伴奏乐器中非常重要成员之一，因为秧歌曲的节奏主要靠鼓点来把握。"

教师课堂展示大鼓，让同学们观看。

请学生闭上眼睛，来感受一下大鼓声。

教师示范鼓点打击。让学生说说鼓声带来什么感受？

学生发言。

教师击鼓，让学生体会节奏的快慢，并随节奏的快慢自由做动作。

请学生听鼓点走步，快节奏快走，慢节奏慢走，训练学生的节奏感。

让学生拍击大腿，体会打鼓节奏。

让学生持鼓棒尝试敲出快慢节奏。

出示秧歌鼓谱，教师示范秧歌鼓点，学生实践。由学生代表打鼓，其他同学自由做出秧歌动作。

（3）课堂小结

通过本节课学习，同学们都了解了秧歌鼓点特点，并学会了打击秧歌的节奏。

第二节课教学内容：学习用鼓、钹、锣、小镲打击秧歌舞的伴奏

（1）导入

同学们，咱们上节课已经知道了跳秧歌可以用大鼓打鼓伴奏，除了大鼓你还知道哪些乐器？

学生回答。

今天老师带了很多乐器，请你们来看看。

拿出小镲、大镲、钹、锣等，让学生摸一摸，敲一敲，感受一下。

（2）主体部分

播放一段秧歌视频，感受乐曲节奏特点。

在秧歌中，为了渲染热烈欢快的喜庆气氛，人们常用锣鼓来助威，下面我们就学习一小段锣鼓经。

①学习一小段锣鼓经，了解所需的乐器。

带领学生学习并练习该节奏，清楚地标出各个节拍所需要运用的乐器。

②全班分为三大组，进行小组合作和集体合作。

教师请两位学生与自己合作，先进行示范；再将全班分为三大组，分别为鼓组、锣组、镲组，通过分组而又团结协作的方式对上述的节奏进行演绎。

③学生试着敲击相关的节奏，教师加以指导。

（3）课堂小结

本节课同学们情绪高涨，大家都学会了用鼓、钹、锣、小镲打击秧歌舞的伴奏。以后逢年过节，我们就可以是活动中敲锣打鼓的主角了。

第四单元

教学年级	七年级
教学课时	3课时
教学目标	在学生学会动作及伴奏的基础上,激发学生的创造能力,运用秧歌舞蹈动作,融入现代流行音乐,让学生体会到舞蹈编创的乐趣,并进一步体验到民间艺术的魅力,促进学生综合素质的提高
教学内容	运用秧歌动作编创校园健身秧歌舞《最炫民族风》
教学重难点	熟练运用秧歌基本动作;运用秧歌舞基本动作进行编创活动
教学用具	音响、多媒体

教学过程如下所述。

第一节课教学内容:《最炫民族风》前奏及1~8小节动作编创

(1) 导入

为了提高广大群众的身体素质,国家推广了六套健身秧歌,其中中学生还有校园健身秧歌,今天我们就来编一套适合我们跳的校园健身秧歌。

(2) 主体部分

热身动作,基本十字步练习。手脚协调。

激发兴趣,教师示范自编的舞蹈,在此基础上进行健身秧歌动作教学,采用自练、小组练和集体练相结合的方法,促进学生掌握单个与组合动作技能。

在学生"学有所成"的时候,积极引导他们展示动作及组合,并及时鼓励指导学生编创动作组合,增强学生的自信心。通过提炼、组合各小组的动作,配以音乐巩固学习成果,激发学生的学习兴趣和练习热情,达到锻炼身体、塑造体型的目的。

最后,在优美的乐曲声中,全体同学复习学过的内容。

(3) 课堂小结

本节课同学们表现踊跃积极,动作学得很快,课下请同学们认真练习。最好对着镜子反复练习,争取把动作做到熟练优美。

第二节课教学内容:《最炫民族风》9~18小节动作编创

(1) 导入

师生问好,教师语言导入。

准备活动：欣赏音乐《最炫民族风》。

（2）主体部分

教师做动作的完整示范。

分组训练实践，学生自由组合训练，这种方法便于发挥学生特长。

学生分组做练习，教师巡视指导学生的动作。

选动作做得好的学生来示范，给其他学生以正确的引导。

配以音乐，师生一起练习，完成本节课的教学内容。

（3）课堂小结

本节课同学们表现踊跃积极，动作学得很快，课下请同学们认真练习。配合音乐练习，争取把动作做到熟练优美。

第三节课教学内容：《最炫民族风》最后几小节动作编创

（1）导入：

师生问好；教师语言导入。

准备活动：欣赏音乐《最炫民族风》。

（2）主体部分

热身动作，复习上节课所学。

教师做动作的完整示范，学生采用自练、小组练和集体练相结合的方法，掌握单个与组合动作技能。

动作熟练之后，积极引导学生大胆展示动作及组合，并及时鼓励指导学生编创动作组合，增强学生的自信心。通过提炼、组合各小组的动作，配以音乐巩固学习成果，激发学生的学习兴趣和练习热情，达到锻炼身体、塑造体型的目的。

最后，在优美的乐曲声中，各小组分别表演并进行评选，选出表现最好的组合、表现最好的同学。

（3）课堂小结

同学们，通过本节课练习，我们已经完成了整套校园秧歌的编创，大家学得很认真，跳得也很好看，希望同学们热爱我们的民间艺术，做民间艺术的传承者。

案例四　河北乐亭"皮影戏"校本课程开发实施案例

一、课程信息

课程名称	《乐亭皮影戏》
课程类型	人文素养类
授课教师	廉欣
实施地点	河北省唐山市乐亭县新戴河初级中学
教学教材	自编
学习对象	八年级
规模预设	八年级全体学生
学习时限	12课时

二、课程设计

（一）课程目标

1. 课程总目标

培养学生感受美的能力，激发学生对民间艺术的热爱，让学生了解乐亭皮影戏的演出形式和唱腔特点，作为传统皮影戏与舞蹈形式的结合，了解皮影舞的动作特点，让学生能够掌握皮影戏唱腔和皮影舞动作。

2. 课程具体目标

1~4课时：了解皮影戏的表演形式，学习皮影人的操作方法，并为《白蛇传》片段作器乐伴奏。

5~8课时：研究掐嗓唱法，学唱《五峰会》片段。

9~12课时：学跳皮影舞《俏夕阳》。

（二）课程内容

本教材使用了单元学习的编写方式，共3个单元。

第一单元：学习皮影戏伴奏乐器的演奏以及影人的操作方法；

第二单元：练习掐嗓唱法，学唱皮影戏片段；

第三单元：学跳皮影舞。

课程内容要点

单元序列	单元基本模块	具体内容
第一单元	了解乐器	接触皮影戏伴奏的各种乐器
	欣赏片段	欣赏《白蛇传》片段
	学习演奏	学习各种乐器片段的演奏
	皮影操作	学习《白蛇传》片段皮影人物的操作
	自由空间	完整的演出《白蛇传》"水漫金山"打戏片段
第二单元	了解剧情	《五峰会》故事剧情
	欣赏片段	欣赏《五峰会》片段
	学习演唱	学习《五峰会》片段的演唱
	皮影操作	学习《五峰会》片段皮影人物的操作
	自由空间	完整的演出《五峰会》片段
第三单元	了解背景	《俏夕阳》舞蹈的创作背景
	欣赏片段	欣赏舞蹈《俏夕阳》
	学习演唱	学习哼唱伴奏主旋律
	学习动作	学习舞蹈动作
	自由空间	完整的演出《俏夕阳》

三、课程实施

（一）课程实施阶段

1. 准备阶段（2013年11月—2014年2月）

在准备阶段，学校构建了课程开发组织结构，包括学校乐亭皮影戏校本课程开发领导小组和学校乐亭皮影戏课程审议委员会；进行了教师校本课程知识培训和技能培训，内容包括组织学习乐亭皮影戏的历史，欣赏、学习著名的皮影唱段，熟练地演奏各种皮影戏伴奏乐器。邀请当地老艺人来校为教师指导皮影戏的演唱方法，以及影人的操作技术，组织学习皮影舞的基本动作，并进一步地将难度增加，学习若干个完整的皮影舞蹈，并去拜访"俏夕阳"老年皮影舞队的成员，悉心求教跳皮影舞的技术难点。

2. 实施阶段（2014年3月—2014年5月）

在实施阶段，学校进行了以下工作：①根据学校乐亭皮影戏校本课程开发方案和自身特长，明确人员分工，拟定项目开发方案；②学校课程审议委员会和课程开发领导小组审议乐亭皮影戏项目开发方案；③乐亭皮影戏项目开发小组修改项目开发方案，分工协作，完成项目开发纲要的编制工作，并交学校课程审议委员会审议；④修改课程纲要，开始撰写课程计划、文本、设计学生活动材料等；⑤将乐亭皮影戏课程文本、计划和自查表报学校校本课程审议委员会审议，通过后由学校报县课程审议委员会审议。

3. 拓展阶段（2014年6月—2015年7月）

在拓展阶段，学校进行了以下工作：①根据家长、学生、社会的需求，逐步开发乐亭皮影戏校本课程项目新内容；②在使用乐亭皮影戏校本课程文本的时候，根据实际情况不断调整文本内容，以满足学生和社会发展的需要；③构建学校乐亭皮影戏校本课程评价体系，并开展学校乐亭皮影戏校本课程评价研究；④注重资料的收集和整理。

（二）课程实施要求

乐亭皮影戏课程领导小组和开发小组，有计划地开展教师培训，立足于教育的发展、学校的发展、教师的特长、学生的个性，传承民间文化、发展学生特长。精心组织教学活动，做好活动记录。

（三）课程实施原则

将学校教育与民间艺术传承结合起来，培养学生对传承中国传统文化的责任感，丰富教育学习资源，完善校本课程的内容。

从器乐、声乐、舞蹈、影人操作四个方面进行教学，使学生掌握更多的艺术技能，在学成之后，带领学生去村庄里、广场上、农田中为广大群众演出，既巩固了学生的课堂所学，又丰富了基层群众的文化生活。

（四）课程评价

为了有效地实施拓展型课程，在实施过程中对教师、学生、课程进行正确的综合评价，通过学生自我评价、生生互评、教师评价来了解学生在实施过程中所掌握技术的情况以及积极参与的热情等；通过对教师评价来了解教师落实的情况、实施教学的情况、乐亭皮影戏校本课程开展的情况；通过课程评价了解学生对课程的满意度。

评价量规（一）：学生评价表

方式及评分		自我评价			同学互评			教师评价		
		10分	8分	5分	10分	8分	5分	10分	8分	5分
内容	了解知识程度									
	积极参与程度									
	掌握技术程度									
	实践活动程度									

评价量规（二）：教师评价表

方式及评分		教师自我评价			领导小组评价		
		10分	8分	5分	10分	8分	5分
内容	教学目标达成情况						
	教学重难点突破情况						
	课堂教学组织有效性						
	学生作品完成情况						

评价量规（三）：课程评价表

满意度	满意（5分）	较满意（3分）	不满意（1分）
内容 课程的设置			
教学的方法			
活动课落实			
竞赛的开展			

评价说明：

新戴河初级中学《乐亭皮影戏》课程在实施过程中，从学生、教师、课程三个角度展开评价，取得了很好的效果。三个方面的综合评价，能够客观地反映出课程所达到的目标。

四、经验与反思

（一）《乐亭皮影戏》课程开发与实施的经验

《乐亭皮影戏》校本课程积极探索和建设了符合我校校情的、满足学生发展需求的、能展示教师创造才能的校本课程，使之具有基础性、开放性、科学性、实用性。如果说国家课程注重基础性和统一性，校本课程则关注独特性和差异性，在适应社会变化方面更加灵活，更加贴近学生的实际需要，从而能更有效地促进学生的发展。同时，校本课程的开发，是一个极具挑战性的问题，为教师提供了无限的表现与创造的空间。教师不但能按教科书教课，而且能自己开发学生喜欢的课程。

（二）《乐亭皮影戏》课程开发与实施的思考

《乐亭皮影戏》课程以新课程改革为契机，集中进行校本课程的开发和研究，确立优化国家课程、推进地方课程、开发学校课程的新的学校课程观，努力实现课程的优化和整合，全面实施素质教育。在"发展性学力"的培养中展现前瞻性。充分考虑学生的需求，尊重和满足学生的个性差异。

在对开发校本课程的意义、目的、方式有了认识的基础上，校本课程的开设主要是从学科与综合的角度开设地方与学校选修课，力求课程目标由"关注知识"向"关注学生"转化，让教师站到校本课程研究的最前沿。教师参与课程的目的是使学校课程更加适合学生的需要，促进学生最大程度的发展，但就教师本身而言是要确立教师即研究者的信念，在课程开发的实践过程中促进自身的专业发展。所以教师参与课程开发不仅是编制出一系列的课程文本，更重要的是参与课程开发过程本身。让学生学会学习，使学生在课程的自主选择和个性化知识的掌握过程中形成更多、更广泛的能力，更好地认识学习的价值，塑造健全的人格，学会生存。这些，正是校本课程开发的意义所在。

五、教学设计

第一单元

教学年级	八年级
教学课时	4课时
教学目标	了解皮影戏的表演形式，学习皮影人的操作方法，并为《白蛇传》片段做器乐伴奏
教学内容	学习皮影戏伴奏乐器的演奏以及影人的操作方法
教学重难点	皮影戏伴奏的演奏；演奏手法的掌握
教学用具	驴皮影人、二胡、三弦、四胡、梆子、堂鼓、大锣、铙、钹、影人、幕布灯光

教学过程如下所述。

第一节课教学内容

（1）导入

由一段皮影戏伴奏演奏视频导入新课。

（2）主体部分

向学生展示二胡、三弦、四胡、梆子、堂鼓、大锣、铙、钹等皮影戏的伴奏乐器，带领学生熟悉这些乐器的音色及演奏手法，邀请民间艺人来校为学生进行指导，指导有二胡、三弦、四胡特长的学生学习这些乐器在《白蛇传》"水漫金山"打戏片段中的旋律，没有器乐特长的学生学习演奏片段中的打击乐器的伴奏。

(3) 课堂小结

学生们从小就在生活中接触过乐亭皮影戏，又通过学习潜移默化地了解了乐亭皮影戏的伴奏形式，并能够掌握一些乐器的演奏方法。

第二节课教学内容

(1) 导入

向学生展示驴皮影人，提出问题，导入新课。

(2) 主体部分

学生分组参照《白蛇传》"水漫金山"片段视频进行练习，各组分别练习操作不同的人物，学习不同的动作所用的手法。

(3) 课堂小结

学生对操作影人充满兴趣，潜移默化中培养了学生的节奏感和协调力。

第三节课教学内容

学生利用课堂时间分组练习。

第四节课教学内容

(1) 导入

播放《白蛇传》"水漫金山"片段视频文件，带领学生模仿视频来进行我们自己的演出。

(2) 主体部分

学生分成两组，支起幕布，打开灯光，一组学生负责演奏，二组学生负责操纵影人，通力合作完成《白蛇传》"水漫金山"片段。

(3) 课堂小结

学生通过自己的实践活动深刻地体会了乐亭皮影戏的演出形式，让学生更加熟悉和喜爱这门身边的传统艺术。

(4) 教学反思

学生没有深入接触传统乐亭皮影戏之前，对这门艺术有些陌生，教师从演奏、操作影人方面入手，带领学生一步一步地掌握技能，更加激起学生的学习兴趣。

第二单元

教学年级	八年级
教学课时	4课时
教学目标	了解皮影戏的唱腔特点，学习皮影戏演唱片段
教学内容	练习掐嗓唱法，学唱皮影戏片段
教学重难点	乐亭皮影戏演唱时字韵的特点；乐亭皮影戏的掐嗓唱法
教学用具	课件、视频、影人、幕布、灯光。

教学过程如下所述。

第一节课教学内容

（1）导入

播放乐亭皮影戏掐嗓唱法的视频文件，引起学生的兴趣。

（2）主体部分

教师带领学生熟悉《五峰会》片段的唱腔及词，邀请民间艺人来校为学生就演唱方式及技巧进行指导，通过练习，学生们能够完整演唱这一片段的唱腔。

（3）课堂小结

学习之前学生们对于皮影戏的演唱感到很难，通过学习，学生们更加熟悉了这门艺术，也能够掌握并更加喜爱了。

第二节课教学内容

（1）导入

教师配合课件讲述《五峰会》故事情节，从而导入片段剧情及人物情感，使学生操作影人时动作更富情感、更有灵魂。

（2）主体部分

学生跟随教师模仿视频进行影人操作的动作学习。

（3）课堂小结

有了上一单元学习影人操作的经验，学生们对于这次的学习更加得心应手。

第三节课教学内容

学生利用课堂时间分组练习。

第四节课教学内容

(1) 导入

鼓励孩子们,自己完成五峰会片段演唱及影人操作的演出。

(2) 主体部分

将学生分为三组,分别为影人操作组、演唱组、掐嗓演唱组,分组进行演唱、影人操作的准备,完成《五峰会》片段的演出。

(3) 课堂小结

学生进一步掌握了皮影戏演出的技巧,富有表演欲,能够积极地、自主地完成一个片段的表演。

(4) 教学反思

掐嗓唱法是乐亭皮影戏唱腔中最富特色的一种技巧,通过民间艺人的指导,学生们快速地掌握了实用技巧,从而能够传承乐亭皮影戏唱腔韵味的精髓。

第三单元

教学年级	八年级
教学课时	4课时
教学目标	通过学习皮影舞蹈《俏夕阳》,体会传统乐亭皮影戏在新时代焕发的活力
教学内容	学跳皮影舞
教学重难点	练习皮影舞的手部、头部、腿部动作,动作要做到位
教学用具	视频、课件

教学过程如下所述。

第一节课教学内容

(1) 导入

由《俏夕阳》舞蹈视频导入新课。

(2) 主体部分

向学生介绍《俏夕阳》舞蹈的创作意图和创作背景，分析其动作特点。

(3) 课堂小结

前两个单元的学习，学生们已经非常熟悉皮影人物动作的特点，有利于在舞蹈中对于皮影人物动作的模仿。

第二节课教学内容

(1) 导入

通过第一节课对于《俏夕阳》舞蹈的分析和熟悉，请一位同学来模仿其中的几个动作。

(2) 主体部分

教师指导学生练习舞蹈，有难点的动作重点练习。

(3) 课堂小结

乐亭县文化氛围浓郁，尤其重视发展本地区的曲艺形式，部分学生在小学时期就接触过皮影舞，所以学习起来很容易。

第三节课教学内容

学生利用课上时间练习，邀请"俏夕阳"老年皮影舞队的几位老奶奶来校对我们的学生进行指导。

第四节课教学内容

(1) 导入

通过学习和练习，同学们已经能够熟练地掌握了舞蹈《俏夕阳》，艺术源于生活又高于生活，可最终还是要回到生活中为群众服务，这支学生皮影舞队为学校的教职工们演出了这段《俏夕阳》。

(2) 主体部分

在学校多功能教室为教职工表演舞蹈《俏夕阳》。

(3) 课堂小结

学生通过演出，考验了能力、增强了信心，真正地运用了课堂所学。

(4) 教学反思

我们学习皮影舞这种艺术形式，是为了更好地传承和发展传统乐亭皮影戏，我们的学生不仅在课堂中学习，还要把所学运用到实践中去，把皮影戏、皮影舞送到生产前线、田间地头，去丰富群众的文化生活，不负我们作为皮影故里人肩上的使命。

案例五　冀南鼓乐音乐校本研发课程案例

一、课程信息

课程名称	《冀南鼓乐——中国民族民间打击乐（部分）的学习》
课程类型	人文素养类
授课教师	蔺昊波
实施地点	邯郸市第十五中学
教学教材	自编
学习对象	八年级
规模预设	八年级全体学生
学习时限	建议不超过16课时

二、教学设计

第一单元

课程名称	第一单元
课时	3课时
课程地点	音乐教室
教具准备	民族打击乐（部分）——大鼓、堂鼓、板鼓、锣等
授课对象	八年级
学习内容	①鼓乐的文化； ②观看鼓乐《秦王破阵乐》、2008奥运开幕式《击缶而歌》； ③认识民族打击乐——鼓； ④基本节奏的学习

续表

教学目标	让学生在这一单元的学习中,在走出去亲眼去看、亲耳去听身临其境欣赏鼓乐艺术作品的过程中,了解其艺术风格,初步感受鼓乐的独特韵味,增加学生对本土艺术的自豪感和学习本土艺术的热情
学习方式	集体学习
教学重点	带领学生走入民间,感受鼓乐的乡土艺术,引发学生对乡土音乐的兴趣,增强学习鼓乐的热情
教学难点	了解鼓乐的历史,初步体验鼓乐这种乡土艺术的魅力,鼓励学生大胆参与到乡土艺术的演唱和表演中去

教学过程如下所述。

第一节课教学内容

(1) 导入

鼓乐是中国北方非常具有影响力的民间艺术形式。邯郸地区的鼓乐是北方鼓乐的一个流派,称"冀南鼓乐",也俗称"磁州响器"。冀南鼓乐有着广泛的群众基础和深厚的社会基础以及久远的历史文化积淀。

如今,我们这里基本上各个规模较大的村镇都有着自己地域风格的鼓乐。我们身边很多同学来自乡村,他们都是听着鼓乐长大的。今天,我们一起去听一听家乡的鼓声。

(2) 主体部分

带领学生走入乡村采风,融入到农村中,身临其境初步接触原生态的鼓乐,了解鼓乐的起源、流传和发展,体验鼓乐这种艺术形式在人民生活中的重要作用。

学生们分组深入到民间艺人中,主动向民间艺人提问、学习,归纳总结出本地鼓乐的起源、流传和发展的相关知识。艺人们用讲故事的方式给学生们传授了鼓乐的知识,教师再引导、帮助同学们归纳总结。

由于邯郸地处晋冀鲁豫交界,受四方文化影响,形成了不同于其他地区的民间音乐形式和表演方式,有着独特的文化特征。冀南鼓乐主要是由鼓、锣、唢呐、管子等乐器组成,有时会加入其他乐器作为辅助。尤其是邯郸磁县地区的迓鼓,以雄浑激烈的鼓点、雷鸣电闪般的气势,具有极强的音乐表现力，同时也有着极强的地域音乐特色。但由于近年来失于保护，已濒临失传。

（3）课堂小结

同学们，我们家乡的鼓乐有着这么辉煌的历史，作为邯郸人，我们除了将我们的历史文化传承好以外，更应该把家乡的鼓乐发扬光大啊！

（4）教学反思

课堂教学受到校园环境、课程安排、作业布置等因素的影响，对学习鼓乐并不太有利，要想让学生接纳并且喜欢上家乡的艺术，仅凭课堂的讲解和聆听是不够的，必须让学生走出去，融入鼓乐演出的现场环境中，变被动学习为自然接受。采风活动的开展，使学生有了身临其境的感受，大大激励了其学习的积极性。

第二节课教学内容

（1）导入

将民族打击乐器引入课堂，使学生直接感受民族打击乐，了解民族打击乐的名字、作用。同学们通过自己的触摸、听觉，感受民族打击乐带来的直接震撼。让学生近距离去聆听、感受家乡的本土艺术，再一次激发学生学习鼓乐的热情。

（2）主体部分

邯郸地区有着演奏鼓乐的传统，鼓乐是民间文艺活动的主要内容，更是当地"社火"活动中最流行的节目之一。冀南鼓乐以热情、震撼，演奏方法多样著称。这种鼓乐的演奏者充分利用鼓的各个部位以及鼓槌、鼓架的最佳声音进行演奏，演奏起来宏厚博大，气势磅礴恢宏，声韵铿锵，粗犷豪放而有力度。

今天，我们大家亲自学习、感受各个民族打击乐。同学们将逐一地认识、感知乐器。

教师先带领学生认识各种乐器，并简单演奏，给学生以直接感受。教师展示各种乐器之后，学生分组感受乐器。之后请学生谈谈亲自演奏之后的感受。

在学生们感受之后，教师与学生一起打击节奏：

X XX X XX。

（3）课堂小结

初学鼓乐，学生们表现出很强的新鲜感，有急切的动手演奏的兴趣。孩子们在笑声中完成了对鼓乐的初步体验。

（4）教学反思

学生们由于从没有接触过民族打击乐，表现出很强烈的感知愿望，拿到乐器后有些迫不及待，因此，课堂气氛活跃，但也稍显吵闹。不过从教学效果来说达到了目的。

第三节课教学内容

（1）导入

播放鼓乐表演的视频文件，学生因上节课已经初步认知了民族打击乐，所以能够很快地说出各个乐器的名称。老师再随着音乐加以讲解，将节奏这一主题突出，提高学生学习的兴趣。

（2）主体部分

老师先介绍鼓乐表演特点。

鼓乐表演可分为鼓吹和秧歌两种形式，气氛热烈、煽动性强，给人以粗犷、豪迈、震撼之感。秧歌鼓乐伴以歌舞的表演，鼓吹在民间花会表演、婚丧嫁娶等活动中比较常见。由于历史传承及时代变迁，鼓乐的节奏也自成一套。

今天，我们来学习鼓乐的基本演奏打法，即基础节奏的学习。

先介绍"节奏"——音乐中交替出现的有规律的强弱、长短的现象。教师讲解并示范，教会学生如何打基本节奏型。

然后学生按照教师要求随节奏练习。

(3) 课堂小结

这节课上,学生们通过基本节奏型的练习,在感受鼓乐的特点的同时初步开始学习打击乐。

(4) 教学反思

由于是基础节奏,学生通过反复的练习很容易掌握。但是存在节奏不一致的情况,这是刚刚开始学习节奏时常见的问题。随着以后练习的增多会得到改善。

第二单元

课程名称	第二单元
课时	3课时
授课对象	八年级
课程地点	音乐教室
教具准备	大鼓、堂鼓、板鼓(手鼓或大腰鼓)
学习内容	①介绍鼓的历史及发展; ②请民间鼓乐艺人进课堂; ③学习鼓的演奏; ④在基本节奏型练习的基础上,学生分组合作演奏
教学目标	让学生在这一单元的学习中,请民间艺人进课堂,让学生动手演奏(基本节奏型的演奏),亲身体验演奏鼓乐给自己带来的感受,提高学生的感受力和观察力;了解冀南鼓乐的历史发展特点和独特之处,树立学生对当地本土文化的保护传承意识
学习方式	集体学习
教学重点	进一步了解鼓乐的特征和演奏特点,体会分组合作的鼓乐合奏
教学难点	①基本节奏型的掌握,分组练习时同步节奏的把握; ②感受大鼓、堂鼓、板鼓(手鼓或大腰鼓)等鼓乐合奏的艺术特征

教学过程如下所述。

第一节课教学内容

(1) 导入

第一单元我们了解了鼓乐的起源、流派及发展,大家通过采风,也从民间艺人那里了解了我们当地更多关于鼓乐的知识。今天,让我们共同了解、感受"鼓"这一主要演奏乐器。

（2）主体部分

教师介绍鼓的种类。

大鼓，打击乐器的一种，又作太鼓，即在中空的木制圆筒装上一张皮子，以供打击的乐器。其由鼓身、鼓皮、鼓圈、鼓卡和鼓槌等部分组成。敲击时，通常是击打鼓膜的中心与鼓边之间，击鼓的中心只是用于短促而快速的击奏（断奏）和特殊效果。

堂鼓，分大堂鼓、小堂鼓。演奏时，将鼓放在木架上，用木头做的双槌敲击。堂鼓鼓面较大，从鼓心到鼓边可以发出不同的音高，音色都不一样，一般是鼓心的音比较低，鼓边的音比较高。通过敲击鼓边、鼓心和控制敲击的力量，可以获得不同的音量和音色对比，也能演奏出复杂的花点，对情绪及气氛的渲染有较大的作用，是现代民间器乐合奏及戏曲音乐中常用的一种打击乐器。

板鼓，打击乐器，又名单皮、班鼓。板鼓构造独特，音色清脆，可以独奏。它在伴奏或合奏中，常常居于指挥和领奏地位，给锣鼓演奏增加花点，以及烘托气氛。

大腰鼓，属打击乐器，形似圆筒，两端略细，中间稍粗，两面蒙皮。鼓框上有环，用绸带悬挂在腰间，演奏时双手各执鼓槌击奏，并伴有舞蹈动作。

在教师介绍完主要演奏乐器后，学生复习基本节奏型。

学生分组进行鼓乐的基本节奏型演奏。

（3）课堂小结

同学们，通过本节课的学习与练习，我们更进一步认识了鼓乐，尤其是主奏乐器——鼓。我们也感受了不同鼓的音色特征。我相信，通过努力，你们也一定会成为一名很好的鼓乐演奏者。

第二节课教学内容

（1）导入

我们认识了鼓，那么鼓乐合奏有着什么样的震撼力呢？我们今天将再次亲身感受。

(2) 主体部分

请民间艺人进课堂,为同学们现场表演鼓乐,进一步增加学生对鼓乐的认识。

请艺人讲解演奏的方法,直观演示鼓乐的演奏特征。

①基本鼓点,鼓乐的基本构成,为整体鼓乐的基础。

②花点,增加鼓乐表演时节奏的变化,呈现出情绪的推进,鼓点间的对比。

③"对话",一种各乐器间的错落演奏。这是冀南鼓乐中较有特点的演奏方式,犹如两人或多人对话。

④演奏多样。

展示鼓乐的特点。

①原始形态的鼓乐。

②戏曲形态的冀南鼓乐。

③秧歌形态的冀南邯郸鼓乐。

④鼓吹形态的冀南邯郸鼓乐。

(3) 课堂小结

同学们,我们家乡的本土音乐有着这么优秀的内涵,大家应该学好鼓乐,把我们家乡的艺术传承、发扬下去。

(4) 教学反思

由于民间艺人老师的加入,民间艺人的地道演奏使课堂充满快乐的气氛。在快乐的氛围中学生们既感受了鼓乐的魅力,又了解了当地鼓乐的文化,同时又激励了学习民族打击乐的兴趣,取得了一举三得的效果。

第三节课教学内容

(1) 导入

出示道具:大鼓、堂鼓、板鼓(手鼓或大腰鼓)。

(2) 主体部分

首先请学生用不同的鼓演奏已掌握的基本节奏型。

1. ♫ ♩ ♫ ♩ ♩ ♩ ♩ 𝄽

2. ♫ ♩ ♫ ♩ ♫ ♫ ♩

3. ♫ ♩ ♫ ♩ ♫ ♫ ♫

4. ♫ ♩ ♫ ♩ ♫ ♫ ♩ 𝄽

演奏之后，请学生们说出不同的鼓演奏出同一节奏时的感受。教师注意引导不同的鼓演奏不同节奏会有怎样的效果，以引导学生开始学习新的节奏类型。

教师展示新的节奏类型并演示。

(1) X XX　XX　X XX　X

(2) XX X　XXXX　XX　XX X

学生在老师的带领下进行新节奏的练习。教师在学生练习时进行纠正与辅导。

在学生掌握后，分组进行练习并进行配合。（见谱例。此条练习，可分开练习也可按照合奏练习）

XXO XXO | XXX XO ‖: X XXX | OX OX :‖ XXO XXO | XXX XO |

XX XX | XXXX XO ‖: X XXXX | XX XX :‖ XX XX | XXXX XO |

(3) 课堂小结

这节课，同学们在进一步感受鼓乐的同时，又学习掌握了新的节奏类型。我们距离成为冀南鼓乐的传承人又更近了一步。下节课我们将学习新的鼓乐乐器，更多、更好地学习民族打击乐、冀南鼓乐文化。

(4) 教学反思

通过这个单元的学习，学生体验到学习民间艺术的乐趣，加强了学生对鼓乐的热爱。

第三单元

课程名称	第三单元
课时	3课时
课程地点	音乐教室
教具准备	镲、铙
授课对象	八年级
学习内容	镲和铙的认知； 观看镲和铙的演奏； 学习镲和铙的演奏方法； 镲和铙合奏练习
教学目标	让学生在这一单元的学习中，学习、体验鼓乐中重要的组成乐器镲和铙的知识和基本演奏，了解、感知、学习鼓乐丰富的表现方法，并且感受鼓乐的淳朴粗犷、节奏明快以及短小活泼、花样繁多、情节紧凑等艺术特征
学习方式	集体学习
教学重点	了解鼓乐中镲和铙的艺术特征； 学会镲和铙的演奏方法
教学难点	学会镲和铙的演奏方法

教学过程如下所述。

第一节课教学内容

（1）导入

①播放打击乐演奏《鸭子拌嘴》，感受民族打击乐器镲和铙的艺术特点。

②了解乐器镲、铙。

（2）主体部分

播放视频《鸭子拌嘴》后，由学生自由讨论对其中打击乐器的感受。

认识乐器。由于镲和铙的形制非常相似，教师要重点提醒学生两件乐器的区别。

镲——蒙古、藏、侗、傣、汉等民族互击体鸣乐器，又称水镲、小水镲、镲锅，同时又称之为钹，属中国民乐中的打击乐器，主要有大钹（镲）和小钹（镲）。它们是由两个圆形的铜片（直径由 15 厘米到 69 厘米不等）互相撞击发声的。它通常与锣、鼓一起组成锣鼓队进行演奏。民间常用类型一般为黄铜镲和铁镲两种。

铙——一种打击乐器。其形制与钹相似，唯中间隆起部分较小，其直径约当全径的五分之一。铙以两片为一副，相击发声。大小相当的铙与钹，铙所发的音低于钹而余音较长。

学生观看镲和铙的演奏视频，并观察镲和铙的演奏特点。

教师准备教具，学生感受镲和铙的音色、质感。学生感受之后交流体会。

（3）课堂小结

本堂课是以感知、了解为主。通过观看视频、了解镲和铙的特点、亲自体验等方式，使同学们更好地感受鼓乐魅力。

（4）教学反思

接触新乐器时学生兴趣较为浓厚，并可以自主地运用学过的节奏类型进行演奏。由于乐器本身特点，课堂内显得有些热闹。

第二节课教学内容

（1）导入

请民间艺人进课堂，现场演奏镲和铙。

（2）主体部分

介绍镲和铙的演奏技法。由于镲和铙很是相似，所以在演奏技法上也基本相同。

镲和铙演奏总方法：

平击：两面镲正面对敲（敲后可打开舞起），发音响亮，大镲的平击常用于增强辉煌宏伟气氛。

闷击：两镲相击后不立即分开，即合在一起，使它发出短而闷的声音，根据需要控制余音。

锤击：用小锤或筷子、木棍敲击单片镲。

磨击：两镲合上交叉磨动，能发出"沙沙"的声音，常用来表现水声、风声和人物内心焦躁不安的情绪。

边击：两镲边向击，声音较平击轻。

较击：一面镲呈水平，另一面镲竖立，用竖立镲的镲边垂直敲击水平镲的中心凹处，声音短而急促。

艺人演奏，学生模仿。

教师引领学生反复练习。

谱例练习：

（3）课堂小结

同学们，这节课通过对镲和铙的学习，让大家体会到家乡鼓乐中金属打击乐的魅力。

（4）教学反思

镲和铙是冀南鼓乐中重要的组成部分，音色铿锵嘹亮，极具穿透力。但是由于演奏技法较多且课堂时间较短，学生掌握不足。

第三节课教学内容

（1）导入

前几节课同学们已经学习了镲和铙的演奏方法，在本节课由同学们自己进行练习及分组配合演奏，吸引学生的学习兴趣。

（2）主体部分

教师再次强调镲和铙的演奏方法。

谱例1：

0 0 | x o o | 0 0 | x o o | 0 0 | x 0 |

x x | o x o x | o x o x | o x o x | o x | o x o x |

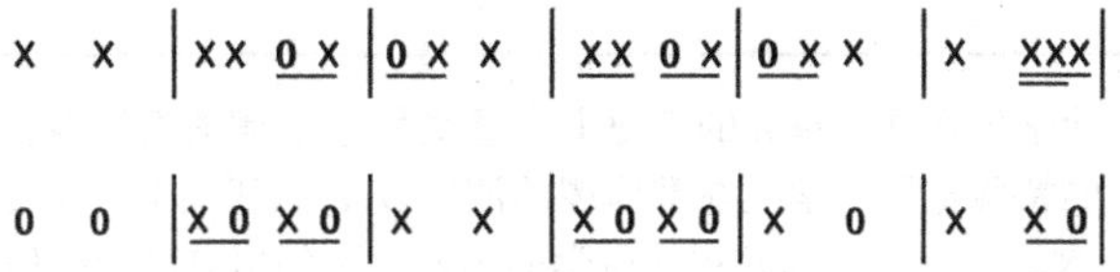

x x ｜xx o x｜o x x ｜xx o x｜o x x ｜x xxx｜

o o ｜xo xo｜x x ｜xo xo｜x o ｜x o｜

谱例2：

o o ｜x x xxx｜x x ｜x x xxx｜x o ｜x xxx｜

x x ｜xxx xx｜x x ｜xxx xx｜x o ｜x xxxx｜

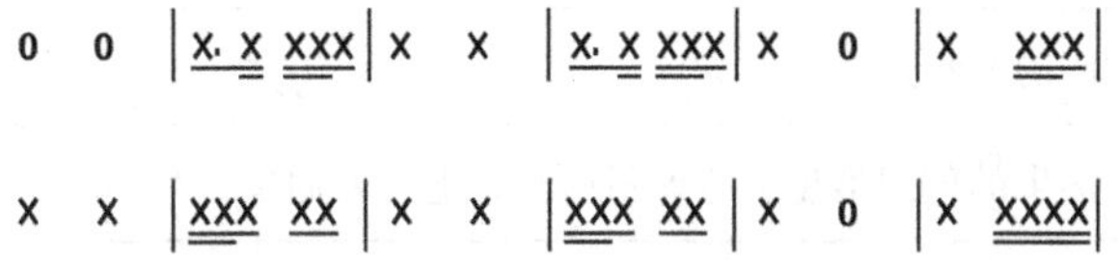

学生先集体慢速练习。

稍后进行分组练习，每一组选出一、两位掌握较好的同学做组长，对学生进行巩固练习，教师深入各组帮助组长进行动作示范及辅导。

熟悉后，把学生分成几组进行配合演奏。

（3）课堂小结

同学们，我们已经学到了鼓乐演奏的好多花样，在我们家乡的鼓乐表演中，还有其他的乐器运用，期待大家学到更多的鼓乐知识。

（4）教学反思

八年级的学生正是充满探索的年龄，让他们亲身去感受去体验，比单纯的课堂欣赏、教师讲解更直观，学生们对于鼓乐的学习表现出了极大的热情，器乐合奏更锻炼了学生们的集体合作、配合的能力。

第四单元

课程名称	第四单元
课时	3课时
课程地点	音乐教室
教具准备	大锣、小锣、云锣
授课对象	八年级
学习内容	介绍打击乐器——锣； 感受不同锣的音色、特点； 学习锣的演奏方法、技法； 团队合作，学习演奏锣鼓经

续表

教学目标	让学生在这一单元的学习中,感受鼓乐中锣的演奏技法及其在鼓乐中的特殊作用。学生在掌握锣的演奏技法的基础上,学习锣鼓经的演奏(难点)。结合前几单元所学的内容,编创出自己的鼓乐作品片段
学习方式	集体学习
教学重点	锣的演奏技法
教学难点	学生的创编难免会考虑不周到,老师要启发、帮助学生

教学过程如下所述。

第一节课教学内容

(1) 导入

播放冀南鼓乐的视频文件,提示学生观察锣的演奏。

(2) 主体部分

介绍打击乐器——锣。

锣属于打击乐器,以金属制成,不同地方有不同的锣。锣身为一圆形弧面,多用铜制材料,其四周以本身边框固定;锣槌为一木槌。锣身大小有多种规格,锣在演奏时用左手提锣身,右手拿槌击锣;大型锣则须悬挂于锣架上演奏。锣属于金属体鸣乐器,无固定音高。其音响低沉、洪亮而强烈,余音悠长持久。通常,锣声用于表现一种紧张的气氛和不祥的预兆,具有十分独特的艺术效果。

锣的特点是发音宽宏,深沉而雄厚,音色柔和,余音比较长;在大型乐队中,大锣往往起到渲染气氛和增强节奏的作用,而在戏剧中则用以增强气氛和突出人物性格等。小锣分为高音、中音和低音三种,直径在21～22.5厘米之间,小锣是一种用途很广的伴奏乐器,尤其被中国的京剧、评剧、梆子戏、花鼓戏等地方戏曲,以及曲艺、话剧、吹打乐队和民间舞蹈广泛采用。

据不完全统计,目前我国的铜锣约有30种。在这些锣中,小的直径仅有几厘米,而且它们的造型、音色和效果各有特色。目前较常用的锣,可简单地分为大锣、小锣、掌锣和云锣四类。

观看各种锣的演奏视频。

观看邯郸地区民间花会锣鼓表演的视频文件。

总结邯郸冀南鼓乐的艺术价值。

（3）课堂小结

同学们，我们家乡的鼓乐音乐资源丰富，内涵深广，历史悠久。我们要在生活中去学习和传承家乡的艺术。

（4）教学反思

本堂课教学内容较为单一，但内涵丰富。由于锣这一乐器的多样性、极强的表现性，学生在观看学习的过程中能够保持较好的兴趣。

第二节课教学内容

（1）导入

同学们，第一节课我们了解了锣这一重要的鼓乐乐器。今天我们就来学习锣的演奏技法。

（2）主体部分

主要打法有三种：

①放音击，即重击锣心，让余音自然延续。

②边音击，即击锣的中圈或外圈，音色稍哑而比击锣心略高。

③闷音击，即敲击锣心后即用手按住，发出闷音。

提醒学生：大锣声音洪亮、粗犷，可用来渲染乐曲气氛和增强节奏，多用于器乐合奏或戏曲伴奏。大锣余音长，不宜演奏密集的音型。

云锣的演奏技法：奏法有单击、双击、滚击、轻击、重击或大跳等手法，可奏双音、琶音，双手各执两槌同时分击，可奏出四音和弦。（由于云锣演奏技法较难，且乐曲为外借，故不开展云锣的学习，只是作为学生了解、认知。）

小锣谱例1：

$\frac{2}{4}$ 0   xx ‖ xx xx | xxx xx ‖ x   xxx | xx xx ‖

小锣谱例2：

$$xx\ xx\ |xxx\ xx\ \|x\ xxx\ |0x\ \ 0x\ \|xx\ xx\ |xxxx\ xx\ |$$

大锣谱例1：

$$\frac{2}{4}\ 0\ \ 0\ \|x0\ \ x0\ |x0x\ \ \ \|x\ \ 0\ |0\ \ 0\ \|$$

大锣谱例2：

$$x0\ x0\ |x0x\ 0\ \|x\ \ 0\ |0\ \ 0\ \|x0\ \ x0\ |x0x\ 0\ |$$

学生先集体慢速练习。

稍后进行分组练习，每一组选出一、两位掌握较好的同学做组长，对学生进行巩固练习，教师深入各组帮助组长进行动作示范及辅导。

熟悉后，把学生分成几组进行配合演奏。

（3）课堂小结

同学们，你们学习掌握的效果太让老师觉得意外了，你们学的不仅很快而且演奏的也很棒！老师看出了大家对鼓乐的热爱。加油，让我们继续努力！

（4）教学反思

在本堂课教学中，学生对基本的节奏掌握较好。可是对其中出现的休止、切分节奏掌握得不好，因此出现不合拍的现象，以后需加强此类节奏的练习。

第三节课教学内容

（1）导入

明确本节课目标是运用已学到的乐器及节奏，进行作品创编。

（2）主体部分

先引导学生选定乐器。

再分组，请各组按照已学的基本节奏进行创编，教师深入到各组帮助创编。

教师展示创编提示谱例。

谱例1：

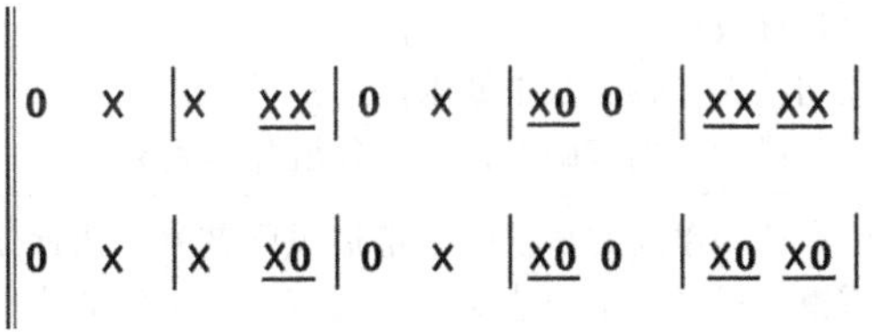

‖ o x | x xx | o x | xo o | xx xx |
‖ o x | x xo | o x | xo o | xo xo |

谱例2：

‖ o o | o xxx | x xx | xxx xx | o o ‖
‖ xx xx | x xxx | x xx | xxx xx | x o ‖

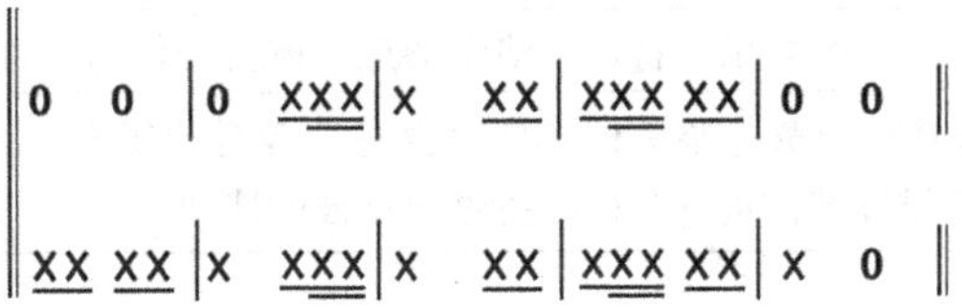

各组选出代表表演创编的节奏。

教师把各组创编的节奏进行整合，并对整合后的打击乐乐谱进行修改。

最后集体分组配合练习创编的乐谱。

（3）课堂小结

同学们，经过大家的努力，我们完成了民族打击乐的创编。通过这节课，让老师感受到了大家的聪明和才艺。你们是最棒的。我们距离真正的鼓乐也越来越近了，继续加油！

（4）教学反思

这一年龄段的学生对创编打击乐，是比较积极主动的，教师做的就是鼓励、肯定学生的创作，同时要注意到那些被动的、不自信的学生，鼓励他们也能投入到创编和练习中去。

第五单元

课程名称	第五单元
课时	3课时
课程地点	音乐教室
教具准备	民族打击乐（部分）——大鼓、堂鼓、板鼓、锣等
授课对象	八年级

续表

学习内容	寻找磁州迓鼓； 走近民间艺人，感受乡土鼓乐艺术； 在前一阶段学习的基础上，学生分组合作演奏
教学目标	让学生在这一单元的学习中，走进民间艺术，再次亲身感受鼓乐演奏时的震撼，提高学生的感受力和观察力；了解冀南鼓乐的历史发展特点和独特之处，树立学生对当地本土文化的保护传承意识
学习方式	集体学习
教学重点	进一步了解鼓乐的特征和演奏特点，体会合作的鼓乐合奏
教学难点	由于磁州迓鼓濒临失传，且很少有学者对此研究，故本单元定义为寻找磁州迓鼓，走进乡村寻找磁州迓鼓的遗留

教学过程如下所述。

第一节课教学内容

（1）导入

冀南鼓乐主要是由鼓、锣、唢呐、管子等乐器组成，有时会加入其他乐器作为辅助。尤其是邯郸磁县地区的迓鼓，以雄浑激烈的鼓点、雷鸣电闪般的气势，具有极强的音乐表现力，同时也有着极强的地域音乐特色。迓鼓既可独奏，也可二人对敲，还可以众人齐擂，表演形式丰富多样。但由于各种因素的影响，迓鼓的表演者越来越少，濒临失传。

（2）主体部分

鼓乐是指以吹、打乐器为主的民间器乐合奏的概称。常用乐器包括唢呐、笙、笛、琴、钟、锣、鼓、镲等民族打击乐器；表演形式包括鼓曲、鼓歌、鼓舞、鼓戏等与鼓结合的各类文艺形式。

而本次课堂内容的设置，就是要学生们在学习了一段时间的打击乐后再次走入乡村，近距离感受、观察民间艺人的演奏，并重点体会鼓、锣、镲、铙等打击乐器的运用与展现。

在观看民间艺人表演后，与之前课堂所看视频相对比，寻找不同之处，找寻磁州迓鼓的痕迹。

（3）课堂小结

本节课同学们再一次感受到我们冀南鼓乐的震撼与魅力，同时我们也了解了磁州迓鼓所面临的危机，作为邯郸人我们都要有保护本土文化、传承本土文化的意识与行动。

（4）教学反思

学生对鼓乐的反应出乎意料，对鼓乐呈现出浓厚的兴趣的同时，也对了解本土文化产生了浓厚兴趣，对本土文化有了保护意识。

第二节课与第三节课教学内容

（1）导入

了解、感受了鼓乐即民族打击乐的魅力之后，就要同学们自己真正开始进行各声部间的配合与演奏。我们用两节课的时间进行一个练习，以此检验同学们对前一阶段学习的掌握以及同学们的配合能力。

（2）主体部分

教师分发练习鼓乐谱。

合奏谱例1：

```
 o  o  | x   o  | x o o | x  o  | x  o  | o  o   |
 o  o  | x  xxx | o   x | o xxx | x  o x| o x o x|
 o  o  | x  xxx | o x x | x  xxx| x  o x| o x o x|
 o  o  | x  x o | x x o | x  x o| x  x o| x o x o|
 o  o  | x  xxx | x x o | x  xxx| x  x x| o x o x|
 o  o  | x  xxx | x x x | x  xxxx| x  x x| x x x x|
```

合奏谱例2：

```
 x o o | x o o o  | x o  o | x o o o | x   x o o |
 o x   | o x o x  oxxx  o x o x | o x o x  oxxx o x o x | o   o xx |
 x x   | o x o x  oxxx  x x  oxox  oxxx oxox | x   x xx |
 x o   | xoxo x oo xoxo | x o  xoxo x oo xoxo | x   x oo |
 o x   | o xoxo o xx o xoxo | o xoxo o xx o xoxo | x   x xx |
 x x   | xxxx x xxxx  x x  xxxx x xxxx | x   x xx |
```

(3) 课堂小结

通过两节课的练习与配合演奏，同学们已经能够较好地进行鼓乐也就是民族打击乐的基本演奏。恭喜同学们！正是你们自己的不懈努力，才取得今天这样的成绩。我相信你们以后一定会演奏得越来越好！

(4) 教学反思

通过两节课的练习，学生较好地掌握了民族打击乐的基础演奏，并能较好地进行各乐器间的配合。但仍能发现，由于练习时间短所带来的配合节奏不稳，遇到稍难节奏就有些乱的问题。如果能有更多的练习时间会更好。

第六单元

课程名称	第六单元
课时	2课时
课程地点	音乐教室
教具准备	大鼓、堂鼓、镲、铙、锣
授课对象	八年级
学习内容	与民间艺人进行交流，了解冀南鼓乐传承的意义； 与民间艺人一起演奏； 学生自我展示
教学目标	这一单元的学习中，了解冀南鼓乐的历史发展特点和独特之处，领会传承本土文化的深远意义，通过与民间艺人一起演奏，结合学生们自我展示，使其真正树立起对本土文化的保护、传承意识
学习方式	集体学习
教学重点	领会传承本土文化的深远意义
教学难点	真正树立起对本土文化的保护、传承意识

教学过程如下所述。

第一节课教学内容

(1) 导入

同学们，我们已经学习掌握了民族打击乐——鼓乐的基本演奏方法。

大家也进行了配合练习与演奏，那么我们学习这些内容的意义到底在哪里呢？

（2）主体部分

请民间艺人进入课堂，与学生们进行交流。

讲述有关当地鼓乐的历史故事、鼓乐表演方式、演奏方法的由来。

学生提问，教师和民间艺人一起进行回答。

（3）课堂小结

我们通过和民间艺人的交流了解了我们当地的鼓乐由来，并由此了解到一些我们当地的历史故事、风土人情。如果我们不去学习、不去传承，那么我们本土的文化将会断层。所以，同学们，你们就是承载传承的载体，请你们记住所了解的故事并将这些故事传承下去。

第二节课教学内容

（1）导入

同学们，让我们和民间艺人老师一起演奏起来！

（2）主体部分

这节课中，一是和民间艺人一起演奏，在民间艺人的带领下演奏鼓乐。二是要把学习家乡鼓乐的成果展示出来，由学生们自己演奏，做一个汇报演出。

（3）课堂小结

同学们，今天的演出非常成功。让我们一起努力，让我们的冀南鼓乐发扬光大，让冀南鼓乐展现在世界面前。

（4）教学反思

这一节课是整个校本研发的最后一课，是对学生学习鼓乐的成果检验。在整体教学中，运用培养学生实践能力为主的演奏活动，并结合学到的相关知识，进行以磁州迓鼓为创编主题的鼓乐拓展活动，丰富学生的课余生活，提升学生的艺术素养，激发了学生热爱祖国、热爱家乡，做本土艺术传承人的热情。

参考文献

[1] 崔允漷. 校本课程开发理论与实践 [M]. 北京：教育科学出版社, 2000.

[2] 吴刚平. 校本课程开发 [M]. 成都：四川教育出版社, 2002.

[3] 张景斌. 在真实的教育情境中研究教育：校本教育科研的理论与实践 [M]. 北京：首都师范大学出版社, 2003.

[4] 张廷凯, 丰力. 校本课程开发资源指南 [M]. 北京：人民教育出版社, 2004.

[5] 刘沛. 音乐教育的实践与理论研究 [M]. 上海：上海音乐出版社, 2004.

[6] 孙裕东, 杨辉. 校本管理的实践与反思 [M]. 长春：吉林人民出版社, 2006.

[7] 施良方. 学习论 [M]. 北京：人民教育出版社, 2001.

[8] 周冬祥. 校本研修：理论与实务 [M]. 武汉：华中师范大学出版社, 2007.

[9] Nevo D. 校本评估与学校发展 [M]. 卢立涛, 安传达, 译. 北京：中国轻工业出版社, 2007.

[10] 郑莉, 金亚文. 基础音乐教育新视野 [M]. 北京：高等教育出版社, 2004.

[11] 王全, 陈太忠, 何芳. 校本管理 [M]. 北京：教育科学出版社, 2009.

[12] 李春山. 中小学校本研究：管理与实践 [M]. 重庆：重庆大学

出版社，2006.

［13］李臣之．校本课程开发［M］．北京：北京师范大学出版社，2015.

［14］邹尚智．校本课程开发与管理［M］．天津：天津教育出版社，2015.

［15］张广利．校本课程开发的实践与思考［M］．福建：福建教育出版社，2013.

［16］徐玉珍．校本课程开发的理论与案例［M］．北京：人民教育出版社，2003.

［17］范蔚，李保庆．校本课程论发展与创新［M］．北京：人民教育出版社，2011.

［18］王斌华．校本课程论［M］．上海：上海教育出版社，2000.

［19］王一军，吕林海．中国校本课程开发案例丛书［M］．上海：华东师范大学出版社，2008.

［20］崔允漷，林荣凑．中国校本课程开发：课程故事［M］．上海：华东师范大学出版社，2007.

［21］廖哲勋，田慧生．课程新论［M］．北京：教育科学出版社，2003.

［22］张华．课程与教学论［M］．上海：上海教育出版社，2000.

［23］奚晓晶．校本课程之科目设计［M］．上海：上海科技教育出版社，2011.

［24］邱惠群，余利芬，王林发．校本研修的创新策略［M］．重庆：西南师范大学出版社，2017.

［25］王玮．校本课程开发的理念与实践［M］．兰州：甘肃人民出版社，2008.

［26］马克思，恩格斯．马克思 恩格斯选集［M］．北京：人民出版社，1972.

［27］曾辉，王海芳，刘卫红．中学校本课程开发与实施［M］．北京：高等教育出版社，2014.

［28］刘惠洪．校本课程开发的理论与课例［M］．长春：东北师范大

学出版社，2005．

［29］朱光潜．谈美［M］．合肥：安徽教育出版社，2011．

［30］张应强．文化视野中的高等教育［M］．南宁：广西师范大学出版社，1999．

［31］张文军，朱晓燕，吴东平．北仑实践：区域推进学校文化建设研究［M］．杭州：浙江大学出版社，2013．

［32］张力．区域教育协同发展的政策方案与理论研究：京津冀教育协同发展对策研究［M］．广州：广东教育出版社，2017．

［33］品质教育项目组．区域教育发展方略［M］．上海：华东师范大学出版社，2018．

［34］王德如．课程文化自觉论［M］．北京：人民出版社，2007．

［35］王静，王昭珺．怎样开发校本教材［M］．南京：江苏美术出版社，2011．

［36］高翔，吕运法．县域高中校本课程研发与管理路径［J］．中国教育学刊，2009（6）：47-49．

［37］刘登珲．专业化校本课程设计方案的关键特征及其实现——以140份全国大赛获奖作品为分析对象［J］．中国教育学刊，2016（7）：56-62．

［38］黄春梅，司晓宏．从校本课程到课程校本化——我国学校课程开发自主权探寻［J］．中国教育学刊，2013（3）：28-30．

［39］钱民辉．民族地区校本课程开发中的文化选择［J］．中国教育学刊，2010（1）：47-52．

［40］陈文强，许序修．立基地域文化的校本课程建设探索——以福建省厦门双十中学《闽南文化》课程为例［J］．中国教育学刊，2010（7）：34-36．

［41］付霆，唐乃梅，高翔．校本课程：教师专业再发展的引擎［J］．当代教育科学，2012（4）：55-56．

［42］李大建．新课程背景下中小学教师校本培训研究［J］．中国教育学刊，2004（6）：158．

[43] 刘电芝，阳泽．校本课程开发的内容、模式与策略［J］．中国教育学刊，2001（3）：49-53．

[44] 张宏，刘光余．论实践取向的校本研修模式构建——基于上海市嘉定区娄塘学校个案分析［J］．中国教育学刊，2012（6）：78-80．

[45] 郑金洲．走向"校本"［J］．教育理论与实践，2000（6）：11-14．

[46] 余少萤．关于潮州音乐运用于高校校本音乐教育课程的构想［J］．中国音乐学，2013（3）：97-98．

[47] 闫智力，商伟．体育教师专业发展与校本课程开发［J］．教育科学，2004（5）：54-57．

[48] 张远增．论校本课程评价的四个问题［J］．课程教材，2003（7）：63-66．

[49] 叶波．论校本课程开发与特色学校建设［J］．教育发展研究，2011（10）：11-14．

[50] 许洁英．国家课程、地方课程和校本课程的含义、目的及地位［J］．教育研究，2005（8）：32-35，57．

[51] 刘庆昌．"校本课程"新释［J］．教育科学研究，2018（12）：1．

[52] 吕立杰．校本课程开发中的课程组织逻辑［J］．教育研究，2014（9）：96-103．

[53] 咸富莲．基于学生经验的校本课程开发问题思考［J］．教育发展研究，2014（12）：31-36．

[54] 索桂芳．基于区域的校本课程开发推进策略研究［J］．课程·教材·教法，2016（4）：71-75．

[55] 刘耀明．校本课程建设：内涵回归与价值实现［J］．教育发展研究，2010（6）：66-69．

[56] 吴永军．再论校本课程开发的内涵及核心理念［J］．教育发展研究，2004（3）：3．

[57] 熊梅．校本课程开发实践模式探索［J］．教育研究，2008（2）：62-65．

[58] 靳玉乐. 校本课程的实施: 经验、问题与对策 [J]. 教育研究, 2001 (9): 53–58.

[59] 胡定荣. 协同论视域下的 USA 校本课程合作开发案例研究 [J]. 教育学报, 2015 (6): 3.

[60] 万伟. 普通高中校本课程开发的问题与建议 [J]. 当代教育科学, 2004: 13–14.

[61] 曹登银, 金灵秋. 开发区域民间音乐资源: 构建地方高校特色声乐课程的探索 [J]. 中国成人教育, 2013 (10): 148–150.

[62] 蔡际洲. 音乐文化与地理空间: 近三十年来的区域音乐文化研究 [J]. 音乐研究, 2011 (3): 6–17.

[63] 谢燕慧. 复旦二附中"中国打击乐"校本课程内容体系的建构与实施研究 [D]. 上海: 上海师范大学, 2012.

[64] 李飞飞. 基于地方文化传承的小学音乐校本课程开发研究 [D]. 长春: 东北师范大学, 2011.

[65] 朱向红. 多元文化视野中的本土音乐教学实证研究 [D]. 杭州: 浙江师范大学, 2009.

[66] 潘红. 地方区域资源与校本课程开发的研究 [D]. 苏州: 苏州大学, 2010.

[67] 张立平. 多元智能视角下的校本课程开发 [D]. 上海: 上海师范大学, 2008.

[68] 金世余. 我国中小学校本课程开发研究 [D]. 福州: 福建师范大学, 2010.

[69] 张昆. 乡音笛韵——竹笛校本课程开发与实践 [D]. 石家庄: 河北师范大学, 2015.

[70] 安娜. 基于本土音乐文化的河北民歌校本课程开发 [D]. 石家庄: 河北师范大学, 2015.

[71] 孙晓慧. 长春市 S 中学校本课程管理现状及对策研究 [D]. 延边: 延边大学, 2017.

[72] 中华人民共和国教育部. 义务教育音乐课程标准 (2011 年版)

[S]. 北京：北京师范大学出版社，2012.

[73] 中华人民共和国教育部. 普通高中音乐课程标准（2017年版）[S]. 北京：人民教育出版社，2018.

[74] YVONNE M SKORETZ. A study of the impact of a school – based, job – embedded professional development program on elementary and middle school teacher efficacy for technology integration [J]. Doctoral dissertation. Marshall University, 2011.

[75] DUNCAN MIANO WAMBUGU. Kenyan art music in Kenya's high school general music curriculum: a rational for folk – songs based choral music [J]. Doctoral thesis, Philosophy University of Florida, 2012.

[76] JOSEPH PERGOLA. Music education in crisis [J]. Illinois Music Educator, 2014, 74 (3): 76.

后 记

  2013年,我有幸作为首席专家主持河北师范大学"国培计划(2013)——农村初中薄弱学科教师培训"的培训方案设计和实施。这一年,我选取"基于地方特色音乐的校本课程领导与开发"作为本次培训的主题。来自河北省各个基层农村初中学校的57位音乐教师,来到河北师范大学音乐学院,进行了为期一个月的集中培训。在这难忘的一个月里,我与河北师范大学音乐学院孟庆文副院长、耿飞老师、张留文老师一起同这57位老师共同研发了57门具有地方特色的音乐校本课程,这其中包括张家口的"二人台"、邢台的"吵子会"、井陉的"拉花"、易县的"地平跷"、正定的"常山战鼓"、邯郸的"冀南古乐"、定州的"子位吹歌"等极具区域地方特色的音乐校本课程。这本书是我当初对他们的承诺:"我们一起编写一本具有真正中国地方音乐的校本课程教材,由农村教师教来自农村的音乐——真正的属于河北的地方音乐课程。"培训结束后,这些参训老师就像一粒粒金色的种子,播撒在冀中平原,生根发芽,开花结果。他们带着对中国音乐文化的理解,对本土音乐的热爱,对区域音乐的自信,对未来中国音乐的期待,对农村学生的深情,开始进行区域音乐校本课程的研发建设。在本书的撰写过程中,中央音乐学院音乐学系单奕翔同学在文献整理、乐谱收集方面做了大量工作,河北师范大学音乐学院2017级硕士研究生段春慧、赵聚欢、骆丽晶协助撰写了第二章、第四章、第五章。

  根据当初与各位教师一起讨论的框架,本书基于区域音乐文化研究这一视角,以《义务教育音乐课程标准(2011年版)》《普通高中音乐课程标准(2017年版)》为基础进行课程建设。本书详细介绍我国中小学学校

后 记

音乐校本课程的理念和概念体系，将音乐校本课程的性质与目标、音乐校本课程内容设置与教学教法，以及音乐校本课程的教学设计案例、教学策略与教学评价贯穿在书中。具体来说，区域音乐视角下的学校音乐校本课程论有以下五个方面的内容。

其一，学科理论研究。作为区域音乐文化与教育实践研究的主体，学校音乐校本课程以音乐教育教学为中心，将各地区优秀课程资源纳入学校音乐教学范畴，遵循音乐课程理念、课程目标和价值取向等知识型教育规律。同时，区域音乐研究是将一个区域内传统音乐进行综合性、整体性和系统性的教学研究过程，不仅是对课程理念进行本体性形态特征的研究，还有课程理论的本质特点、课程分类和教育功能的研究。从多元文化的研究角度拓宽学校音乐教学探索的研究范畴，实现基本理论向能力转化的无缝衔接，为音乐教育学科建设和发展提供新动力。

其二，中华音乐语汇表达研究。目前我国音乐教学论中概念的阐释、音乐语汇的运用均是以西方的语汇体系阐释。本书在内容的选编上，运用中国音乐语汇对我国音乐教育教学中具有典型意义的教学过程、人物、作品及音乐思想等内容给予系统介绍，如我国特有的记谱法、乐律、音乐思想等，关注学校音乐教育文化的区域性、时代性和文化性特点。同时，对我国音乐教育体系、教育思想、教育形式和体裁知识进行多角度、多层次、多因素的系统思考。通过系统性地探讨音乐教育的本质特征，重新探讨真正意义上的我国本土音乐语汇的学校音乐教学内容。

其三，教育趋势研究。区域音乐校本课程的教学目标兼具人文性、审美性与实践性。也就是说，在教育过程中突出音乐审美活动和音乐实践活动，以便了解音乐教育的本质及其发展规律，关注该区域传统音乐教学的课程体系、区域划分、教育功能、课程类型等人文因素的内在联系。

其四，课程分类研究。运用区域音乐视角中的历时和共时性理论对学校音乐教学展开纵向与横向的动态研究过程。从广义来看，音乐校本课程既包括学校音乐教育教学的基本理论与策略，又包括国内学校音乐教学的问题与现状、国外音乐教育动态等教学内容。本书以学校音乐校本课程为目标来组织和设计教学，有助于建立学校音乐教学的理论体系，探索我国中小学音乐教学方法与策略的实践经验。

其五，教育功能研究。音乐教育的主题效应体现在审美教育的功能上，它以学校音乐教学现象及规律为研究对象，探讨音乐教育的性质、特点、教学内容、原则和策略，解读音乐课程与地方音乐文化资源的关系，进一步实现音乐课程理念转化为有效的教学行为，这也成为当代音乐课程评价的重要指标。

时光荏苒，岁月如梭，感谢我们这个心怀大爱的团队：河北师范大学孟庆文书记、张留文老师、耿飞副教授，从2013年我们一起开始进行音乐校本课程的研修，到今天历经八年，终于等到这本书的付梓出版。感谢浙江传媒学院电视艺术学院院长——卢炜博士，正是在卢院长的大力支持下，本书才得以有了资金支持。还要感谢知识产权出版社的荆成恭编辑，书稿书写粗糙几经修改，荆编辑怀着极大的热情和耐心，指导书稿的修正，直至达到出版要求。其严谨的工作态度引导、帮助我完成出书这个承诺。

在此，我特别想对那些长期在农村基层任教的教师和那些工作在河北农村地区的教师说："感谢你们，是你们的期待和挂念使我能够坚持写下去。这些年，我没有一天懈怠，没有一天停下来，我一直记得我对你们的承诺，一直都记得。"

任志宏
2021年5月于杭州